Problemas de la traducción automática español-alemán-español

STUDIEN ZUR ROMANISCHEN SPRACHWISSENSCHAFT UND INTERKULTURELLEN KOMMUNIKATION

Herausgegeben von
Gerd Wotjak, José Juan Batista Rodríguez und Dolores García-Padrón

BAND 206

Juan Cuartero Otal (ed.)

Problemas de la traducción automática español-alemán-español

A nuestro querido Gerd Wotjak, *in memoriam*

PETER LANG

Berlin - Bruxelles - Chennai - Lausanne - New York - Oxford

Información bibliográfica publicada por la Deutsche Nationalbibliothek
La Deutsche Nationalbibliothek recoge esta publicación en la Deutsche Nationalbibliografie; los datos bibliográficos detallados están disponibles en Internet en http:/ dnb.d-nb.de.

Catalogación en publicación de la Biblioteca del Congreso
Para este libro ha sido solicitado un registro en el catálogo CIP de la Biblioteca del Congreso.

ISSN 1436-1914
ISBN 978-3-631-91517-2 (Print)
E-ISBN 978-3-631-91518-9 (E-PDF)
E-ISBN 978-3-631-91519-6 (EPUB)
DOI 10.3726/b21589

Publicado por Peter Lang GmbH, Berlín, Alemania

info@peterlang.com - www.peterlang.com

Esta publicación ha sido revisada por pares.

Índice

Presentación

Entre enero y abril de 2023 en el Departamento de Filología y Traducción de la Universidad Pablo de Olavide se celebraron dos *workshops* bajo el título genérico "Traducción Automática y Gramática Contrastiva DE-ES: retos y perspectivas". Estaban organizados por el Grupo de Investigación HUM 864 "Lingüística contrastiva alemán-español" y en ellos nos reunimos a trabajar los miembros de este grupo y algunos compañeros de la Facultad de Humanidades.

Todos los que estábamos allí éramos muy conscientes del giro radical e irreversible que ya está tomando la práctica de la traducción y, como formadores de traductores e intérpretes que somos, consideramos lo decisivo que resulta tener conciencia de las ventajas e inconvenientes de estas nuevas herramientas. Así, en las sesiones de trabajo de los *workshops* surgió la idea de preparar un volumen con trabajos centrados en dificultades concretas que se encuentran los motores de Traducción Automática (en adelante TA) mostradas desde el punto de vista concreto de la gramática contrastiva.

El primer resultado pues de esos encuentros se halla en las páginas que siguen. Se trata de un volumen compuesto por ocho capítulos de distinta temática y factura que se enfrentan a distintas dificultades que los motores de TA (todavía) no son capaces de resolver adecuadamente y sobre los que vale la pena estar avisados. Los autores destacan pues la importancia de ser capaces de combinar hábilmente la potencia de la inteligencia artificial con el conocimiento del experto humano como método ideal para optimizar el rendimiento de los traductores automáticos.

El capítulo inicial, firmado por Juan Cuartero y Christiane Limbach, ofrece una perspectiva amplia sobre el desarrollo de la TA, sus ventajas y, sobre todo, sobre las dificultades de todos los tipos con las que aún se encuentran los principales motores y a las que hay que estar especialmente atentos. A continuación, se abre un bloque en el que se presentan cuatro capítulos que subrayan las dificultades que los TA hallan en cuestiones de carácter léxico: el capítulo de Alice Stender trata de los problemas con el tratamiento de *realia* muy localizados en lo que respecta a la zona geográfica y a la variedad lingüística, justamente los del Oktoberfest; el de Isabel Mateo se ocupa de la dificultad de traducir *realia* alejados también en el plano cronológico, en este caso del final de la Segunda Guerra Mundial en Austria; Valentina Vivaldi lleva a cabo un trabajo sobre las equivalencias empleadas por varios motores de TA para adjetivos compuestos alemanes con referencias somáticas y, finalmente, Robert Szymyślik muestra algunos ejemplos de los problemas que tres partículas del alemán les plantean a los TA. En el siguiente bloque, se incluyen los capítulos cuyos autores se han ocupado de cuestiones de carácter gramatical: para empezar, Guiomar Topf trata los problemas para traducir construcciones impersonales comparando los resultados de traductores humanos y automáticos; Christiane Limbach investiga por su parte el complejo campo de las equivalencias entre estructuras pasivas del español y el alemán y llega a conclusiones muy llamativas acerca de las capacidades que ya tienen los TA; el capítulo de Juan Cuartero que cierra el volumen busca los casos en los que los TA no son capaces de traducir correctamente los tiempos de pasado del español.

A medida que la tecnología de traducción automática avanza, y eso está sucediendo a un ritmo cada vez más sorprendente, es crucial que nos ocupemos de comprender los problemas inherentes que aún persisten en su aplicación: desde la ambigüedad del lenguaje hasta las sutilezas culturales, pasando por la dificultad de capturar el contexto y la intención del mensaje original, los traductores automáticos se enfrentan a una serie de obstáculos que limitan mucho su eficacia y que solo los traductores humanos son capaces de solventar. Deseamos pues que este libro contribuya a cambiar nuestro punto de vista y a mejorar nuestras habilidades en relación con estas herramientas.

En Sevilla, marzo de 2024

Juan Cuartero Otal y Christiane Limbach

(Universidad Pablo de Olavide)

Problemas de la traducción automática alemán-español-alemán: una perspectiva general

Resumen: Este trabajo versa sobre la traducción automática esbozando brevemente su desarrollo desde mediados del siglo XX para centrarse después en las ventajas y las desventajas de su uso. A partir de una serie de ejemplos con problemas de traducción obtenidos a partir de textos traducidos mediante los motores DeepL, Google Traductor y ChatGPT se han comparado las traducciones automáticas aportadas, por un lado, entre sí y, por otro, con el texto origen en la combinación lingüística alemán-español-alemán. Los datos analizados demuestran que, aunque la traducción automática ofrece múltiples ventajas en el día a día de los traductores y está cambiando profundamente su forma de trabajar, no es capaz de garantizar una correcta traducción, por lo que siempre es necesaria la revisión por parte de un traductor humano.

Palabras clave: traducción automática, DeepL, Google Traductor, ChatGPT, traducción alemán-español, traducción español-alemán

1. Presentación

Al describir los primeros pasos de la traducción automática (en adelante, TA), Bellos (2012: 274) cita un informe redactado en 1949 por Warren Weaver, un alto cargo de la Rockefeller Fundation, el cual pensaba lo siguiente:

> [I]t is very tempting to say that a book written in Chinese is simply a book written in English which was coded into the "Chinese code." If we have useful methods for solving almost any cryptographic problem, may it not be that with proper interpretation we already have useful methods for translation? (Weaver 1949: 10).

Si partimos del axioma general que indica que las lenguas son en principio lexemas y palabras y reglas de combinación de lexemas y palabras, es decir, que tienen básicamente un componente léxico y un componente sintáctico, debemos argumentar que la dificultad principal con la que se encuentran los motores de TA es que, en realidad, el proceso de la traducción va mucho más allá que el hecho de disponer de listados con las equivalencias léxicas adecuadas para los elementos de un texto de partida y de disponer de todas las instrucciones pertinentes para reordenarlas dando lugar a una frase correcta. El problema principal es, para decirlo con brevedad, que toda traducción no es otra cosa que *traducción de contenidos*, es decir, que el primero de todos los pasos es comprender qué quiere decir exactamente el texto que se piensa traducir para después poder parafrasearlo de modo adecuado y en una lengua distinta. La perspectiva de Bellos es tan válida ahora como en 2012:

> Incluso los humanos, a los que se les puede suponer la posesión plena de la gramática de su lengua, necesitan una cantidad ingente de información sobre el mundo para fijar el significado de una expresión, y nadie ha descubierto todavía cómo conseguir que un ordenador ante una frase concreta sepa de qué trata (Bellos, 2012: 277).

A estas serias dificultades se les suman, sin embargo, otras relacionadas en este caso con la dimensión pragmática, la que se relaciona con el contexto inmediato de la producción y la recepción de los textos, la que tiene en cuenta (o debería tener en cuenta) una serie de variables relacionadas con el tipo de participantes y relación entre ellos, con el lugar y tiempo del acto comunicativo, con el propósito comunicativo o las tácticas y estrategias pragmáticas (a saber, perfil de los interlocutores, modalización, cortesía, etc.). Evidentemente las posibilidades que tienen los motores de TA para acceder a parte de estas informaciones están condicionadas y restringidas por el contenido del texto original, pero de nuevo es necesaria mucha información extralingüística para ajustar adecuadamente esta dimensión.

La textualidad es la otra de las dimensiones que pueden resultar problemáticas: de acuerdo con De Beaugrande y Dressler (1981) hay siete posibles dimensiones. De ellas, las que pueden quedar desdibujadas son las tres últimas, las relacionadas con el emplazamiento del texto en la situación comunicativa, dado que necesariamente cambia entre la producción y recepción del texto origen (en lo sucesivo, TO) y del texto meta (en lo sucesivo, TM). Esas tres dimensiones son respectivamente:

- Informatividad, que se considera (1981: 43) útil para evaluar hasta qué punto las secuencias de un texto son predecibles o inesperadas para los receptores y si transmiten información conocida o desconocida.
- Situacionalidad, que remite a las coordenadas espaciales y temporales en que se da el texto y que hacen que tenga pertinencia en el contexto en que se halla.
- Intertextualidad, que indica la relación de un texto con otros del mismo tipo, dado que su producción e interpretación dependen de los conocimientos que los participantes tengan acerca de otros textos previos relacionados con él.

El resto de las variables dependen en buena medida, o bien de la estructura del TO (coherencia y cohesión), o bien de la disposición de emisor y receptor (intencionalidad y aceptabilidad), y por ello son menos problemáticas.

2. Un poco de historia de la TA

La idea de la TA nació en 1947. Conforme los ordenadores se iban haciendo más potentes ya era posible utilizarlos para almacenar diccionarios de diversos tipos así como corpus con frases completas, y también eran capaces de llevar a cabo tareas simples como comprobar si un término ha sido traducido de modo homogéneo a lo largo de un mismo documento. Ello supuso el inicio de la traducción asistida por ordenador, la TAO, que todavía no suponía haber alcanzado el grado de traducción completamente automatizada. El desarrollo posterior de internet a partir de los años 90 fue el siguiente hito, pues permitió tener siempre a disposición un enorme corpus de datos que incluía cantidades ingentes de materiales traducidos. Desde entonces hemos vivido un desarrollo impulsado por la revolución tecnológica y por ello cada vez más vertiginoso.

En la TA, podemos distinguir entre dos modelos de funcionamiento:

- uno que se apoya en reglas formuladas por humanos y en diccionarios bilingües, y que fue empleado a partir de los años 90, y
- uno que se apoya en el aprovechamiento de los corpus y que se está utilizando desde que estos han ganado importancia con el desarrollo de los *big data*.

A su vez, dentro de los modelos de TA que trabaja con corpus, se han distinguido tres métodos posibles:

- la traducción automática basada en ejemplos (en inglés *Example-based machine translation, EBMT*),
- la traducción automática estadística (en inglés *Statistical machine translation, SMT*) y, finalmente,
- la traducción automática neuronal (en inglés *Neural machine translation, NMT*).

El primer sistema de TA comercial entró al mercado en 1978 y se llamaba Systran. Tuvo mucho éxito y, de hecho, Google lo utilizó hasta el año 2007. Durante los años 90, Brown *et al.* plantearon la idea de que las máquinas de traducción podrían aprender directamente con datos estadísticos en vez de con reglas formuladas por expertos humanos. Después se extendieron los traductores automáticos basados en datos estadísticos, de modo que en 2006 Google introdujo en el mercado un sistema de traducción basado en estadísticas y disponible en internet. Pronto le siguieron Microsoft y Baidu (véase Wang *et al.*, 2022: 143–144).

A partir de otros desarrollos y avances, también se empezó a utilizar la tecnología *Deep Learning* en la TA, de modo que en 2014 se introdujo el término *neural machine translation*. La idea que subyace a esta modalidad es que elabora un mapa semántico de la lengua origen y, a partir de él, una traducción utilizando un mecanismo de atención. En el mismo año, Dong *et al.* propusieron un marco para la traducción multilingüe basado en la traducción automática neuronal, lo cual se considera un hito en la historia de la TA (Wang *et al.*, *2022*: 144). Google empezó a utilizar el método neuronal en el año 2016, al igual que otras empresas. Tal y como indican Wang *et al.* (2022: 144), tras solo un año de trabajo, esta modalidad de traducción ya estaba disponible *online* para los usuarios, mientras que en el caso de la traducción automática estadística todo el proceso tardó 16 años.

2.1 DeepL

DeepL nació en el año 2017 en la ciudad de Colonia de una *start-up* que había sido fundada por Gereon Frahling, un matemático que antes había estado trabajando para Google en Nueva York (Welling, 2019). Junto con su compañero Leonard Fink, Frahling fundó otra *start-up* con el nombre Linguee en el año 2007, que en principio nació como diccionario *online*, pero que realmente se acabó convirtiendo en el recurso que allanó el camino para llegar a DeepL.

El sistema de DeepL trabajaba inicialmente con un número de idiomas reducido: hasta el año 2016 fueron solo alemán, inglés, español, francés, italiano, neerlandés y polaco. Desde entonces fue ampliado con otros idiomas como, por ejemplo, ruso y portugués, y en la actualidad ya trabaja con 32 idiomas.

DeepL ofrece con sus traducciones también posibilidades de hallar sinónimos o de realizar cambios de registro entre formal e informal. Tal y como indica la propia empresa, DeepL traduce tres veces mejor que la competencia y es capaz de realizar 5×10^{14} operaciones de cálculo por segundo. El superordenador que lo hace posible está en Islandia y gracias a él, el programa de TA puede traducir un millón de palabras en menos de un segundo (Meinhold, 2023). Según Meinhold (*ibid.*), las redes neuronales de DeepL fueron alimentadas con más de mil millones de oraciones traducidas con alta calidad, un hecho que le dio una ventaja enorme con respecto a otros programas de TA.

DeepL demostró en el año 2017 su calidad en una prueba de traducción en el que se compararon los resultados de traducción de 100 frases que se tradujeron del inglés al alemán, español y francés (Meinhold, 2023). Se compararon las traducciones de cuatro traductores automáticos: DeepL, Google Traductor, Microsoft Translator y Facebook Translator. Las traducciones fueron evaluadas a ciegas por traductores oficiales. Los resultados se pueden observar en el Gráfico 1.

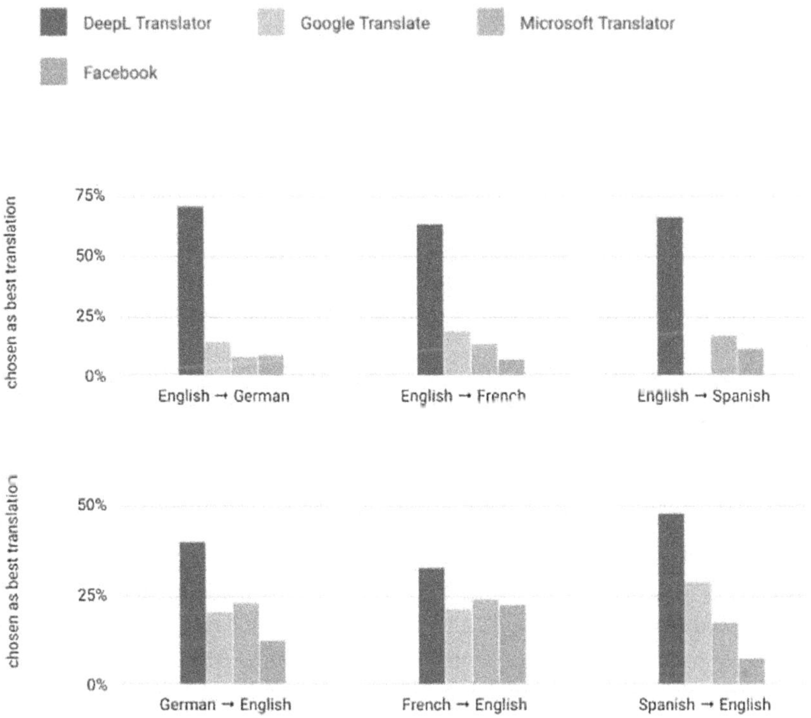

Gráfico 1: Resultados de traducción (Meinhold, 2023)

Sobre todo, en los casos en que DeepL traduce del inglés a idiomas como el alemán, francés o español, no parece tener competencia. La calidad de sus resultados ya debe matizarse cuando traduce del alemán, del francés o del español hacia el inglés, aunque en estas combinaciones DeepL en comparación con sus competidores aún todavía resulta mejor con diferencia. Frahling explica que en DeepL han creado una red de traducción neuronal que incorpora los últimos desarrollos con sus propias ideas (Devin Coldewey, 2017). DeepL trabaja con redes neuronales convolucionales (CNN) en vez de redes neuronales recurrentes (RNN) a los que han añadido, por ejemplo, mecanismos de atención para acelerar los procesos de traducción. Estas redes se basan en fundamentos biológicos: imitan el funcionamiento de las neuronas para realizar mediante filtros extracciones de información a partir de grandes cantidades de datos.

La NMT ha mejorado considerablemente en los últimos años. Normalmente contiene dos componentes: una red codificadora convierte la frase original en un vector de valor real, a partir del cual una red decodificadora genera la traducción. Este proceso es análogo al proceso de traducción de un humano: primero, el traductor automático neural "lee" la oración en el idioma origen y, basándose en lo que ha "entendido", elabora una traducción a otro idioma. Al contrario que las otras modalidades de TA, las que se basan en reglas y en estadísticas respectivamente, la NMT no necesita ni reglas ni otros elementos diseñados por un humano, pues es capaz de aprender directamente de los grandes corpus y, por su eficacia, se ha convertido en el método dominante hoy en día (véase Wang *et al.*, 2022).

2.2 ChatGPT

Otro traductor automático es ChatGPT, un *chatbot* lanzado por OpenAI hace poco más de un año, el 30 de noviembre de 2022, que, gracias al procesamiento del lenguaje natural, es capaz de responder preguntas, narrar historias, llevar a cabo razonamientos lógicos y depuraciones de código y también puede traducir (Jiao *et al.*, 2023). ChatGPT es un motor que utiliza un modelo lingüístico profundo que además funciona en varios idiomas. Se basa en el sistema GPT (*Generative Pre-trained Transformer*, transformador generativo preentrenado), un sistema que está entrenado para mantener conversaciones con personas y que es capaz de reconocer las distintas lenguas para contestar en el idioma correspondiente. Existen otros programas que trabajan con el sistema GPT pero, sin duda, ChatGPT es el más conocido.

Actualmente trabaja con la versión GPT-4, que fue lanzada el 14 de marzo de 2023. Trabaja con órdenes (*prompts*) de manera que para obtener una traducción habría que darle una orden concreta como, por ejemplo, "Traduce la siguiente oración / el siguiente texto".

Los investigadores Jiao *et al.* (2023) examinaron las traducciones que ofrece ChatGPT teniendo en cuenta tres factores: los órdenes para las traducciones (*translation prompts*), distintas combinaciones lingüísticas (*multilingual translation*) y distintos ámbitos temáticos. Además, compararon las traducciones de ChatGPT con los traductores automáticos comerciales Google Traductor, DeepL y Tencent TranSmart y llegaron a la conclusión de que ChatGPT, gracias al sistema GPT-4, ya se puede etiquetar como traductor automático de calidad, pues es perfectamente capaz de competir con los otros traductores automáticos mencionados. Esto es sobre todo el caso con lenguas europeas de altos recursos, es decir, lenguas en las que se encuentra disponible una gran cantidad de material lingüístico. No obstante, se observa que ChatGPT traduce significativamente peor cuando se trata de idiomas tipológicamente muy distantes o de bajos recursos lingüísticos, es decir, con pocos materiales en internet. Para llegar a estos resultados los investigadores trabajaron con oraciones del conjunto de prueba Flores-101 y con cuatro idiomas (inglés, alemán, rumano y chino). Un hecho interesante es, sin embargo, que con ChatGPT se puede utilizar traducciones pívot (*pivot prompting*), es decir, que las traducciones entre lenguas distintas se pueden realizar a través de un tercer idioma que sea de altos recursos (y que, por defecto, es el inglés). Los resultados de traducción en estos casos fueron significativamente mejores.

Respecto a las órdenes de traducción (*translation prompts*) los investigadores encontraron que la calidad de traducción varía según las órdenes dadas. Por ello, le preguntaron al propio ChatGPT con qué órdenes de traducción prefiere que se trabaje. La orden que mejores resultados de traducción ofreció según los investigadores es "*Please provide the [TGT] translation for these sentences:*". Las traducciones de ChatGPT en comparación con los otros traductores comerciales mencionados en el ámbito biomédico y en los comentarios de usuarios en la plataforma Reddit fueron también peores que las traducciones ofrecidas por DeepL, Google Traductor y Tencent TranSmart. No obstante, se obtuvieron buenos resultados de traducción con lenguaje hablado. En resumen, los investigadores llegaron a la conclusión de que ChatGPT ya es un buen traductor automático con el sistema GPT-4.

2.3 Google Traductor

Google Traductor fue lanzado oficialmente el 28 de abril de 2006 y desde entonces su servicio de TA está disponible en internet. Como mencionamos arriba, se basaba principalmente en métodos de traducción estadística hasta el año 2016, cuando empezó a utilizar modelos de traducción neuronal (NMT). Al igual que otros traductores automáticos, Google sigue trabajando en mejorar y actualizar su servicio de TA.

Desde el principio, Google Traductor trabaja con una combinación muy numerosa de lenguas en comparación con, por ejemplo, DeepL, que empezó solo con siete. Asimismo, Google Traductor ofrece la posibilidad de reconocer el idioma, al igual que otros traductores automáticos, incluidos DeepL y ChatGPT. Lo que lo distingue de otros traductores automáticos son los servicios adicionales que ofrece Google Traductor: es capaz de reconocer texto dentro de imágenes y traducir, por ejemplo, textos en una foto, permite traducir una página web indicando el enlace y ofrece un reconocimiento de texto escrito a mano que luego traduce a otro idioma. Asimismo, es posible dictarle un texto y traducirlo al instante a otro idioma, por lo que se puede considerar una herramienta de interpretación consecutiva, es decir, lleva a cabo una traducción oral que podemos utilizar para comunicarnos de forma oral y directa con otras personas que no hablan nuestro idioma. Google también ofrece un servicio *offline* para sus traducciones, de modo que se puede bajar un archivo de idioma al dispositivo para poder usar el servicio de TA de Google incluso cuando no se dispone de una conexión a internet.

3. Ventajas de la TA

Hemos de reconocer que la TA ha demostrado enormes progresos y puede llegar a presentar traducciones verdaderamente adecuadas. Por ello, se escucha muchas veces que los traductores humanos más pronto que tarde quedaremos obsoletos y podremos ser sustituidos por traductores automáticos. No obstante, es importante no perder de vista que aun así los traductores automáticos todavía cometen errores que resultan graves e incluso a veces muy graves; que traducen algunos tipos de texto claramente mejor que otros, y que, en consecuencia, solo los traductores humanos bien formados pueden garantizar una calidad alta de resultados, aunque sea de momento.

Por supuesto que existen ventajas de trabajar con traductores automáticos. El propio David Bellos (2012: 282) confesó que a veces los utiliza para comprobar hasta qué punto ha entendido bien una frase que va a traducir. Es más, él mismo rompió una lanza en favor de la TA:

> Por descontado, también puede producir tonterías. Sin embargo, el tipo de errores que genera una traducción automática suele ser menos peligroso que las pifias de origen humano. Por lo general, usted puede darse cuenta instantáneamente de cuándo GT [Google Traductor] no ha sabido entender algo porque el resultado no tiene sentido y así lo descarta. [...] Por otro lado, los traductores humanos producen en general textos fluidos y con sentido, y usted no sabe de verdad si se han equivocado a no ser que entienda también la lengua fuente, en cuyo caso, bien mirado, no le haría falta una traducción (Bellos, 2012: 282).

Siendo realistas, debemos reconocer que la TA, con sus ventajas y con sus limitaciones, ha llegado para quedarse y que ha abierto una nueva etapa en los estudios de traducción. Las principales ventajas que ofrece el trabajo con programas TA se podrían resumir así:

1. Cuando necesitamos saber más o menos lo que dice un texto redactado en otro idioma que no conocemos, los traductores automáticos son realmente

útiles. Permiten que nos hagamos una idea de un texto en general. Dado además que producen sus traducciones de modo instantáneo, incluso nos permiten mantener conversaciones más o menos breves y básicas con personas con las que no tenemos ningún idioma en común para preguntar, por ejemplo, por un comercio o por una dirección. Basta con escribir la frase en el idioma que dominamos en un traductor automático en el móvil, dar a un botón y enseñarle el texto a la otra persona —o incluso pedirle al dispositivo que se lo lea—. Otro ejemplo es Facebook donde existe la opción "ver traducción" para ver una traducción automática de publicaciones o comentarios que se han hecho en otro idioma.

2. Otra ventaja es que pueden realizar traducciones de textos a un idioma extranjero con unos resultados muy aceptables, sobre todo cuando se trata de textos con una temática general sobre la que existen muchos modelos en las bases de datos de las que se alimenta el traductor automático en la combinación lingüística solicitada. De esta manera, se pueden obtener traducciones de una manera fácil y rápida, ya que funcionan al instante. Gracias a ello se pueden traducir sitios webs a otros idiomas instalando un *plug-in* de TA.
3. Los traductores automáticos son capaces de traducir una gran cantidad de texto en mucho menos tiempo que un traductor humano. Por supuesto, sobre la calidad de sus resultados hay mucho margen para la discusión, pero un traductor humano nunca sería capaz de alcanzar la rapidez de un traductor automático.
4. Cabe destacar también que los traductores automáticos funcionan mejor con algunos tipos de textos que con otros, dependiendo sobre todo de sus bases de datos y de la cantidad de información a la que pueden acceder sobre la temática y en la combinación lingüística requerida. DeepL, por ejemplo, ofrece resultados realmente buenos en los ámbitos económico, legal y financiero, dado que se alimenta de textos redactados en el seno de la Unión Europea y que tratan sobre todo estas temáticas. Los resultados de traducción en otros ámbitos, como por ejemplo el ámbito médico, no muestran una calidad tan alta al disponer de menos textos en varios idiomas a los que recurrir para la traducción. No es de extrañar por lo tanto que el ámbito literario sea justamente uno de los más complicados de abarcar para los traductores automáticos. Esto también se debe, entre otras cosas, al estilo propio de cada autor ya que se trata de una expresión que da especial relevancia a la forma y a la originalidad y no trata meramente de transmitir información.
5. Algunos traductores automáticos, por ejemplo, DeepL, ofrecen la posibilidad de revisar el resultado escogiendo entre una lista de sinónimos y

equivalencias alternativas en su traducción. Basta con elegir la palabra y hacer *click* en ella para ver las distintas posibilidades. Asimismo es posible elegir entre un estilo formal e informal pero solo en la versión de pago (DeepL Pro). Por otro lado, Google Traductor ofrece al usuario la posibilidad de escoger entre dos versiones traducidas de cada uno de los enunciados completos. A ChatGPT se le puede pedir explícitamente que haga una nueva traducción revisada e incluso indicarle cuáles son los aspectos concretos en los que se espera de él una reelaboración.

6. Finalmente, los traductores automáticos suelen ofrecer una versión gratuita y, a veces, una versión de pago como es el caso de DeepL. La versión gratuita actualmente solo permite traducir fragmentos de hasta 1500 caracteres cada vez, un máximo de 3 documentos al mes de hasta 5 MB por archivo y se pueden guardar hasta 10 entradas en un glosario. En la versión de pago (DeepL Pro) está incluido un seguro de archivos y la posibilidad de traducir una cantidad ilimitada de textos, permite asimismo crear glosarios y escoger grados de formalidad en la redacción. También es posible descargarse una *app* tanto para el móvil como para el ordenador. El último servicio que ha incluido DeepL es un asistente de escritura (DeepL Write) que revisa un texto escrito y propone mejoras. No obstante, esta opción de momento solo está disponible para los idiomas inglés y alemán. En el caso de Google, el servicio de TA es gratuito, aunque se obtienen ventajas al estar suscrito al servicio de almacenamiento en la nube, Google One, ya que se pueden traducir fragmentos de hasta 5000 caracteres de una sola vez. ChatGPT también indica que sus servicios son gratuitos, aunque como tiene el formato pregunta-respuesta es necesario pegar el texto a traducir en ChatGPT y no permite ni subir archivos, ni traducir texto de imágenes, ni traducir páginas web ni traducir texto escrito a mano como por ejemplo sí ofrece Google Traductor.

Igualmente, y ese es uno de los pilares de este trabajo, existen muchos inconvenientes de trabajar con traductores automáticos. A continuación, recogemos algunos de ellos.

4. Los inconvenientes de trabajar con TA

Siendo realistas, pese a sus ventajas, los motores de TA suelen cometer muchos errores que los traductores profesionales y experimentados, en principio, nunca cometerían. Vamos a ofrecer una lista de los más llamativos:

1. Se centran excesivamente en la forma de expresión del TO, por lo que ofrecen traducciones que van a resultar demasiado literales.

Para ojos expertos, es relativamente sencillo reconocer un texto traducido por TA, sin ir más lejos, porque su estilo está siempre muy pegado al del TO. Veamos algunos ejemplos evidentes en la Tabla 1:

Tabla 1: Ejemplos de traducción literal

Original	DeepL	Google	ChatGPT
Diese Schmerzen nennt man Nozizeptorschmerzen, weil hier der Schmerz zu Beginn durch Reizung der Schmerzrezeptoren (= Nozizeptoren) im Gewebe ausgelöst wird.	Este dolor se denomina dolor nociceptivo porque el dolor se desencadena inicialmente por la irritación de los receptores del dolor (= nociceptores) del tejido.	Este dolor se llama dolor nociceptor porque inicialmente se desencadena por la estimulación de los receptores del dolor (= nociceptores) en el tejido.	Estos dolores se llaman dolores nociceptivos, porque en este caso el dolor es desencadenado al principio por la estimulación de los receptores del dolor (nociceptores) en el tejido.
Herzschmerzen gehen häufig mit einer charakteristischen Ausstrahlungen in die linke Schulter, Luftnot, starken Angstgefühlen und einem Druckgefühl in der Brust einher; Eingeweideschmerzen sind je nach ihrer Ursache entweder dumpf/drückend oder treten in Form von so genannten Koliken anfallartig und mit wellenartig zunehmender Schmerzintensität auf.	El dolor cardíaco suele ir acompañado de una irradiación característica hacia el hombro izquierdo, dificultad para respirar, fuerte sensación de ansiedad y sensación de presión en el pecho; el dolor visceral, dependiendo de su causa, es sordo / presivo o se presenta en forma de los llamados cólicos en crisis y con un aumento ondulatorio de la intensidad del dolor.	El dolor de corazón suele ir acompañado de una radiación característica en el hombro izquierdo, dificultad para respirar, sensación intensa de a siedad y sensación de presión en el pecho; Dependiendo de la causa, el dolor visceral es sordo / opresivo o se presenta en forma de ataques en forma de los llamados cólicos y con una intensidad creciente del dolor en ondas.	Los dolores cardíacos a menudo van acompañados de una irradiación característica hacia el hombro izquierdo, dificultad para respirar, fuertes sentimientos de ansiedad y una sensación de presión en el pecho; los dolores abdominales, dependiendo de su causa, son ya sea sordos / persistent s o se presentan en forma de cólicos, de forma intermitente y con una intensidad de dolor creciente en oleadas.

No hacen falta muchos ejemplos para ilustrar los fenómenos típicos de estas traducciones, ya que en general podemos observar que comparten muchas características: en primera instancia, escogen como equivalencias sinónimos o cuasisinónimos interlingüísticos, es decir, elementos de la misma categoría sintáctica y significado similar; asimismo se dan numerosos calcos sintácticos y estructurales y muy pocas paráfrasis. De hecho, los cambios más evidentes son cuestiones relativas al orden esperable de los elementos dentro de las respectivas oraciones y errores de elección de equivalencias. Estas traducciones tienden a reproducir, no siempre de manera correcta, la puntuación y la ortotipografía del TO con muy pocas excepciones (como los signos que abren una interrogación y una exclamación).

2. Se puede dar el caso de que no traduzcan todo el texto.

Esta es una peculiaridad realmente infrecuente, pero muy llamativa y difícil de explicar que se presenta en la Tabla 2:

Tabla 2: Ejemplo de omisión

Original	**DeepL**	**Google**	**ChatGPT**
Weit und breit ist kein Konsul, und oft sind die Reisenden in der bittersten Verlegenheit, können sich weder Rat noch Papiere verschaffen und sitzen fest; gerade weil Singapore der Knotenpunkt aller Schifffahrtslinien ist, sollte da unbedingt auch eine den Österreichern helfende Behörde vorhanden sein, und in welch bessere Hände als die des dortigen deutschen Generalkonsuls könnte sie gelegt werden? (A. M. Karlin: *Erlebte Welt*)	Precisamente porque Singapur es el centro de todas las rutas marítimas, debería haber allí una autoridad que ayudara a los austriacos, y ¿en qué mejores manos que en las del Cónsul General alemán podría estar?	No hay ningún cónsul en todas partes, y los viajeros a menudo se encuentran en la más amarga situación, sin poder obtener ni asesoramiento ni documentos, y se quedan estancados; Precisamente porque Singapur es el centro de todas las líneas marítimas, definitivamente debería haber allí una autoridad p ra ayudar a los austriacos, y ¿en qué mejores manos podría estar que las del cónsul general alemán allí?	En todas partes no hay ningún cónsul, y a menudo los viajeros se encuentran en la más amarga dificultad, no pueden obtener ni consejo ni documentos y quedan atrapados; precisamente porque Singapur es el punto de conexión de todas las líneas marítimas, debería haber una autoridad que ayude a los austriacos, y ¿en qué mejores manos podría estar que en las del cónsul general alemán local?

DeepL no tradujo al español la primera de las dos frases de este fragmento al menos en cuatro ocasiones (29/12/2023, 04/01/2024, 15/01/2024, 27/01/2024), en las que se probó. Sí traducía, no obstante, el fragmento completo al inglés o al francés, por lo que se descarta la posibilidad de que haya algún error de formato del documento (un fragmento de una novela extraído del repositorio <www. projekt-gutenberg.org>).

Hay que admitir asimismo que es la primera vez, y hasta ahora única, que los autores hemos observado un error de este tipo en una TA, pero no se puede descartar que con grandes volúmenes de traducción pueda suceder de manera inadvertida si esta no se posedita y revisa con especial meticulosidad.

3. No saben cuál es el encargo de traducción de modo que no son capaces de tomar decisiones condicionadas por la finalidad del texto o por las expectativas del cliente o del público.

Si se traducen, por ejemplo, textos de temática infantil con muchas referencias culturales, lo que suele conllevar el encargo es una fuerte domesticación de las formas y los contenidos, que ninguno de los programas de TA está capacitado, en ningún caso, para acometer. La tónica general, como se ha dicho, es recurrir a elementos de la misma categoría sintáctica y significado, en lo posible, similar, o bien, cuando no se dispone de una equivalencia clara, al calco o a correspondencias *ad-hoc*.

Tabla 3: Ejemplos de dificultades por falta del encargo de traducción

Original	DeepL	Google	ChatGPT
Die **Ahoj-Brause Schultüte zum Selberbasteln** ist mit insgesamt 5 Ahoj-Brause Produkten nicht nur reichlich gefüllt, sondern sorgt insbesondere durch ihr knalliges Streifenmuster in Ahoj Farben für Aufsehen. (<https://shop.ahoj-brause.de/products/ahoj-brause-schultuete>)	El **cucurucho escolar de bricolaje Ahoj-Brause** no solo se rellena con un total de 5 productos Ahoj-Brause, sino que también llama la atención por su alegre estampado a rayas con los colores de Ahoj.	El **cono escolar DIY de Ahoj-Brause** no sólo está lleno generosamente con un total de 5 productos Ahoj-Brause, sino que también llama especialmente la atención gracias a su estampado de rayas brillantes en los colores Ahoj.	La **cono escolar de Ahoj-Brause para hacerlo tú mismo** no solo está repleto de un total de 5 productos de Ahoj-Brause, sino que también llama la atención especialmente por su llamativo patrón de rayas en los colores de Ahoj.

Como se ve en la Tabla 3, el TO está haciendo referencia a la *Schultüte*, regalo que en Alemania todo el mundo recibe en su primer día de colegio, y al *Ahoj-Brause*, un polvo dulce efervescente muy popular entre los niños, que en ambos casos no tienen ningún equivalente en los países hispanohablantes. Esa *Schultüte* en concreto debe montarla además cada usuario, lo que añade aún más dificultad a la traducción de los contenidos. En cualquier caso, no se puede explicitar mediante un encargo si se trata, por ejemplo, de comercializar un producto, de mostrar cuáles son las tradiciones alemanas relacionadas con el primer día de colegio o de dar un ejemplo sobre los productos para niños de venta en Alemania, por lo que resulta evidente que los motores de TA no son capaces de tomar decisiones consecuentes en lo relativo a la calidad de la información en la CM y al cuidado de la calidad final del TM.

4. No conocen las convenciones de los tipos de textos que traducen, sino que simplemente imitan las que encuentra en el TO.

Tabla 4: Ejemplos de traducción de imitación de las convenciones de los tipos de texto

Original	**DeepL**	**Google**	**ChatGPT**
Cruce de acusaciones entre PP y PSOE por la burla de 'El Gordo y la Flaca' a los sevillanos (*Diario de Sevilla*, 20/11/2023)	PP und PSOE streiten über die Verhöhnung von "El Gordo y la Flaca" durch die Sevillaner	Vertauschung der Vorwürfe zwischen PP und PSOE wegen der Verspottung von „El Gordo y la Flaca" gegenüber der Bevölkerung von Sevilla	Kreuzfeuer der Anschuldigungen zwischen PP und PSOE wegen der Verhöhnung der Sevillaner durch 'El Gordo y la Flaca'.

Es muy característico que, como se ve en la Tabla 4, en las traducciones de textos periodísticos se incluyan, o bien acuñaciones, o bien amplificaciones que contengan una breve mención que permita a los lectores de la cultura meta (en adelante, CM) contextualizar la información de la cultura origen (en adelante, CO): en este caso, sería esperable o que se hablara del *Volkspartei* y de los *Sozialdemokraten* o que se indicara que PP y PSOE son un partido conservador y otro socialdemócrata; asimismo que *El Gordo y la Flaca* es un programa en español que produce la cadena de televisión norteamericana Univision.

Traducciones atentas a las convenciones podrían ser, por ejemplo, las expuestas en la Tabla 5:

Tabla 5: Ejemplos de traducción sin contextualizar las referencias culturales de la CM

Original	**Trad humana**	**Trad humana**	**Trad humana**
Cruce de acusaciones entre PP y PSOE por la burla de 'El Gordo y la Flaca' a los sevillanos (*Diario de Sevilla*, 20/11/2023)	Konservative und Sozialdemokraten streiten sich in Sevilla über den von den Sevillanern geernteten Spott in der TV-Sendung „El Gordo y la Flaca"	Gegenseitige Vorwürfe zwischen Volkspartei und Sozialisten wegen der Verspottung der Sevillaner durch die Latino-Fernsehshow „El Gordo y la Flaca"	Die spanische Volkspartei PP und die sozialistische Partei PSOE beschuldigen sich gegenseitig hinsichtlich der Verspottung der Sevillaner in der lateinamerikanischen TV-Sendung „El Gordo y la Flaca"

5. No conocen el contexto particular de la traducción, de modo que no pueden ser capaces de adaptarse a él.

Cuando nos referimos al contexto, ni siquiera tenemos que afinar mucho en lo que atañe a la situación concreta de la recepción de la traducción. El mero contraste entre el conocimiento que tienen los miembros de la CO y de la CM ya da lugar a interesantes observaciones. Veamos dos ejemplos relativamente similares, pero que han recibido tratamientos diferentes. Se trata de una noticia de periódico sobre Alemania que contiene algunas informaciones que, en principio, son de interés para los lectores de la CO, pero no para el público de la CM. Explican por un lado que *die Deutsche Bahn* es la compañía análoga a la RENFE española y por otro la situación aproximada de Mannheim en el mapa de Alemania. Ambos datos resultarían llamativamente improcedentes si se trata de un texto traducido al alemán, como solo a veces han sabido reconocer los motores de TA (Tabla 6):

Tabla 6: Ejemplos de traducción sin tener en cuenta la CM

Original	**DeepL**	**Google**	**ChatGPT**
Es decir, solo dos de cada tres viajes respetaron su horario previsto. **Deutsche Bahn, la Renfe alemana,** reconoce el desastre y lo atribuye en buena medida a los "numerosos trabajos de reparación en las vías", según un portavoz. (*El País*, 21/01/2024)	Mit anderen Worten: Nur zwei von drei Fahrten verliefen nach Plan. **Die Deutsche Bahn** räumt die Katastrophe ein und führt sie nach Angaben eines Sprechers vor allem auf "umfangreiche Reparaturarbeiten an den Gleisen" zurück.	Das heißt, nur zwei von drei Reisen hielten sich an den geplanten Zeitplan. **Die Deutsche Bahn** erkennt die Katastrophe an und führt sie laut einem Sprecher vor allem auf die „zahlreichen Reparaturarbeiten an den Gleisen" zurück.	Nur zwei von drei Reisen hielten sich an den geplanten Zeitplan. **Die Deutsche Bahn, die deutsche Renfe,** erkennt das Desaster an und führt es in hohem Maße auf die 'zahlreichen Reparaturarbeiten an den Gleisen' zurück, so ein Sprecher.
Nada que sorprenda a Monika Wolf, de 53 años, cargo intermedio en una empresa de repuestos, que espera en la estación de **Mannheim, en el suroeste del país,** su transporte hacia Berlín: (*El País*, 21/01/2024)	Monika Wolf, 53, mittlere Führungskraft in einer Ersatzteilfirma, wartet am Bahnhof **Mannheim im Südwesten des Landes** auf ihren Transport nach Berlin.	Nichts, was Monika Wolf, 53, eine Zwischens-tation in einem Ersatzteilunterne-hmen, überrascht, die am Bahnhof **Mannheim im Südwesten des Landes** auf ihren Transport nach Berlin wartet.	Nichts, was Monika Wolf, 53 Jahre alt und in leitender Position in einem Ersatzteilunternehmen, überrascht. Sie wartet am **Bahnhof Mannheim im Südwesten des Landes** auf ihren Transport nach Berlin.

En el primero de los ejemplos, tanto DeepL como Google han sido capaces de reconocer que la analogía entre DB y RENFE resulta gratuita para el público de la CM, pero no sucede lo mismo con la traducción proporcionada por ChatGPT, que la mantiene indebidamente. Con respecto al segundo caso, los tres motores han conservado la información sobre el emplazamiento aproximado de Mannheim, que sin duda sorprendería a cualquiera que leyera el TM dado que es una información que resulta innecesaria para el público de la CM.

6. Como hemos visto, no alcanzan mínimos en cuanto a la competencia intercultural, de modo que no logran dotar al TM de ciertos estándares básicos de aceptabilidad en la CM.

Es más, los motores de TA no saben reconocer ciertas referencias culturales o presuposiciones y, por lo tanto, tampoco logran establecer una estrategia coherente y efectiva para tratarlas adecuadamente.

Algunos ejemplos anteriores ya han dejado entrever que el ámbito del tratamiento de las referencias culturales es uno de los puntos muy débiles en las capacidades de la TA.

Tabla 7: Ejemplos de traducción de referencias culturales

Original	**DeepL**	**Google**	**ChatGPT**
Am 09. September 2024 ist an den meisten Schulen in Berlin der erste Schultag **der Erstklässler**. Dieser häufig auch als **Einschulung** bezeichnete Tag geht üblicherweise mit verschiedenen Bräuchen einher, wie z.B. **Einführungsveranstaltungen** durch die Schule sowie der Übergabe von **Schultüten** durch Eltern an ihre Kinder. (<www.kleiner-kalender.de>)	El 9 de septiembre de 2024 es el primer día de colegio para los **alumnos de primer curso** en la mayoría de las escuelas de Berlín. Este día, a menudo denominado de **matriculación escolar**, suele ir acompañado de diversas costumbres, como **actos introductorios** organizados por la escuela y la entrega de **conos escolares** por parte de los padres a sus hijos.	El 9 de septiembre de 2024 es el primer día de clases para los **alumnos de primer grado** en la mayoría de las escuelas de Berlín. Este día, a menudo denominado **inscripción escolar**, suele ir acompañado de diversas costumbres, como **eventos de presentación** por parte de la escuela y la entrega de las **mochilas escolares** por parte de los padres a sus hijos.	El 9 de septiembre de 2024 es el primer día de clases para los **estudiantes de primer grado** en la mayoría de las escuelas en Berlín. Este día, a menudo también llamado **'día de la inscripción'**, generalmente se asocia con diversas tradiciones, como **eventos de bienvenida** organizados por la escuela y la entrega de **conos escolares** por parte de los padres a sus hijos.

El texto en la Tabla 7 menciona los actos que celebran todas las escuelas alemanas para dar la bienvenida a sus nuevos alumnos y las costumbres asociadas a ellos. Nada de esto encuentra un equivalente aproximado en la CM del que se pueda extraer o adaptar una nomenclatura por lo que, en todos los casos, se ha recurrido a acuñar expresiones *ad hoc* que, en realidad, dificultan y oscurecen la información que se espera que la traducción aporte a los lectores. No resulta claro qué es el "primer grado" (una expresión solo habitual en el español de América) ni que esa *Einschulung* es un acto festivo (y en absoluto una "matriculación" ni una "inscripción") que cada escuela cuida especialmente invitando a una recepción oficial a los nuevos alumnos y a sus familias (lo que solo ha logrado transmitir ChatGPT) y en el transcurso de la cual los niños reciben como obsequio una *Schultüte* (que tiene, eso sí, forma cónica, pero queda muy lejos de poder denominarse con propiedad "cono escolar").

7. Ante palabras polisémicas se corre el riesgo de que elijan justamente la significación equivocada.

Este es justo uno de los puntos en los que los resultados de una TA pueden resultar llamativamente erróneos, puesto que revela con mucha claridad los desajustes que se dan entre los conocimientos del mundo que poseen los traductores humanos y que les permiten resolver sin dificultad estos casos de (teórica) ambigüedad y de los conocimientos que les faltan a los motores de TA. Un ejemplo especialmente revelador por los errores que los TA cometen con él, es el tratamiento del adjetivo "virgen" en relación con los tipos de aceite, en este caso del aceite de oliva virgen extra (Tabla 8).

Tabla 8: Ejemplos de traducción de palabras polisémicas (*virgen*)

Original	**DeepL**	**Google**	**ChatGPT**
Un Virgen Extra con Carácter	Eine **Jungfrau** Extra mit Charakter	**Ein Extra Virgin** mit Charakter	**Ein Extra Vergine** mit Charakter

El equivalente alemán sería (en realidad) *Natives Olivenöl Extra* o bien *Extra natives Olivenöl*, dos soluciones acuñadas y usualizadas que, sin embargo, no aporta ninguno de los tres motores: Google escogió el equivalente inglés y ChatGPT, el italiano; DeepL, por su parte, comete el error de confundir el significado que "virgen" toma en este contexto particular. El artículo indefinido seguramente es interpretado por DeepL como un error en vez de tratarlo como una pista para resolver la polisemia. Lo que resulta llamativo es la sorprendente cantidad de veces que en páginas web en alemán aparece la forma errónea "Extra Jungfrau Olivenöl" si se hace una búsqueda de la forma exacta mediante Google (1430 resultados con fecha 28 de enero de 2024). Otro ejemplo, en este caso en dirección al español:

Tabla 9: Ejemplos de traducción de palabras polisémicas (*Tatort*)

Original	DeepL	Google	ChatGPT
Sie fragen sich: „Welcher **Tatort** läuft heute Abend?“	Te preguntarás: “¿Qué **escena del crimen** hay esta noche?”.	Te estarás preguntando “¿Qué **escena del crimen** sucederá esta noche?”	Te preguntas ‘¿Qué **episodio de ‘Tatort’** se emite esta noche?’

Un caso en el que se cruza el tratamiento de referentes culturales y de polisemia es la referencia a la emisión de la cadena ARD *Tatort*: el error sorprende dado que *Tatort* no es un sujeto adecuado para el verbo *laufen*. ChatGPT ha ofrecido una traducción adecuada de esa referencia en la que ha optado incluso por una amplificación correcta (pero una ortotipografía bastante incorrecta) que contrasta fuertemente con las propuestas que proponen un equivalente al pie de la letra, “la escena del crimen”, y alteran incluso el significado del verbo *laufen* para ajustarlo.

8. No aplican correctamente las reglas de ortotipografía y de nuevo, solo son capaces de reproducir aquellas marcas que encuentra en el TO.

Ello conlleva necesariamente el uso incorrecto de comas, comillas, rayas y guiones, falta de cursivas, etc. De hecho, resulta llamativo que, por lo que respecta al tratamiento de la ortotipografía, los TA no dispongan de otros recursos que reproducir en el TM todo aquello que encuentran en el TO, siempre en la medida en que resulte posible. Un ejemplo muy característico lo observamos al traducir diálogos, en los que todos los motores mantienen unánimemente las comillas que hallan en el TO y prescinden de las rayas que son normativas en español al reproducir diálogos.

Tabla 10: Ejemplos de traducción de puntuación

Original	DeepL	Google	ChatGPT
Er kam in mein Büro und fragte mich: „Juan, wie geht es dir?“	Entró en mi despacho y me preguntó: “Juan, ¿cómo estás?”.	Entró a mi oficina y me preguntó: “Juan, ¿cómo estás?”	“Entró en mi despacho y me preguntó: ‘Juan, ¿cómo estás?’ ”

Las tres propuestas de traducción son en resumidas cuentas iguales y correctas en lo que se refiere a la expresión, si bien en cada una de ellas se suma un problema ortotipográfico: Google simplemente entrecomilla la intervención; DeepL ha añadido un punto después de las comillas pese a ir detrás de un signo de interrogación y, finalmente, ChatGPT ha empleado comillas simples en la intervención para diferenciarlas, dado que todo el texto traducido lo marca entre comillas dobles.

Si volvemos por un momento al ejemplo de la Tabla 9 acerca de la emisión *Tatort*, encontramos otra vez los mismos automatismos. Además ChatGPT emplea indebidamente las comillas simples para marcar el préstamo ('Tatort'), no porque sea una palabra tomada del alemán, sino porque es el título de un programa de televisión.

9. Pueden dar lugar sin pretenderlo a enunciados ambiguos o inconcretos.

En este caso, los traductores automáticos no han detectado una regla gramatical muy simple del español: los verbos reflexivos no pueden dar lugar a construcciones impersonales con *se*, dado que reciben sin ambigüedad una lectura personal (Tabla 11):

Tabla 11: Ejemplos de traducción de enunciados ambiguos

Original	DeepL	Google	ChatGPT
Sie hatten noch nie gesehen, wie es genau funktionierte, aber eines war sicher: **Duschen konnte man** nicht im Wald. (Leonie Swann (2010): *Garou*).	Nunca habían visto exactamente cómo funcionaba, pero una cosa era segura: **no se podía duchar** en el bosque.	Nunca habían visto cómo funcionaba exactamente, pero una cosa era segura: **no se podía duchar** en el bosque.	Nunca habían visto cómo funcionaba exactamente, pero una cosa era segura: **no se podía tomar una ducha** en el bosque.

El TO contrasta un sujeto determinado en la primera frase (*sie*) con un sujeto impersonal (*man*) en la segunda, que indica sencillamente que para todo el mundo resulta imposible ducharse en el bosque. Ese significado solo lo ha reproducido adecuadamente ChatGPT, mientras que las soluciones traductoras que proponen DeepL y Google transmiten una lectura en la que una persona determinada (pero inconcreta en este contexto) es la que no puede tomar la ducha.

10. No reconocen muchas metáforas, de modo que son incapaces de darles una equivalencia adecuada.

Evidentemente hay muchísimas metáforas compartidas por el español y el alemán cuya traducción, por lo tanto, resulta bastante sencilla. Hay también metáforas de mucho mayor alcance, como son por ejemplo las relacionadas con la cognición o las relacionadas con la Biblia, también fáciles de traducir. Aun así, quedan muchísimas, a saber, todas las que se han acuñado y/o usualizado en una única lengua o variedad de una lengua, que siguen siendo bastante inaccesibles para algunos de los motores de TA. En los dos casos que tomamos como ejemplo y que no resultan excesivamente inusuales, solo ChatGPT ha sido capaz de ofrecer una versión funcionalmente adecuada.

Tabla 12: Ejemplos de traducción de metáforas

Original	DeepL	Google	ChatGPT
Ich weiß, ich war **eine dumme Kuh**, dass ich nicht wirklich alles auf dieser Klausur gelesen habe.	Sé que fui **una vaca tonta** por no leer todo lo que ponía en el examen.	Sé que fui **una vaca estúpida** por no leer todo en este examen.	Sé que fui **una tonta** al no haber leído realmente todo en ese examen.
Por suerte uno ya es **perro viejo** y no un chiquillo con pretensiones de revolucionario.	Zum Glück ist man **ein alter Hund** und kein Kind mit revolutionären Ansprüchen.	Zum Glück ist man schon **ein alter Hund** und kein Kind mit dem Anspruch, ein Revolutionär zu sein.	Zum Glück ist man schon **ein alter Hase** und kein junger Kerl mit revolutionären Ansprüchen.

Hemos escogido dos metáforas del reino animal que se emplean de modo convencional para designar características muy determinadas de los seres humanos. Tanto DeepL como Google ignoran su verdadero significado en el uso y recurren sin más a una traducción muy literal; solo ChatGPT reconoce su valor metafórico y actúa en consecuencia, en un caso ofreciendo una metáfora análoga (*alter Hase*) y en otro con un adjetivo que equivale al significado de la expresión ("tonta").

11. No reconocen los usos coloquiales o jergales de las expresiones.

Muy relacionado con las metáforas a las que nos acabamos de referir, se hallan muchos usos coloquiales y jergales que resultan muy difíciles de traducir (Tabla 13), ya que se basan en emplear alguno de los significados figurados o más infrecuentes de las palabras.

Tabla 13: Ejemplos de traducción de usos jergales

Original	DeepL	Google	ChatGPT
Während sie abends in der **Kneipe** beim Bier saßen, erzählte er seinen Freunden von seiner neuen **scharfen Schnitte.**	Por la noche, mientras tomaban una cerveza en el **pub**, les habló a sus amigos de su nuevo **corte sexy.**	Esa noche, mientras estaban sentados en el **pub** tomando una cerveza, les contó a sus amigos sobre su nuevo **corte picante**.	Mientras estaban en el **bar** por la noche tomando cerveza, les contó a sus amigos acerca de su nueva **pareja atractiva.**
Nach dem Einbruch begann sie zu grübeln. Sie konnte die **heiße Ware** unmöglich sofort an den Mann bringen.	Tras el robo, empezó a cavilar. No había forma de que pudiera vender **la mercancía caliente** inmediatamente.	Después del robo, empezó a pensar. No podría vender **el producto de moda** de inmediato.	Después del robo, ella empezó a pensar. No podía vender **la mercancía caliente** de inmediato.

En el primer ejemplo la expresión coloquial *scharfe Schnitte* no hace referencia al sentido literal de las palabras sino a una mujer atractiva. Mientras que ChatGPT lo reconoce y lo traduce bien, Google Traductor y DeepL no llegan a traducir bien la expresión. Llamativo es también la traducción de *Kneipe*, ya que de nuevo solo ChatGPT logra traducirlo usando una equivalencia adecuada: Google Traductor y DeepL recurren a una referencia a la cultura anglosajona con *pub.*

En el segundo ejemplo, *heiße Ware* se refiere a objetos robados que alguien está intentando vender. DeepL y ChatGPT no lo entienden y lo traducen, como sucede en estos casos, literalmente, mientras que Google Traductor no lo entiende bien y se va por el camino equivocado de la moda.

12. No reconocen modismos y frases hechas y no son capaces de ofrecer una equivalencia.

De modo muy similar a lo que acabamos de ver en los ejemplos previos, si un TA no identifica una secuencia como un fraseologismo, no es capaz de reconocer el sentido figurado con el que se emplea y su único recurso es traducirlo al pie de la letra en tanto que resulte posible (Tabla 14):

Tabla 14: Ejemplos de traducción de modismos y frases hechas

Original	DeepL	Google	ChatGPT
A quien Dios se la dé, San Pedro se la bendiga.	Wem Gott es gibt, dem wird der heilige Petrus seinen Segen geben.	Wem Gott es gibt, den segne der heilige Petrus.	Wem Gott gibt, segnet es der heilige Petrus.
Pues Dios nuestro Señor se la dio, San Pedro se la bendiga (*El Quijote* II 56).	Denn Gott, unser Herr, hat es dir gegeben, Petrus segne dich.	Nun, Gott, unser Herr, hat es ihm gegeben, der heilige Petrus segne ihn.	Denn unser Herrgott hat es gegeben, der heilige Petrus segne es.

El equivalente en forma de refrán de estos dos sería *Was Gott tut, (das) ist wohlgetan* (*vid. Refranero multilingüe CVC*), pero lo único que pueden proponer los tres motores son equivalentes meramente literales. Además, como se puede ver en la versión cervantina, la forma de los refranes es relativamente variable y no está definitivamente fijada, hecho que un traductor humano puede reconocer con mucha más facilidad que un motor de TA.

13. Se encuentran con dificultades para entender las frases largas y complicadas, por lo que a menudo dan lugar a traducciones que contienen falsos sentidos pero que, no obstante, dan la impresión de ser correctas.

Si escogemos un poco entre los ejemplos de los que disponemos, ni siquiera hace falta buscar los más largos y oscuros. La frase siguiente (Tabla 15) no ha sido capaz de traducirla con su sentido correcto ninguno de los tres motores.

Tabla 15: Ejemplos de traducción de frases largas

Original	DeepL	Google	ChatGPT
Bislang sind laut RKI nur wenige Fälle von Reinfektionen beschrieben worden. **Da Wiederansteckungen aber nach Infektionen mit anderen Coronaviren vorkämen**, seien sie auch für Sars-CoV-2 denkbar.	Según el RKI, hasta ahora sólo se han descrito unos pocos casos de reinfección. Sin embargo, **como las reinfecciones se producen tras infecciones con otros coronavirus**, también son concebibles en el caso de Sars-CoV-2.	Según el RKI, hasta el momento sólo se han descrito unos pocos casos de reinfecciones. **Dado que las reinfecciones se producen después de infecciones por otros coronavirus**, también son posibles en el caso del Sars-CoV-2.	Hasta ahora, según el Instituto Robert Koch (RKI), solo se han descrito unos pocos casos de reinfección. Sin embargo, **dado que las reinfecciones también ocurren después de infecciones con otros coronavirus**, también son concebibles para el Sars-CoV-2.

Resulta llamativo además que los tres den una formulación muy similar y con el mismo error de contenido, lo que sorprende porque no se detecta un problema de estilo en el TO. Como se habrá observado, lo que indica la segunda oración del texto es más bien lo siguiente: "Dado que con otros coronavirus se han producido casos de reinfección, estos también podrían ser posibles con el Sars-CoV-2".

14. No siempre son capaces de lograr exactitud terminológica, lo que resulta tanto más problemático cuando se trata de traducir textos muy especializados y de comunicación entre expertos.

En este caso, hemos escogido un texto publicitario y relativamente sencillo sobre tarjetas bancarias que les plantea algunas serias dificultades terminológicas a los tres motores objeto de examen (Tabla 16):

Tabla 16: Ejemplos de traducción de terminología

Original	**DeepL**	**Google**	**ChatGPT**
Una tarjeta que formará parte de tu día a día sin costes de emisión ni **mantenimiento.**	Eine Karte, die Teil Ihres täglichen Lebens wird, ohne Ausgabe- oder **Wartungskosten**.	Eine Karte, die ohne Ausgabe- und **Wartungskosten** Teil Ihres täglichen Lebens sein wird.	Eine Karte, die ein Teil deines Alltags wird, ohne Emissions- oder **Wartungskosten**.
Gratis **Consíguela**, sin ningún coste de emisión ni **mantenimiento**, y disfruta siempre de tu tarjeta **Solicítala** **Paga** tus compras cuando las recibas	**Unentgeltlich** **Holen Sie** sich die Karte, ohne Ausstellungs- oder **Wartungskosten,** und haben **Sie** immer Freude an Ihrer Karte. **Beantragen Sie es** **Bezahlen Sie** Ihre Einkäufe, wenn Sie sie erhalten	**Frei** **Holen Sie** es sich ohne Ausstellungs- oder **Wartungskosten** und **genießen Sie immer Ihre Karte** **fordere es an** **Bezahlen Sie** Ihre Einkäufe, wenn Sie sie erhalten	**Kostenlos** **Hol sie dir**, ohne Gebühren für Ausstellung oder **Wartung**, und genieße immer **deine** Karte. **Beantrage sie** **Bezahle deine** Einkäufe, wenn du sie erhältst.

En los dos últimos ejemplos podemos observar cómo en primer lugar, los tres traductores automáticos aplican una terminología errónea, ya que todos optan por traducir "costes de mantenimiento" como *Wartungskosten* cuando se trata de una tarjeta de compras, es decir, un producto financiero: el término correcto sería *monatlicher Grundpreis* o *monatliche Grundgebühr.* A esto se añaden las distintas traducciones que ofrecen de la palabra "gratis". Aquí la opción de Google Traductor también es errónea por el contexto. Cabe destacar también el uso diferenciado de *Sie* y *du*. Mientras que en castellano el uso de "tú" está mucho más expandido en alemán, se preferiría seguramente la versión más formal (*Sie*) si no se trata de una empresa que se dirige a clientes jóvenes y utiliza la forma informal de una estrategia de *marketing*.

El imperativo español "solicítala" también causa complicaciones para los traductores automáticos DeepL y Google, ya que traducen el pronombre que se refiere a la tarjeta con un pronombre neutro en alemán, lo cual es un error, debido a que debería utilizarse un pronombre femenino. ChatGPT lo traduce de forma correcta mientras Google Traductor comete además un error de coherencia, ya que ha cambiado en el mismo texto de *Sie* a *du*. El verbo elegido por Google Traductor (*anfragen*) también es cuestionable, ya que sería más adecuado elegir en este caso el verbo *beantragen*, tal y como lo hicieron los otros dos traductores automáticos.

15. No son capaces de resolver cuestiones de referencia, como en el caso de verbos sin sujeto expreso en textos en español o de adscripción de pronombres a sus referentes (por ejemplo, *le – la – lo*).

Tabla 17: Error de referencia en una traducción

Original	**DeepL**	**Google**	**ChatGPT**
Un 10 de agosto de 1519, partió del puerto de Sevilla, del muelle de las Mulas, la flota capitaneada por Fernando de Magallanes y Juan Sebastián Elcano que dio la primera vuelta al mundo, **de la que** celebramos el V centenario.	Am 10. August 1519 stach die Flotte unter dem Kommando von Ferdinand Magellan und Juan Sebastian Elcano vom Hafen von Sevilla aus in See, um die erste Weltumsegelung zu unternehmen, **deren** fünfhundertsten Jahrestag wir heute begehen.	Am 10. August 1519 verließ die von Ferdinand Magellan und Juan Sebastián Elcano angeführte Flotte den Hafen von Sevilla, die Muelle de las Mulas, und segelte zum ersten Mal um die Welt, **deren** fünfhundertjähriges Bestehen wir feiern.	Am 10. August 1519 brach die Flotte unter der Führung von Fernando de Magallanes und Juan Sebastián Elcano vom Hafen von Sevilla, vom Muelle de las Mulas, auf und vollendete die erste Weltumsegelung, **die** wir heute zum 500. Jubiläum feiern.

En la TA a menudo se da el caso de que no se resuelven bien las referencias que se hacen a otros elementos que forman parte de la misma oración o del mismo párrafo. En este caso concreto Google Traductor no ha logrado traducir bien la referencia que hace el pronombre relativo a la primera vuelta al mundo de modo que, en su versión, el relativo se refiere solo a la existencia del *mundo*, por lo que se está cometiendo así un grave error de sentido. El error se origina al haber elegido (en principio, con muy buen criterio) un verbo (*segeln*) para traducir *vuelta* en vez de traducir *vuelta al mundo* mediante una palabra compuesta (*Weltumsegelung*), tal y como han hecho DeepL y ChatGPT.

16. No siempre incorporan en la traducción las formas femeninas correspondientes.

Tabla 18: Ejemplos de traducciones con sesgo de género

Original	DeepL	Google	ChatGPT
Sehr geehrte Frau Dekanin/ Sehr geehrte Frau Rektorin / Sehr geehrte Frau Präsidentin.	Estimado Decano / Estimado Rector / Estimado Presidente.	Estimada Sra. Decana/ Estimada Rectora/ Estimada Sra. Presidenta.	Estimada Decana/ Estimada Rectora/ Estimada Presidenta.
Die Ärztin entließ den Patienten.	El médico dio el alta al paciente. Alternativas: El médico dio de alta al paciente. El médico dio el alta a la paciente.	El médico dio de alta al paciente.	La doctora dio de alta al paciente.
Se dio de baja.	Sie wurde abgemeldet. Alternativas: Es wurde abgemeldet. Die Registrierung wurde aufgehoben.	Er ist ausgestiegen.	Er/Sie hat sich abgemeldet.
Die schlaue Schülerin	El alumno listo. Alternativas: El alumno inteligente. La alumna lista. La alumna inteligente.	El estudiante inteligente	La estudiante inteligente.
Der schlaue Schüler	El estudiante inteligente. Alternativas: El estudiante listo. El alumno inteligente. El alumno listo.	El estudiante inteligente	El estudiante inteligente.

Los traductores automáticos como DeepL y Google Traductor parecen programados para elegir las formas masculinas por defecto. Es decir, si falta información, como puede ser en los casos en los que no aparece el sujeto explícito en español, se recurre de modo automático a una forma masculina. La excepción se da con ChatGPT, que ofrece la opción femenina y masculina (véase el tercer ejemplo). Faltaría aquí la versión neutra, que puede darse perfectamente si el sujeto de la frase es un sustantivo neutro, como por ejemplo *Das Team*. Lo que sí resulta un error inexplicablemente grave son aquellos casos en los que en el TM la forma femenina (*Dekanin, Rektorin, Präsidentin, Friseurin, Ärztin*) se ha traducido con una forma masculina. En el ejemplo *Die Ärztin entliess den Patienten*, DeepL incluso intercambia la forma femenina con la masculina y ofrece como alternativa: "El médico dio el alta a la paciente". En ninguno de los casos se ha traducido *Die Ärztin* con *la médica/doctora*. Existen incluso estudios que indican que los traductores automáticos traducen adjetivos de distintas maneras en función si se refiere a un grupo masculino o femenino y, en concreto, algo mejor cuando se trata de un grupo masculino (Sun et al., 2019). Por defecto, cuando no disponen de un equivalente, ofrecen correspondencias en otro idioma, por lo general, en inglés.

17. Cuando los traductores automáticos se encuentran con una palabra que les resulta desconocida, suelen dejarla como está o, si no conocen la correspondencia en el idioma meta, traducirlo al inglés por defecto.

Tabla 19: Ejemplos de uso inadecuado de otra lengua

Original	DeepL	Google	ChatGPT
Nuestro **AOVE** selección es elaborado a partir del resto de aceitunas no recolectadas de nuestra cosecha, se desarrolla a final de noviembre y principio de diciembre antes de que el fruto caiga al suelo para obtener un aceite virgen extra de montaña excelente, un aceite con cuerpo y afrutado para nuestras cocinas.	Unsere Auslese **AOVE** wird aus den restlichen, nicht geernteten Oliven unserer Ernte hergestellt, die Ende November und Anfang Dezember, bevor die Früchte zu Boden fallen, zu einem ausgezeichneten nativen Olivenöl extra aus den Bergen verarbeitet werden, einem vollmundigen und fruchtigen Öl für unsere Küchen.	Unser ausgewähltes **EVOO** wird aus dem Rest der ungeernteten Oliven unserer Ernte hergestellt. Es wird Ende November und Anfang Dezember entwickelt, bevor die Früchte zu Boden fallen, um ein ausgezeichnetes natives Bergöl extra zu erhalten, ein Öl mit Körper und Fruchtigkeit für unsere Küchen.	Unser ausgewähltes **Olivenöl Extra Vergine** wird aus den nicht geernteten Restoliven unserer Ernte hergestellt. Die Produktion erfolgt Ende November und Anfang Dezember, bevor die Früchte auf den Boden fallen. Dies ermöglicht die Gewinnung eines hervorragenden Berg-Olivenöls, das kraftvoll und fruchtig ist und sich ideal für unsere Küchen eignet.

En el siguiente ejemplo se trata de la abreviatura *AOVE, aceite de oliva virgen extra*. En este caso, DeepL ha optado por dejarlo como está, Google Traductor ha utilizado sus siglas en inglés (*EVOO, extra virgin olive oil*) y ChatGPT lo ha intentado traducir al alemán, pero falla en *Vergine*, que es italiano.

18. Traducen fragmentos cambiando las formas de cortesía *tú/du* por *usted/Sie* y viceversa.

Por un lado, es un hecho que las reglas pragmáticas que regulan los empleos de las formas de tratamiento formal *Sie* y *usted* e informal *tú* y *du* no se corresponden estrictamente entre el español y el alemán. Dicho de otro modo, en alemán no se emplea *Sie* en las mismas situaciones ni con los mismos interlocutores que *usted/ustedes* en español. Pero la falta de referencias concretas produce que los TA traten estas reglas de cortesía de modo bastante arbitrario. En las Tablas 9 y 16 de los ejemplos anteriores también se puede observar cómo los traductores automáticos varían en sus propuestas.

19. No son capaces de adaptar los tiempos verbales a las convenciones de la CM.

No en pocas ocasiones los traductores automáticos no son capaces de adaptar los tiempos verbales a las convenciones de texto de la CM. De hecho, en este libro hay un capítulo que examina en concreto los problemas con los que se encuentra la TA de los tiempos verbales del pasado del alemán al español.

El presente ejemplo, no obstante, fue extraído de un contrato de arrendamiento para ilustrar confusiones en las que pueden caer los tres motores al encontrarse con formas verbales perfectamente correctas pero no prototípicas.

Tabla 20: Errores en los usos de los tiempos verbales

Original	DeepL	Google	ChatGPT
El arrendatario ingresó 425€ en concepto de reserva del inmueble en el número de cuenta, que Doña XY **tiene abierta** en la Entidad Bancaria Caja España. La cantidad restante, 1.075€, será entregada el día 1 de julio de 2012.	Der Mieter zahlte 425 € für die Reservierung der Immobilie auf das Konto, das Doña XY bei der Bank Caja España **eröffnet hat.** Der Restbetrag von 1.075 € wird am 1. Juli 2012 gezahlt.	Der Mieter hat 425 € als Reservierung für die Immobilie auf das Konto eingezahlt, das Frau XY bei der Bank Caja España **eröffnet hat.** Der Restbetrag von 1.075 € wird am 1. Juli 2012 ausgeliefert.	Der Mieter hat 425 € als Reservierung für die Immobilie auf das Konto eingezahlt, das Frau bei der Bank Caja España **eröffnet hat.** Der Restbetrag von 1.075 € wird am 1. Juli 2012 ausgeliefert.

Observamos en la Tabla 20 cómo la forma verbal "tiene abierta" no fue traducida correctamente por ninguno de los tres traductores automáticos, ya que en todos los casos se tradujo con el pasado perfecto *eröffnet hat* y no como un presente. De esta manera se subraya más la acción en vez del estado (*ella tiene una cuenta abierta*) lo cual en alemán equivale a *Sie führt ein Konto.*

Con este apartado, nuestra pretensión no ha sido tanto ofrecer un listado definitivo y exhaustivo de problemas como un número representativo de casos y de ejemplos convincentes que justifiquen el uso atento y precavido de las herramientas de TA y argumentar a favor de sus pocas ventajas a la hora de formar traductores profesionales.

5. Conclusión. Los riesgos de trabajar con ayuda de traductores automáticos

Hay muchas voces que ya vaticinan que en un futuro próximo no habrá traducción sino, por sus múltiples ventajas, más bien posedición. En cualquier caso, una vez que empleamos la TA como herramienta nuestra tarea ya no es en realidad "traducir" sino revisar una traducción que necesariamente contiene una serie de errores, unos más o menos evidentes y otros realmente sutiles. En ese sentido, la posedición o revisión debe hacerse con ciertos conocimientos acerca de las debilidades de los motores de TA, también con enorme detenimiento y alto grado de experiencia, puesto que en conjunto nos permiten evitar los sesgos y problemas que introducen las herramientas y evitar los peligros que, como acabamos de mostrar, se esconden siempre entre las líneas de un texto que ha traducido por su cuenta un ordenador.

En resumen, si no se contrastan muy cuidadosamente el TO y el TM, van a quedar sin duda muchas incorrecciones que no deberían estar allí:

1. errores de ortotipografía,
2. incoherencias y faltas de cohesión,
3. fallos relativos a las convenciones textuales,
4. equivalencias léxicas y/o sintácticas inadecuadas o incorrectas,
5. términos inadecuados o imprecisos,
6. palabras innecesariamente en otros idiomas (sobre todo del inglés) y
7. falsos sentidos (a menudo engañosamente plausibles).

A pesar de que ha tenido avances verdaderamente increíbles en las últimas décadas y, sobre todo, en los últimos años, debe aceptarse que la TA sigue siendo solamente una herramienta de apoyo para el ser humano, ya que no puede garantizar que se haya transmitido el mensaje original correcta y adecuadamente. Eso sí, aunque no está en condiciones de sustituir a los traductores (profesionales) humanos, es evidente que ha cambiado radicalmente las formas y las posibilidades de trabajar. Es evidente que sus capacidades y posibilidades están cambiando y mejorando a ojos vista, pero igualmente es cierto que hay modalidades y dificultades en la traducción que se solucionan mucho mejor con creatividad que con técnica. Prever el futuro a medio plazo de la TA ya no es solo cosa de la ciencia-ficción, sino de la traductología.

Bibliografía

Bellos, D. (2012). *Un pez en la higuera. Una historia fabulosa de la traducción.* Barcelona: Planeta.

De Beaugrande, R. A. & Dressler, W. (1981). *Introduction to Text Linguisics.* Essex: Longman.

Devin Coldewey, F. L. (2017). *DeepL schools other online translators with clever machine learning.* Disponible en: <https://techcrunch.com/2017/08/29/deepl-schools-other-online-translators-with-clever-machine-learning/>

Dong, D.; Wu, H.; He, W.; Yu, D. & Wang, H. (2015). Multi-task learning for multiple language translation. En C. Zong & M. Strube (Ed.), *Proceedings of the 53rd Annual Meeting of the Association for Computational Linguistics and the 7th International Joint Conference on Natural Language Processing.* (pp. 1723–1732). Beijing: The Association for Computational Linguistics. Disponible en: <https://aclanthology.org/P15-1166.pdf>

Jiao, W., Wang, W., Huang, J. T., Wang, X., & Tu, Z. P. (2023). Is ChatGPT a good translator? Preliminary study. *arXiv:2301.08745[cs.CL],* s.n., s.p. Disponible en: <https://arxiv.org/pdf/2301.08745.pdf>

Meinhold, A. (2023). *Übersetzer im Vergleich. Google Translate vs. DeepL.* Disponible en: <https://www.cio.de/a/google-translate-vs-deepl,3575364>

Sun, Z.; Zhang, J. M.; Harman, M.; Papadakis, M. & Zhang, L. (2019). Automatic testing and improvement of machine translation. *arXiv:1910.02688* [cs. SE], s.n., s.p. Disponible en: <https://arxiv.org/pdf/1910.02688.pdf>

Wang, H.; Wu, H.; He, Z.; Huang, L. & Ward Church, K. (2022). Progress in Machine Translation, *Engineering,* 18, 143–153. Disponible en: <https://doi.org/10.1016/j.eng.2021.03.023>

Weaver, Warren (1949). Translation. En: W. N. Locke, & A. D. Booth (Ed.) *Machine translation of languages: fourteen essays* (pp. 15–23). Cambridge, Mass.: Technology Press of the Massachusetts Institute of Technology. Disponible en: <https://aclanthology.org/1952.earlymt-1.1.pdf>

Welling, K. (2019). *DeepL App – Texte übersetzen, gut und einfach – so geht's.* Disponible en: <https://praxistipps.chip.de/deepl-app-texte-uebersetzen-gut-und-einfach-so-gehts_115019>

Motores de traducción automática

ChatGPT. Disponible en: <https://chat.openai.com/>

DeepL. Disponible en: <www.deepl.com>

Google Traductor. Disponible en: <https://translate.google.com/?sl=de&tl=es&op=translate&hl=de>

Alice Stender

(Universidad Pablo de Olavide, Sevilla)

Ventajas y desventajas de usar la traducción automática en textos de alto contenido cultural: el Oktoberfest traducido por DeepL, ChatGPT y Google Traductor

Resumen: Con el debate de la IA y las traducciones automáticas en pleno auge, nos proponemos analizar las traducciones realizadas por Google Traductor y DeepL, así como también por ChatGPT, de un texto sobre el Oktoberfest publicado por la ciudad de Múnich en su página web. Elegimos este texto de gran carga cultural para las clases de una asignatura de introducción a la traducción de la lengua alemana con el fin de ejemplificar los problemas de diversa índole, léxicos y culturales, que suelen estar presentes en los textos turísticos. Realizamos, además, una encuesta para conocer la opinión del estudiantado matriculado en la asignatura acerca de los programas de traducción automática en general. En este capítulo examinamos las propuestas de traducción de los mencionados programas en cuanto a la calidad de la traducción y su aceptabilidad con el fin de visibilizar, por un lado, la utilidad de usar estas herramientas como complemento, pero que, por el otro lado, el estudiantado sepa discernir que se trata efectivamente de instrumentos de apoyo y que, por ejemplo, en textos de índole cultural el proceso cognitivo del traductor humano es, a día de hoy, imprescindible.

Palabras clave: traducción automática, referentes culturales, alemán, español

0. Descripción del problema

En los últimos años hemos presenciado un aumento de herramientas de traducción automática, tanto de pago como accesibles de manera gratuita en internet. El auge de dichos instrumentos de apoyo ha tenido, como una de las múltiples consecuencias, que el estudiantado de diversas carreras, entre ellas la de Traducción e Interpretación, llegue a cuestionarse la necesidad de estudiar la carrera. Esta situación trae consigo varios efectos secundarios, pues el hecho de que existan herramientas de traducción automática que, en ocasiones, pueden solucionar la necesidad de una traducción rápida y solventar un problema puntual de comprensión, incita al mismo tiempo a que algunos estudiantes las utilicen en los exámenes de asignaturas de traducción para tratar de lograr un aprobado, cuando sus conocimientos de la lengua de origen, alemán en nuestro caso, les hacen sospechar que no van a poder aprobar el examen final de la asignatura en cuestión. En las primeras clases de la asignatura "Introducción a la práctica de la traducción de la lengua C alemán" en la universidad aplicamos determinadas estrategias didácticas para contrarrestar esa tendencia y hacer ver la necesidad de utilizar las herramientas cognitivas de las que disponemos los humanos. Para ello utilizamos textos de temática marcadamente cultural originados en Alemania con el fin de ilustrar los fallos (y los aciertos) que puedan presentar las traducciones de DeepL, Google Traductor y ChatGPT. Aunque en años anteriores solo hemos utilizado las traducciones de DeepL y de Google Traductor, actualmente, debido a los rápidos avances de la aplicación de chatbot ChatGPT, también presentamos la traducción realizada por esta, si bien ahora ya existen otros programas de IA igual o incluso más potentes.

1. Objetivos

Los objetivos que nos planteamos son varios, pues queremos saber qué opina el estudiantado de los programas de traducción automática y hasta qué punto son dependientes de ellos, además nos interesa saber cuáles son las principales ventajas que el estudiantado ve en los programas de traducción automática (en adelante, PTA). En otro orden de cosas, perseguimos analizar las propuestas de traducción realizadas por diversos PTA de un texto con alto contenido cultural en cuanto a la corrección lingüística y de contenido. Es decir, si bien en algunas ocasiones podemos destacar soluciones de traducción adecuadas, sobre todo tratamos de destacar los errores cometidos por los PTA con un fin didáctico y ejemplarizante para el alumnado.

2. Metodología

Para lograr los primeros de nuestros objetivos llevamos a cabo dos encuestas. Presentamos la primera de ellas al estudiantado en aulas de informática al inicio de la clase y les dejamos unos minutos para que rellenaran la encuesta. A continuación, tematizamos el texto origen (TO) para después analizar con una dinámica grupal entre todos los presentes las traducciones realizadas por los PTA. Seguidamente, al término de la clase, lanzamos otra encuesta final para conocer la opinión del estudiantado una vez concluido el análisis y tras haber trabajado los textos en clase y para saber si han cambiado de parecer una vez finalizados y vistos los posibles aciertos y errores.

Analizamos los textos basándonos en la clasificación de errores de traducción ofrecida por el sistema MQM (Multidimensional Quality Metrics) del Deutsches Forschungszentrum für Künstliche Intelligenz GmbH (DFKI). En

Tabla 1: Tabla del modelo de evaluación de Roiss (2021) basado en el sistema MQM

1. Tra Transferencia y precisión	1.1 Adición inadecuada	1.2 Omisión inapropiada	1.3 No traducción	1.4 Traducción incorrecta	
2. Flu Fluidez o incorrección lingüística/ normativa o de tipo mecánico	2.1 Incorrección gramatical	2.2 Ortografía: mayúsculas, tildes, etc.	2.3 Tipografía: puntuación, espacios en blanco, etc.	2.4 Inconsistencia	2.5 Coherencia: lógica del texto a nivel interoracional o en su conjunto
	2.6 Cohesión: uso incorrecto de conectores gramaticales o lógicos, referentes textuales (anáfora, catáfora, elipsis, deixis…)	2.7 Repetición incorrecta: duplicación de palabra o parte de frase	2.8 Registro gramatical: (verbo, pronombre, etc.)	2.9 Ambigüedad no introducida en el proceso de traducción	2.10 Ininteligible: oración incomprensible por por razones distintas a las anteriores
3. Est Estilo	3.1 No idiomático: uso de elementos de la lengua de forma poco natural, malas colocaciones	3.2 Enrevesado en su formulación gramatical / textual, lo que dificulta la lectura	3.3 No seguimiento de estilo especificado	3.4 Estilo inconsistente	3.5 Problema de registro de tipo léxico no gramatical
4. Term Terminología	4.1 No sigue base de datos específica	4.2 No sigue la terminología del campo	4.3 Uso inconsistente de la terminología		

(*continúa*)

Tabla 1: Continúa

5. Refs referencias a la cultura y la realidad de destino	5.1 Referencia cultural inapropiada	5.2 Referencia al contexto de destino inapropiada	5.3 Incompleto de partida: se han omitido pasos o elementos de una lista en el texto origen	5.4 Inapropiado para el usuario de destino	5.5 Requisitos legales de destino no seguidos
6. Loc convenciones, materiales del contexto o cultura de destino	6.1 Formatos de direcciones, teléfonos, calendarios, puntuación, etc.				
7. Dis diseño	7.1 Gráficos, guionización, solapamientos, etc.				

este sistema se clasifican los errores en siete categorías: *terminología*, *precisión*, *convenciones lingüísticas*, *estilo*, *convenciones regionales*, *adecuación al receptor* y *formato*. Cada categoría tiene, a su vez, más subcategorías. Queremos mencionar en este lugar a Roiss (2021: 494 s.) y a su análisis de las referencias culturales en el ámbito jurídico tomando prestada para nuestros fines la tabla que han elaborado los investigadores de la Universidad de Salamanca, si bien algunas de las categorías expuestas en Tabla 1 no se pueden aplicar a nuestro texto por la propia naturaleza de este.

3. La traducción de elementos culturales

El TO que utilizamos es un texto informativo turístico sobre una de las atracciones del Oktoberfest de Múnich y, más concretamente, sobre el *Trachten- und Schützenzug*, un desfile que forma parte de la inauguración de la fiesta, y cuyo título ya entraña un problema de traducción. Aquí nos referimos a la distinción que establece Nord (2009) entre *dificultad* y *problema de traducción*, siendo este último de tipo objetivo y no específico e individual del traductor. Como afirman González-Pastor y Candel Mora:

> la traducción del texto turístico se presenta como un texto multilingüe y multicultural, en el que el traductor debe trasladar y reconocer cuáles de esos vocablos son ya universales y serán reconocidos por el lector o turista como provenientes de una determinada cultura y además, debe conocer su significado e implicaciones pragmáticas (2013: 848).

Nuestro texto contiene muchas *referencias culturales*[1] o *culturemas*, a los que Molina (2006: 79) define como "elemento verbal o paraverbal que posee una carga cultural específica en una cultura y que al entrar en contacto con otra cultura a través de la traducción puede provocar un problema de índole cultural entre los textos origen y meta", ya que ambas culturas, la de partida y la de llegada, pueden tener realidades muy distintas y los conocimientos que comparte una comunidad de hablantes suelen variar mucho de un lugar al otro.

Aquí hablaremos indistintamente de *elementos culturales*, de *culturemas* o de *realia*, pues, aunque hay autores que han acuñado distintas nomenclaturas, estos conceptos se refieren básicamente a la misma realidad: un concepto (según Luque Nadal [2009: 97], "objeto, idea, actividad o hecho") intrínsecamente arraigado y conocido en una cultura y comunidad de hablantes y que no tiene referente igual en otras.

---

1 Véase al respecto también Mayoral Asensio (1999–2000), que hace un repaso de las teorías de las distintas escuelas de traducción.

Olalla y Hurtado Albir (2013) se refieren a la identificación y a la categorización de culturemas como una de las grandes dificultades en la formación de traductores. En la didáctica de la traducción no siempre resulta fácil hacer ver al estudiantado qué es un culturema y qué no lo es, por lo que proponemos el siguiente ejemplo para su visualización: en España se consume mucha cerveza y, por supuesto, también se conocen jarras de cerveza. No obstante, la *Maß*, también llamada *Maßkrug* (una jarra que contiene un litro de cerveza que tradicionalmente está hecha de cerámica a veces con una tapa de estaño y que se encuentra en muchas partes de Alemania, pero sobre todo en el sur), no es igual que la jarra que se sirve en una terraza en España. Por esa razón, y en línea con Trujillo-González, para la traducción de dichos elementos hay que tener en cuenta:

> los *culturemas* no solo se refieren a un tipo de léxico determinado, sino también engloban a categorías distintas y, por ende, requieren soluciones [de traducción] concretas, por lo que una única solución resulta insuficiente (2012: 302).

Entre estos elementos culturales contamos, por supuesto, las celebraciones tradicionales de cada país. Por ejemplo, el Hogmanay escocés, el Oktoberfest de Múnich o, por mencionar solo una de las magníficas fiestas primaverales españolas, la Semana Santa de Sevilla. Todas estas, llamémoslas "actividades", tienen sus particularidades, que presentan problemas de traducción (comidas propias, vestimentas, días temáticos, procesiones, tradiciones, etc.), ya que engloban conceptos que muchas veces no cuentan con un equivalente en la CM. Como ya se ha indicado, nuestro análisis gira en torno a un texto relacionado con una parte de la ceremonia inaugural del Oktoberfest: el *Trachten- und Schützenzug*.

Como se puede deducir del título, el texto contiene elementos culturalmente muy marcados, cuya traducción entraña diversas dificultades. En muchas zonas de Alemania se celebran fiestas populares durante las cuales se pueden contemplar desfiles de personas muchas veces uniformadas que, rifle al hombro, simulan una costumbre basada en la Edad Media en la que, con el fin de proteger a las ciudades de agresiones externas, los propios ciudadanos crearon milicias armadas. Hoy en día aún existen en Alemania muchos *Schützenvereine*, o asociaciones de tiradores. Uno de los desfiles de mayor renombre es indudablemente el desfile anual que se celebra con motivo del Oktoberfest en la ciudad de Múnich. Tomamos como ejemplo este texto por la cantidad de referentes culturales que contiene, porque se trata de una fiesta mundialmente conocida y atractiva para el público español y por ende también para nuestro alumnado.

Además, dada la importancia del evento, se pueden suponer algunos conocimientos previos, lo que facilita la comprensión del TO. No olvidemos tampoco que las fiestas tradicionales aportan muchísimos beneficios a la economía de las naciones y de las ciudades, y que la traducción turística es un importante nicho profesional para nuestros egresados.

4. La encuesta

En nuestra clase de una asignatura de introducción a la práctica de la traducción de la lengua alemana en tercer curso, y antes de dar comienzo al análisis de las traducciones ofrecidas por los PTA, pedimos al estudiantado que rellenen una encuesta. Por un lado, utilizamos preguntas cerradas, en las que se podía optar por una respuesta y, por el otro lado, preguntas semiabiertas donde los alumnos podían elegir entre las distintas propuestas de respuesta, pero donde también era posible añadir respuestas propias. El tercer tipo de preguntas era del tipo de las preguntas cerradas con respuestas para elegir, seguidas de una pregunta abierta con respuesta voluntaria.

En la Tabla 2 se reflejan las preguntas y las respuestas de la primera encuesta anónima, en la que ha participado un total de 30 estudiantes. Los resultados se reflejan en la columna de la izquierda en porcentajes totales y en número de votos. Como era de esperar, todos los encuestados opinan que la TA es útil y, en cuanto a los errores que se pueden hallar en una TA están en primer lugar los errores de sentido con un 96,7 % de respuestas a favor, pues solo un/a participante en la encuesta opina que los PTA no cometen errores de sentido. Este tipo de errores los calificaremos en nuestro análisis como *error de transferencia* (TRA) y más concretamente como TRA 1.4. Después del error de sentido, se encuentran los *errores de expresión* y los *de estilo* (ambos EST), los *errores ortotipográficos* (FLU 2.2), los *errores léxicos* (TERM), *de formato* (LOC), *cifras equivocadas* (FLU 2.3) y, en último lugar (¡con tan solo un voto!) están los *errores culturales* (REF 5.1).

Tabla 2. Resultados del cuestionario (Fuente: elaboración propia)

1. ¿Crees que la traducción automática es útil?	
0 %	Sí, traduce mejor que yo
100 % (30)	Sí, pero hay que saber utilizarla
0 %	No
¿Qué errores crees que vas a encontrar en una traducción automática?	

(continúa)

Tabla 2. Continúa

53,3 % (16)	Léxicos
73,3 % (22)	Ortotipográficos
96,7 % (29)	De sentido
76,7 % (23)	De estilo
86,7 % (26)	De expresión
40,0 % (12)	De formato
26,7 % (8)	Cifras
03,3 % (1)	Culturales
2. Si crees que los programas de TA cometen otros errores, ¿cuáles son?	
	Respuesta libre
3. ¿Por qué razones usas programas de TA?	
10 % (3)	No entiendo el alemán
0 %	Me cuesta expresarme en español
70 % (21)	Lo uso para asegurarme de haber entendido el alemán
6,7 % (2)	Me da la terminología que busco
0 %	Traduce mejor que yo
	Otros
4. Si has elegido "otros", ¿qué otras razones tienes para usar programas de TA?	
No los suelo usar casi nunca.	
Es más rápido.	
Me ayuda a comprender mejor el alemán en ciertos aspectos y a expresarme de manera más natural.	
Me ayuda a tener una idea general, pero nunca una idea certera o definitiva.	
Aparte de para asegurarme también hay algunas expresiones en alemán que no entiendo.	
Corregir la traducción que he hecho solo.	
Traduce la frase al completo y no tengo que buscar palabra por palabra, aunque después repase dicha oración a ver si me gusta como suena.	
5. ¿Qué programas de TA utilizas? (28 respuestas, varias opciones posibles)	
23	DeepL
5	Google Traductor
4	Reverso
3	ChatGPT
3	Pons

Las respuestas a la pregunta 2, que aquí transcribimos y en la que se planteaba al estudiantado si creían que los PTA cometían otros errores, además de los mencionados en la lista, son las siguientes:

1. No dan el sentido adecuado a las expresiones del idioma y a veces traducen con un significado indeseado ciertas palabras polisémicas.
2. Cometen errores al traducir expresiones o bromas.
3. No terminan de comprender frases hechas o ironías. Tampoco funcionan para traducir textos que deben rimar o mantener un número de sílabas fijo.
4. Los programas de TA suelen traducir literalmente, por lo que en muchas ocasiones se puede perder el verdadero sentido del texto. Otros errores pueden estar relacionados con el estilo, ya que los TA no suelen diferenciar cuándo se debe usar un lenguaje formal o uno informal.
5. Problemas culturales (uso de expresiones que en la otra lengua no tienen sentido).
6. Las inteligencias artificiales no suelen entender el sarcasmo o la ironía.
7. La intención del autor, el contexto en el que escribe el texto solo lo puede entender un traductor humano.
8. Muchas veces estos programas pueden traducir cosas como nombres u otros conceptos que no se deben traducir.

Tal como se puede apreciar, en general los encuestados de la carrera de TEI, sí son conscientes de que los PTA no son infalibles, no obstante, también se nota cierta dependencia de ellos, debido a lagunas en el conocimiento de la lengua extranjera, ya que tres de los encuestados afirman no entender el alemán, su segunda lengua extranjera en la carrera de TEI (pregunta 4).

Otra respuesta que llama la atención, si bien es normal que ocurra, ya que es la primera vez que asisten a una asignatura de traducción del alemán al español, es que ninguna de las personas encuestadas afirma tener problemas a la hora de expresarse en español, cuando, más avanzado el curso, es la literalidad quizás lo que más dificultades les supone, pues ellos mismos declaran que les cuesta saber hasta qué punto pueden separarse del TO.

Torres-Simón y Pym ya se ocuparon de la confianza que tienen los estudiantes en la TA, ya que se trata, efectivamente, de un tema que no se puede obviar y la "calidad [de la TA] ha alcanzado niveles que le permiten rivalizar con la traducción humana" (2021: 3). Ellos proponen ejercicios de posedición para corregir los posibles errores y en líneas generales, los autores afirman que "[l]os estudiantes se aproximan a la traducción con una opinión formada previa, que en general es escéptica" (2021: 16) por lo que ellos proponen que en la formación de traductores hay que señalar claramente cuáles son las ventajas y las desventajas de la TA. Torres-Simón y Pym concluyen que, si bien se puede apreciar una cierta desconfianza en la TA tanto por parte de algunos profesores como por una parte de traductores profesionales y también del estudiantado (en su caso de inglés), en general se trata de una tecnología que hay que aprovechar en nuestro beneficio y que el estudiantado ha de descubrir por sí mismo para conocer sus ventajas y desventajas.

En cuanto a la tecnología como tal, nos hacemos eco de la opinión de Casacuberta y Peris (2017: 67), cuando afirman que "[e]l principal problema de las tecnologías basadas en reglas reside en la gran dificultad de formalizar el conocimiento lingüístico humano mediante reglas precisas". Es decir, el pensamiento humano y, por lo tanto, también la producción lingüística, no se rigen por pautas concretas, sino por relaciones neuronales que no siguen un patrón concreto. Y es el desarrollo de la traducción automática neuronal (TAN) lo que ha supuesto el gran avance en las tecnologías de inteligencia artificial (IA) usadas, entre otras aplicaciones, para la traducción de textos de manera (semi)automática. Hoy en día, con la irrupción de *chatbots* como ChatGPT, el panorama ha cambiado a la velocidad de la luz; por lo tanto, es muy posible que, cuando este capítulo llegue a sus manos, ya será obsoleto. Hay autores como Grace *et al.* (2018: 1), que incluso afirman: "Researchers predict AI will outperform humans in many activities in the next ten years, such as translating languages (by 2024), writing high-school essays (by 2026)". Algunas de las previsiones hechas por los autores ya se han cumplido mucho antes de tiempo, puesto que actualmente en las universidades de todo el mundo hay gran preocupación con los trabajos científicos que han entregado los alumnos, pero que han elaborado programas de IA.

5. El análisis

La metodología utilizada en nuestra clase comienza preguntando de qué conocimientos previos del Oktoberfest disponen los estudiantes para, a continuación, pasar a presentar el texto origen. Después de que nuestros traductores en formación hayan tenido tiempo de leer el texto, presentamos las traducciones hechas por los PTA. En la columna de la izquierda se ofrece el TO (texto origen) y en las columnas segunda, tercera y cuarta se exponen las traducciones de DeepL, Google Traductor (en adelante, GT) y ChatGPT respectivamente. Para mejor visibilidad, en este artículo, hemos marcado los elementos a analizar en letras negritas. Pasamos, a continuación, en la Tabla 3, a ofrecer un análisis de los errores hallados.

Tabla 3: *Trachten- und Schützenzug*

Original	DeepL	Google	ChatGPT
Fakten zum **Trachten- und Schützenzug**	Datos sobre el **Trachten- und Schützenzug**	Datos sobre el **disfraz y la procesión de fusileros.**	Datos sobre el **Desfile de Trajes y Tiradores**
Der **Trachten- und Schützenzug** zur **Wiesn** 2019	El **Trachten y el Schützenzug** al **Wiesn** 2019	Los **trajes tradicionales** y el **Schützenzug** en **Wiesn** 2019	El **Desfile de Trajes y Tiradores** en la **Oktoberfest** 2019

En este fragmento, que reproduce el título y la entradilla del texto, aparece la primera dificultad de traducción, pues es sumamente importante traducir el nombre del evento de manera adecuada. DeepL traduce solo parte del texto y deja el nombre del evento sin traducir (TRA 1.3) ni explicar. En nuestra opinión, y siguiendo a Gamero (2010), en la traducción de referentes culturales hemos de tomar distintas decisiones: en primer lugar, decidir si, para mantener el sentido original del TO, hace falta utilizar el referente o si se puede eliminar. En el caso de haber decidido no mantener el referente cultural, hemos de pensar en si adaptarlo, neutralizarlo o bien omitirlo totalmente. Si, por el contrario, queremos conservar la referencia cultural, nos tenemos que plantear de qué manera la vamos a mantener (mediante préstamo, naturalización, calco o ampliación). En este caso, se trata de una no traducción (TRA 1.3) que debería estar acompañada de una explicación de qué son *Trachten- und Schützenzug*, así como *Wiesn*.

GT traduce los trajes típicos como "disfraces", el desfile como "procesión" y los *Schützen* como "fusileros" por lo que hallamos tres errores léxicos (TERM 4.2). Además, hace un uso inconsistente de la terminología: disfraces y trajes tradicionales (4.3); procesión de fusileros frente a no traducción (Term 1.3).

ChatGPT por su parte, si bien ofrece mejores resultados que los anteriores, utiliza, por ejemplo, el artículo femenino para la fiesta, cuando la RAE en su cuenta de X (antes Twitter) recomienda el masculino (FLU 2.1).

Tabla 4: *Wer ist dabei?*

Original	DeepL	Google	ChatGPT
Wer ist dabei?	**¿Quién se apunta?** **Opciones:** ¿Quién está? ¿Quién participa? ¿Quién está dentro?	**¿Quién está adentro?**	**¿Quiénes participan?**

En la Tabla 4 vemos cómo DeepL ofrece distintas opciones, pues sin el contexto es difícil dar con la traducción adecuada. No obstante, la primera opción sería una traducción inadecuada (Tra 1.4). GT yerra en cuanto usa "adentro", puesto que implica movimiento con un verbo que no lo puede expresar (Flu 2.1).

Tabla 5: *TeilnehmerInnen*

Original	DeepL	Google	ChatGPT
Etwa 9.000 Teilnehmer*innen aus **Trachten- und Schützenvereinen, Musikkapellen und Spielmannszügen** aus ganz Europa und sogar aus den USA sind mit von der Partie – und jede Gruppe trägt **historischeKostüme, die auf ihre ganz eigene Art wunderschön sind.**	Alrededor de 9.000 participantes de **clubes de trajes tradicionales** y **de tiro, bandas** y **bandas de música** de toda Europa e incluso de Estados Unidos participan, y cada grupo lleva **trajes históricos que son hermosos a su manera.**	Participan alrededor de 9.000 participantes de **clubes de disfraces y rifles tradicionales, bandas de música** y **bandas de marcha** de toda Europa e incluso de los EE. UU., y cada grupo viste **trajes históricos que son hermosos a su manera.**	Alrededor de 9,000 participantes de **asociaciones de trajes típicos, clubes de tiro, bandas de música** y **grupos de tambores** de toda Europa e incluso **de Estados Unidos** están presentes, y cada grupo lleva trajes históricos **que son hermosos a su propia manera.**

Los tres PTA han acertado en la Tabla 5 al reconocer el desdoble de género y han usado un sustantivo genérico. En cuanto a la traducción del nombre del desfile, GT usa léxico incoherente (Flu 2.5), además se aprecia una ambigüedad, pues el TO habla de "trajes tradicionales" y el TM se refiere a "rifles" (Flu 2.9). En cuanto a la ambientación musical del desfile, hay dos tipos de bandas musicales: una banda musical (concepto genérico) y una banda que utiliza instrumentos de viento y de metal (flautas e instrumentos de percusión como los *Glockenspiel*). DeepL no hace esa distinción (Tra 1.4) y ChatGPT, si bien distingue entre dos tipos de banda musical, no usa la equivalencia adecuada (Tra 1.4).

DeepL y ChatGPT omiten el artículo de los EE. UU. (Flu 2.1). Los tres PTA usan un lenguaje poco natural para referirse a los trajes típicos y, si bien el TO tampoco resulta bien redactado, un traductor humano habría "mejorado" este error de estilo (Est 3.1).

Tabla 6: *Das Münchner Kindl*

Original	DeepL	Google	ChatGPT
Das **Münchner Kindl reitet voran.** Auch der Münchner Oberbürgermeister Dieter Reiter, der bayerische Ministerpräsident Markus Söder sowie **Wiesnchef** Clemens Baumgärtner nehmen in Festkutschen teil.	El **Münchner Kindl cabalga al frente**. El alcalde de Múnich, Dieter Reiter, el primer ministro bávaro, Markus Söder, y el **jefe de Wiesn**, Clemens Baumgärtner, también participan en carruajes festivos.	El **Munich Kindl cabalga delante**. El alcalde de Múnich, Dieter Reiter, el primer ministro bávaro, Markus Söder, y el **jefe de Wiesn,** Clemens Baumgärtner, también participan en los carruajes del festival.	El **"Münchner Kindl" encabeza el desfile.** También participan en carruajes festivos el Alcalde de Múnich, Dieter Reiter, el Primer Ministro de Baviera, Markus Söder, y el organizador del festival de la cerveza (**Wiesn**), Clemens Baumgärtner.

Münchner Kindl es una figura que aparece en el escudo heráldico de la ciudad de Múnich y, además todos los años, se elige a una joven de la ciudad para que represente esa figura en las fiestas y eventos que se celebran en Múnich. En la Tabla 6 se aprecia que ninguno de los tres PTA traduce el concepto ni ofrece una explicación de qué es (Tra 1.3), por lo que se podría también aplicar la categoría de error de referencia cultural (Ref 5.1). Si bien DeepL y GT indican que *reiten* es cabalgar, usan un estilo deficiente en la traducción (Est 3.1). ChatGPT acierta con la reformulación, pero no indica cuál es el medio con el que encabeza el desfile (a lomos de un caballo) por lo tanto se trata de un error de omisión (Tra 1.2). Errores de ortotipografía hallamos en las mayúsculas de la traducción que hace ChatGPT de los cargos oficiales que participan en el desfile (Flu 2.2) y en GT que escribe Múnich sin la tilde (Flu 2.2).

En este párrafo (Tabla 7) hay varias dificultades de traducción, que vamos a analizar a continuación. Para empezar, los textos ofrecidos por los tres PTA son considerablemente más largos que el TO, si bien eso es habitual debido a la composición de las palabras características del alemán. DeepL traduce este fragmento de manera tan enrevesada que cuesta entender qué es lo que quiere decir, lo que dificulta la recepción (Est 3.2). Además, emplea dos veces el término genérico "carruajes" (Flu 2.7). Por cuestiones de estilo y de sinonimia recomendamos traducir *Kutschen* por "coches de caballo". En el Oktoberfest hay muchas grandes carpas de distintas empresas cerveceras locales que se encargan de proporcionar cerveza y comidas para los visitantes de la fiesta. Si GT lo traduce por "cuadrillas de cervecerías" es un error terminológico (Term 4.2), ya que una "cuadrilla", según la RAE, es un "[g]rupo de personas reunidas

Tabla 7: *Prachtgespanne*

Original	DeepL	Google	ChatGPT
Mittendrin fahren **Prachtgespanne der Brauereien** und **Kutschen** mit verschiedenen traditionellen **Handwerksgruppen**, für die musikalische Unterhaltung sorgen zahlreiche Musikkapellen mit Volksmusik und traditionellen Märschen.	En medio de todo ello, circulan **magníficos carruajes de cerveceros** y carruajes con diversos **grupos de artesanos** tradicionales, mientras que la animación musical corre a cargo de numerosas bandas que interpretan música folclórica y marchas tradicionales.	En medio de todo ello, **conducen magníficas cuadrillas de cervecerías** y carruajes con diversas **agrupaciones artesanales tradicionales**, la animación musical corre a cargo de numerosas bandas con música folclórica y marchas tradicionales.	En medio del desfile, se encuentran los **espléndidos carruajes de las cervecerías y carros con diversos grupos de artesanos tradicionales**. Para el entretenimiento musical, hay numerosas bandas de música interpretando música folklórica y marchas tradicionales.

para el desempeño de algunos oficios o para ciertos fines". Además, los ejemplos que propone la Real Academia de la Lengua son "albañiles" y "malhechores", ninguno de ellos se adecua a la intención del TO. ChatGPT por su parte añade el artículo determinado "las" y deja claro así que se trata de las cervecerías que amenizan la fiesta.

Lo que los tres PTA traducen por "grupos de artesanos tradicionales", nosotros lo traduciríamos por "gremios", pues en el imaginario colectivo español, un artesano es quien trabaja con artesanía, pero no pertenecen a este grupo albañiles, fontaneros, etc. Por esa razón, consideramos que se trata de un error terminológico (TERM 4.2).

Tabla 8: *Wo geht's lang?*

Original	DeepL	Google	ChatGPT
Wo geht's lang? Der Zugweg des Trachtenzugs Startpunkt des festlichen Umzugs ist immer das Max-II-Denkmal in der Maximilianstraße.	**¿Cuál es el recorrido? Recorrido del desfile de trajes tradicionales** El punto de partida del desfile festivo es siempre el Monumento a Max II, en la calle Maximilianstraße.	**¿Adónde vas? La ruta de la procesión de disfraces** El punto de partida del desfile festivo es siempre el monumento Max II en Maximilianstrasse.	**¿Cuál es la ruta del desfile?** El recorrido del desfile de trajes típicos comienza en el Monumento Max II en la Maximilianstraße.

Como se aprecia en la Tabla 8, este párrafo, que empieza por una pregunta, puede tener distintas traducciones dependiendo del contexto: DeepL lo tiene en cuenta y habla de "recorrido", ChatGPT incluso lo amplía, pero GT no solo cambia de registro, sino también de sentido (Est 3.5). Además, GT une los conceptos de "procesión" y "disfraz" y concurre así de nuevo en un error léxico (Term 4.2). ChatGPT por su parte omite que el recorrido siempre empieza en el mismo sitio (Tra 1.2).

Tabla 9: *Von dort aus...*

Original	DeepL	Google	ChatGPT
Von dort aus bewegt sich der **Zug** in der Regel über Maximilianstraße - Residenzstraße - Odeonsplatz / Feldherrnhalle - Ludwigstraße (bis Galeriestraße)-Briennerstraße-Amiraplatz-Kardinal-Faulhaber-Straße - **Promenadeplatz** - Pacellistraße - Lenbachplatz-Karlsplatz / Stachus - Sonnenstraße - Schwanthalerstraße -Paul-Heyse-Straße- Kaiser-Ludwig-Platz- Schubertstraße-Esperantoplatz zur Theresienwiese	Desde allí, la **procesión** suele recorrer las calles Maximilianstraße - Residenzstraße - Odeonsplatz / Feldherrnhalle - Ludwigstraße (hasta la Galeriestraße) - Briennerstraße - Amiraplatz - Kardinal-Faulhaber-Straße - **Paseo Marítimo**. Pacellistraße - Lenbachplatz - Karlsplatz / Stachus - Sonnenstraße - Schwanthalerstraße-Paul-Heyse-Straße - Kaiser-Ludwig-Platz - Schubertstraße - Esperantoplatz hasta Theresienwiese.	Desde allí, el **tren** suele pasar por Maximilianstraße - Residenzstraße - Odeonsplatz / Feldherrnhalle - Ludwigstraße (hacia Galeriestraße) - Briennerstraße - Amiraplatz - Kardinal-Faulhaber-Straße - **Promenadeplatz** - Pacellistraße - Lenbachplatz-Karlsplatz / Stachus - Sonnenstraße - Schwanthalerstraße-Paul-Heyse-Straße - Kaiser-Ludwig-Platz - Schubertstraße - Esperantoplatz hasta Theresienwiese.	Desde allí, el **desfile** generalmente sigue la siguiente ruta: Maximilianstraße - Residenzstraße - Odeonsplatz / Feldherrnhalle - Ludwigstraße (hasta Galeriestraße) - Briennerstraße-Amiraplatz-Kardinal-Faulhaber-Straße - **Promenadeplatz** - Pacellistraße - Lenbachplatz - Karlsplatz / Stachus - Sonnenstraße - Schwanthalerstraße -Paul-Heyse-Straße-Kaiser-Ludwig-Platz-Schubertstraße-Esperantoplatz hasta Theresienwiese.

En la Tabla 9, GT traduce literalmente *Zug* (desfile) como "tren", debido a que no tiene en cuenta el contexto (Term 4.2) y en esta ocasión es DeepL el programa que lo llama "procesión" (Term 4.2), que repite una parte del recorrido (Flu 2.7) y traduce indebidamente el *Promenadenplatz* por "Paseo Marítimo", mientras que en la repetición no lo traduce y es, por lo tanto, inconsistente (Flu 2.4).

Tabla 10: *Zuschauer*innen*

Original	DeepL	Google	ChatGPT
Zuschauer*innen können **Tickets** für die Tribünen im Vorverkauf erwerben.	**Los espectadores** pueden comprar **entradas** para las gradas con antelación.	**Los espectadores** pueden comprar **boletos** para las tribunas con anticipación.	**El público** puede adquirir **entradas** anticipadas para las tribunas,
Am Rande der Zugstrecke ist das Zuschauen **natürlich** frei.	En los **márgenes del recorrido del desfile**, la entrada es gratuita.	**En el borde de la ruta del tren**, la **observación** es, **por supuesto**, gratuita.	pero también es posible ver el desfile de manera gratuita desde los bordes del recorrido.

DeepL y GT no han reconocido que hay un desdoble de género (Est 3.5), mientras que ChatGPT sí: ha traducido *Zuschauer*innen* por "el público" como se ve en la Tabla 10. Si bien en español se usa el masculino genérico, y un desdoble no es obligatorio, sí es recomendable. Tanto DeepL como GT han mantenido la estructura del TO y no han usado conectores lo que resulta en un estilo de redacción poco natural (Est 3.1). DeepL y ChatGPT omiten el adjetivo *natürlich*, que, si bien no aporta mucha información, sí da un matiz a la frase (Tra 1.2). GT sí lo traduce, no obstante, usa terminología no usual en este contexto (borde, tren, observación) lo que se considera un error léxico (Term 4.2). Igualmente traduce *Tickets* como "boletos", cuyo uso es habitual en Sudamérica, pero no así en España (Term 4.2).

Tabla 11: *Geschichte*

Original	DeepL	Google	ChatGPT
Geschichte: Wie lang gibt's den **Trachten- und Schützenzug**?	La historia: ¿Desde cuándo existe el **Trachten- und Schützenzug**?	Historia: ¿Desde cuándo existe **el traje tradicional y el cortejo de fusileros**?	Historia: ¿Desde cuándo existe el **desfile de trajes típicos y tiro**?

Tabla 11: Continúa

Original	DeepL	Google	ChatGPT
Fast **so lang wie** die **Wiesn** selbst: Er fand erstmals 1835 zu Ehren der Silberhochzeit von König Ludwig I. und Therese von Bayern statt – gleichzeitig feierte man das 25-jährige Bestehen des Oktoberfests.	Casi **tanto como** el propio **Wiesn**: Tuvo lugar por primera vez en 1835 en honor de las bodas de plata del Rey Luis I y Teresa de Baviera, al mismo tiempo que se celebraban los 25 años de la Oktoberfest.	Casi **tan largo como** el propio **Wiesn**: se celebró por primera vez en 1835 en honor a las bodas de plata del rey Luis I y Teresa de Baviera, al mismo tiempo que se celebraba el 25 aniversario del Oktoberfest.	Casi **tan antiguo como** el **Oktoberfest** mismo: Se llevó a cabo por primera vez en 1835 en honor al 25 aniversario de bodas del rey Ludwig I y Therese de Baviera, y al mismo tiempo se celebró el 25 aniversario del Oktoberfest.

En primer lugar, observamos en la Tabla 11 que DeepL no traduce el nombre del desfile (Tra 1.3). GT sí lo traduce, pero cambia el sentido (Flu 2.6), pues la pregunta no es desde cuándo existe el traje típico bávaro, sino desde cuándo se celebra el desfile. GT comete otro error, ya que traduce la respuesta acerca de hace cuánto tiempo que se celebra el desfile (temporal) indicando lo largo que es (espacial) (Tra 1.4). Otra no traducción (Tra 1.3), tanto de DeepL como de GT es el concepto de *Wiesn*, nombre que recibe el Oktoberfest y que hace referencia a la ubicación del evento (*Theresienwiese*). Para que el receptor no familiarizado con la fiesta sepa de qué se trata, debería haberse usado el nombre más conocido (Oktoberfest) o haber recurrido a una breve explicación. Asimismo, tanto DeepL como ChatGPT empiezan la frase con mayúsculas detrás de dos puntos, cuando, según las normas de ortotipografía del español dictan, que hay que empezar con letras minúsculas (Flu 2.2) detrás de los dos puntos.

Tabla 12: *Festzüge*

Original	DeepL	Google	ChatGPT
Anfangs waren die **Festzüge** nur zu besonderen Anlässen **unterwegs**, etwa 1910 zum **100. Jubiläum** des Oktoberfests oder 1935.	Al principio, las **procesiones** sólo se celebraban en ocasiones especiales, como el **centenario** de la Oktoberfest en 1910 o en 1935.	Inicialmente, las **procesiones** solo **estaban en el camino** en ocasiones especiales, como 1910 para el **100 aniversario** del Oktoberfest o 1935.	Inicialmente, los **desfiles festivos** solo **tenían lugar** en ocasiones especiales, como en 1910 por **el centenario** del Oktoberfest o en 1935.

En la Tabla 12, otra vez DeepL y GT traducen *Festzüge* por "procesiones" (TERM 4.2), mientras que ChatGPT propone una opción perfectamente válida. Oktoberfest, como ya indicamos, debe usar el artículo masculino, no obstante, DeepL usa el femenino (FLU 2.1). Otro error de estilo (EST 3.1), que aparece en la traducción de GT, es la expresión de "estar en el camino" cuando el TO habla de cuándo se celebraban estos desfiles. También es GT el que emplea "100 aniversario" para referirse al centenario de la fiesta. Se trata, por lo tanto, de un uso no idiomático (EST 3.1).

Tabla 13: *Erst seit…*

Original	DeepL	Google	ChatGPT
Erst seit 1948 findet der Trachten- und Schützenzug jährlich statt.	**No fue hasta** 1948 cuando el **Trachten- und Schützenzug** se convirtió en un acontecimiento anual.	**Sólo desde** 1948 se celebra anualmente el **traje tradicional** y la procesión de fusileros.	**Desde** 1948, el desfile de trajes típicos y tiro se realiza anualmente.

En la Tabla 13, GT vuelve a hacer uso de una traducción muy literal cuando se refiere a la frecuencia con que se celebra el desfile (EST 3.1). En esta ocasión, ChatGPT omite un matiz del TO (TRA 1.2), pues se especifica que, si bien el desfile cuenta con una tradición larga, no es hasta 1948, que se convierte en un acontecimiento anual. DeepL incurre de nuevo en no traducir el nombre del cortejo (TRA 1.3). GT, por su parte, incide en traducir la parte por el todo, es decir, "traje" en vez de "desfile de trajes regionales" (TRA 1.4).

Tabla 14: *Längst…*

Original	DeepL	Google	ChatGPT
Längst hat er sich als nicht mehr wegzudenkender Teil des größten **Volksfests** der Welt etabliert – und das weit über die Grenzen Münchens hinaus.	**Desde entonces** se ha consolidado como parte indispensable de la mayor **fiesta popular** del mundo, y mucho más allá de las fronteras de Múnich.	**Hace tiempo** que se ha establecido como una parte indispensable del **festival folclórico** más grande del mundo, mucho más allá de las fronteras de Múnich.	**Desde entonces**, se ha convertido en una parte inseparable del **festival popular** más grande del mundo, y su importancia trasciende mucho más allá de las fronteras de Múnich.

En esta ocasión (Tabla 14) es GT el PTA que ofrece la traducción más acertada, pues la cuestión de que es una parte indispensable de la fiesta no se relaciona con el párrafo anterior. ChatGPT y DeepL cometen, por lo tanto, un error de cohesión (Flu 2.6), ya que afirman que solo a partir de 1948 el desfile es imprescindible para la celebración del Oktoberfest.

6. Resultados y conclusiones

Una vez terminado el análisis contabilizamos los errores hallados, basándonos en el sistema MQM. No se encontraron errores relacionados con la categoría Dis (Diseño).

Tabla 15: Resultados del recuento de errores hallados

	DeepL	**Google**	**ChatGPT**
Tra 1.2	1	-	4
Tra 1.3	5	3	1
Tra 1.4	2	2	1
Flu 2.1	3	-	2
Flu 2.2	1	1	2
Flu 2.4	1	-	-
Flu 2.5	-	1	-
Flu 2.6	1	1	1
Flu 2.7	2	-	-
Flu 2.9	-	1	-
Est 3.1	3	6	1
Est 3.2	1	-	-
Est 3.5	1	2	-
Term 4.2	3	10	1
Term 4.3	-	1	-
Loc	-	-	-
Total	24	28	13

Una vez hecho el recuento podemos apreciar en la Tabla 15 que los errores de ChatGPT son sobre todo de transferencia y precisión (Tra): en el caso de nuestro texto se trata de matices que el programa no detecta (o no sabe transmitir) y que, por lo tanto, omite indebidamente. También comete algunos errores de fluidez o incorrección lingüística y no se ciñe a las normas de ortotipografía.

Aun cuando, en general, podemos afirmar que algunas de sus propuestas de traducción resultan realmente sorprendentes por la calidad que se aprecia.

La mayoría de los errores de DeepL se deben sobre todo a que algunos conceptos se quedan sin traducir, otras veces la traducción no es correcta por no usar el equivalente adecuado y, en otras ocasiones, por un uso no idiomático de la lengua, es decir, el empleo de una expresión poco natural. Llegados a este punto, no obstante, hemos de indicar que también ofrece alguna propuesta de traducción muy acertada, si bien en este capítulo no hemos analizado los aciertos de los PTA.

Google Traductor sale peor parado de nuestro análisis, pues, entre otros tantos errores, usa todo tipo de sinónimos ("procesión, cabalgata, cortejo"), pero no llega a traducir *Zug* como "desfile" que, bajo nuestro punto de vista, sería sin duda la mejor opción. No olvidemos tampoco, que es precisamente este concepto sobre el que versa todo el texto.

Generalmente, los PTA mejoran sus versiones y aprenden con el uso, no obstante, como hemos usado este texto en varias ocasiones, podemos afirmar que, tanto DeepL como Google Traductor no han cambiado la versión traducida en los últimos años, es decir, que de momento no han mejorado. No contamos con datos sobre la capacidad de aprendizaje de ChatGPT, ya que es la primera vez que le hemos pedido la traducción de este texto.

En lo referente a los resultados arrojados por la encuesta al alumnado, hemos lanzado una encuesta final para saber si su visión de los PTA ha cambiado una vez terminado el análisis grupal y los resultados son los siguientes: de los 30 participantes 23 han cambiado de opinión y 7 siguen pensando igual. Cierto es, como afirma también Vargas-Sierra (2020), que "el desarrollo de las tecnologías que asisten al traductor avanza a toda máquina": efectivamente, esas herramientas deben ayudar al traductor y, basándonos en las encuestas, nuestro estudiantado confirma esta afirmación, ya que los alumnos las usan como asistentes en su traducción.

Para terminar, no podemos fiarnos de que la TA sea infalible y si bien, por otro lado, los traductores humanos tampoco lo son, ellos cuentan con una serie de herramientas cognitivas de las que las máquinas (aún) carecen.

Bibliografía

Casacuberta Nolla, Francisco; Peris Abril, Álvaro (2017): "Traducció automàtica neuronal". *Tradumàtica: traducció i tecnologies de la informació i la comunicación*, 15, 66–74. Disponible en: <https://raco.cat/index.php/Tradumatica/article/view/331625>.

González Pastor, Diana María y Candel Mora, Miguel Ángel (2013): "Las técnicas de traducción de los culturemas del ámbito de las fiestas y espectáculos en el texto turístico" en *Translating culture* / coord. por Emilio Ortega Arjonilla, Vol. 5, 2013 (De barreras culturales en la traducción subordinada y audiovisual / coord. por García Luque, F., Martínez Robledo, M.I., Lobato Patricio, J.), 845–858.

Gamero Pérez, Silvia (2010): *Traducción alemán-español: Aprendizaje activo de las destrezas básicas*. Castelló de la Plana: Publicacions de la Universitat Jaume I; Madrid: Edelsa

Grace, Katja; Salvatier, John; Dafoe, Allan, Zhang, Baobao y Evans, Owain (2018): "When Will AI Exceed Human Performance? Evidence from AI Experts": En *Journal of Artificial Intelligence Research*.

Hurtado Albir, Amparo (2001): *Traducción y traductología. Introducción a la traductología*. Madrid: Ediciones Cátedra.

Luque Nadal, Lucía (2009): "Los culturemas, ¿unidades lingüísticas ideológicas o culturales?". En *Language Design* 11, 93–120.

Mayoral Asensio, Roberto (1999–2000): "La traducción de referencias culturales". En *Sendebar: Revista de la Facultad de Traducción e Interpretación*, 10–11, 67–88.

Molina, Lucía (2006): *El otoño del pingüino. Análisis descriptivo de la traducción de los culturemas*. Castellón de la Plana, Universidad Jaume I.

Nord, Christiane (2009): "El funcionalismo en la enseñanza de traducción". En *Mutatis Mutandis* 2, 2, 209 – 243.

Olalla Soler, Christian y Hurtado Albir, Amparo (2013): "Estudio empírico de la traducción de los culturemas según el grado de adquisición de la competencia traductora. Un estudio exploratorio". En *Sendebar* 24, 9–38.

RAE (s.f): *Oktoberfest*. Recuperado el 15.12.2023. Disponible en: <https://twitter.com/RAEinforma/status/1188123376143011843>

Roiss, Silvia (2021): "Y las máquinas rompieron a traducir… Consideraciones didácticas en relación con la traducción automática de referencias culturales en el ámbito jurídico". En *Trans* 25: 491–505.

Torres-Simón, Ester y Pym, Anthony (2021): "La confianza de los estudiantes de traducción en la traducción automática: ¿demasiado buena para ser verdad?". En *Revista internacional del Lenguas Extranjeras* 15: sin páginas.

Trujillo-González, Verónica (2012): "Una aportación al tratamiento de elementos culturales: el signo lingüístico cultural". En *Cédille, Revista de estudios franceses* 8: 298–311.

Vargas-Sierra, Chelo (2020): “La estación de trabajo del traductor en la era de la inteligencia artificial. Hacia la traducción asistida por conocimiento”. En *Pragmalingüística* 28: 166–187.

Motores de traducción automática

ChatGPT. Disponible en: <https://chat.openai.com/>

DeepL. Disponible en: <www.deepl.com>

Google Traductor. Disponible en: <https://translate.google.com>

El corpus de trabajo se halla disponible en <https://hdl.handle.net/10433/20048>

Isabel Mateo-Cubero

(Universidad Pablo de Olavide)

El léxico bélico en la novela juvenil austríaca: análisis de los recursos traductológicos de DeepL (alemán-español)

Resumen: Este estudio se centra en la obra de literatura juvenil de Christine Nöstlinger *Maikäfer, flieg!* (1973), cuya historia tiene lugar en la Viena de 1945. Se trata de una novela histórica de éxito atemporal (traducida a varios idiomas, reeditada en numerosas ocasiones y llevada al cine en 2016). Esta investigación persigue determinar el alcance de los recursos traductológicos de la traducción automática en el ámbito de la traducción literaria, concretamente en la novela histórica en lengua alemana. Con este fin se ha realizado la recopilación de términos y expresiones pertenecientes al léxico bélico general y al específico de la Segunda Guerra Mundial de la obra original en alemán (1973) y el corpus resultante se ha utilizado para llevar a cabo un análisis contrastivo de las traducciones humanas al español (1986 y 2022) y la traducción automática ofrecida por DeepL.

Palabras clave: traducción automática, novela histórica, literatura juvenil, alemán, español

1. Introducción

El ámbito profesional de la traducción está viviendo grandes cambios en estos años de la era de la información y la tecnología, lo que ha propiciado retos considerables en el sector que han requerido de adaptaciones rápidas, entre otras cuestiones, a la automatización de algunos procesos de traducción y, de la mano de esto, nuevos servicios profesionales, como la posedición (Pérez Macías, 2019: 44).

Con este trabajo nos proponemos realizar una traducción parcial de fragmentos seleccionados intencionadamente por su temática bélica y su representación de la variedad lingüística austríaca en una novela histórica juvenil, con el objetivo de poner a prueba los recursos traductológicos de DeepL. Nos planteamos qué puede aportar DeepL como motor de traducción automática neuronal en el ámbito de la traducción literaria. Por otro lado, nos proponemos analizar los fragmentos para determinar las técnicas de traducción más utilizadas y cotejar estos datos con las dos traducciones humanas con las que comparamos las propuestas de traducción automática.

2. Contextualización de la obra analizada

La elección de la obra analizada se ha basado, por un lado, en el éxito asincrónico e internacional que ha supuesto desde su primera publicación en 1973, pasando por nuevas ediciones, numerosas traducciones y una adaptación para la película homónima en 2016. Por otro lado, su autora refleja en esta novela juvenil episodios autobiográficos ambientados en Viena al final de la II Guerra Mundial, lo que permite la recopilación de un corpus considerable de palabras y expresiones asociadas al momento histórico y al léxico bélico del s. XX y del Tercer Reich. Por último, Christine Nöstlinger ha sido y es considerada por crítica y público como referente de la literatura infantil y juvenil a nivel internacional con una obra muy extensa y numerosos premios.

En *Maikäfer, flieg!* (publicada como novela aunque creada originariamente como *Hörspiel*), nos adentramos en la historia de Christel, una niña de 9 años que solo recuerda haber conocido la guerra. A través de sus ojos conocemos sus vivencias familiares y sociales en la Viena de 1945, en un periodo histórico convulso: el fin de la II Guerra Mundial con el desalojo del ejército alemán y la llegada de las tropas rusas.

Esta obra fue traducida al español en la década de los 80 del siglo XX (con varias ediciones) y recientemente se ha publicado una nueva traducción, en 2022, por lo que podemos entender que su temática y estilo siguen siendo de interés para el público juvenil. Nöstlinger pertenece a una generación de escritores/as alemanes/as, en cuyas obras se refleja una visión diferente del público infantil, considerándolo "como miembro de pleno derecho de la sociedad moderna" (Zimmermann, 2002: 18).

3. La traducción de novela histórica y el motor de traducción automática DeepL

Son numerosos los estudios traductológicos en torno a la traducción literaria, aunque menor en el ámbito de la literatura infantil y juvenil (LIJ, en adelante), la cual se ha considerado un género secundario (Valero Cuadra, Marcelo Wirnitzer y Pérez Vicente, 2022: 10), cuestión que viene cambiando esperanzadoramente en los últimos tiempos (Pascua Febles, 2003: 31).

A la traducción de LIJ afectan varios aspectos (Valero Cuadra, Marcelo Wirnitzer y Pérez Vicente, 2022: 15–16), entre ellos las funciones del profesional de la traducción, por una parte con la censura de temas considerados tabú, en este caso la violencia y la muerte; por la otra, con las adaptaciones lingüísticas que puedan requerirse para modular palabras malsonantes; ambas cuestiones relacionadas con el perfil del doble lector: infantil y adulto.

Por sus características, la novela juvenil objeto de análisis es considerada como novela histórica: el concepto es definido como una narración fictiva contextualizada en un periodo histórico, el cual dista del momento de la creación, y que contiene referencias a acontecimientos, hechos y personajes reales (Caro y Carrillo, 2017 en Castillo Bernal, 2022a: 46). Esta característica implica una serie de retos para la traducción relacionados explícitamente con la II Guerra Mundial y el lenguaje del Tercer Reich.

La concepción de traductor/a literario/a como especialista viene tomando fuerza, pues se requiere de un conocimiento y manejo de las lenguas origen y meta y de los recursos lingüísticos y literarios en ambas lenguas, como señala Hoyos (2014 en Mendoza y Filsinger, 2022: 353). Se prevé una estrecha cooperación entre el traductor humano y la traducción automática como apoyo en la labor traductora. Además, gracias a la misma han surgido nuevos servicios de profesionalización, como la posedición, es decir, la modalidad en la que "el sistema procesa un borrador del texto meta que, tras un trabajo de revisión realizado por un traductor humano, se convierte finalmente en una traducción de calidad" (Pérez Macías, 2019: 44).

4. Metodología

Para trabajar con los objetivos propuestos se ha llevado a cabo la lectura exhaustiva de la obra original y de las traducciones al español realizadas en 1986 y 2022. Se han seleccionado los fragmentos representativos de las características de la novela, englobados en tres bloques temáticos: el léxico bélico en general, la lengua del Tercer Reich y la variedad lingüística (austríaca, coloquial, vulgar, incorrecta). Los fragmentos han sido traducidos con la versión gratuita de DeepL, durante varias semanas y se han ido almacenando junto a las traducciones humanas en un archivo Excel. Se han seleccionado ejemplos característicos de los tres bloques y se han determinado las técnicas de traducción utilizadas en las tres traducciones. Para consultar acerca de los términos que configuraban más dificultad se ha acudido a diccionarios tanto monolingües (Duden, Österreichisches Wörterbuch, RAE y María Moliner) como bilingüe (Pons).

5. Corpus de léxico bélico general y específico de la II Guerra Mundial

El corpus que hemos compilado se conforma de 100 segmentos traducidos (completo para su consulta en <https://hdl.handle.net/10433/19851>), la mayoría de los cuales constan de varias oraciones para proporcionar un contexto relativamente amplio al motor automático de traducción. A la hora de seleccionar estos fragmentos nos hemos basado en una serie de temas relevantes para el objeto de estudio, expuestos a continuación (véase Tabla 1). De manera que encontramos representados uno o varios de estos 36 conceptos en los distintos fragmentos:

Tabla 1: Conceptos clave para la selección del corpus

Léxico bélico en general	*Alkohol, Bomben, Bünker, Flugzeug, Keller, Krieg, Schleichhandeln, Sirene, Waffen, Zerstörung*
Léxico II Guerra Mundial / Tercer Reich	*Amerikaner, Autorität, Brutalität, Deserteur, Geschichte, Hakenkreuz, Juden, Kriegsende, KZ, NZ, Partei, Russen, Sibirien, Soldat, Straßensperre, Tross, Wehrmacht*
Variedad lingüística	*Beschimpfung, russisches Deutsch, Eigenname, österreichisch*

Como vemos en el esquema (Tabla 2), hemos clasificado los segmentos recopilados en tres categorías: 1) los términos relacionados con la guerra en general, 2) los vocablos que pertenecen al contexto histórico específico de la Segunda Guerra Mundial (términos ya existentes en la lengua alemana que adquieren una connotación nacionalsocialista y términos creados por el sistema), y, por último, 3) un apartado para la variedad lingüística integrado por tres subcategorías: a) violencia verbal, b) expresiones austríacas y c) alemán hablado por soldados rusos. Esta última categoría se presenta como un reto añadido por el registro vulgar en que se usan los insultos y las características culturales, históricas y de la variedad austríaca, interesantes para comprobar el alcance de la traducción automática neuronal.

Tabla 2: Categorías de organización del corpus

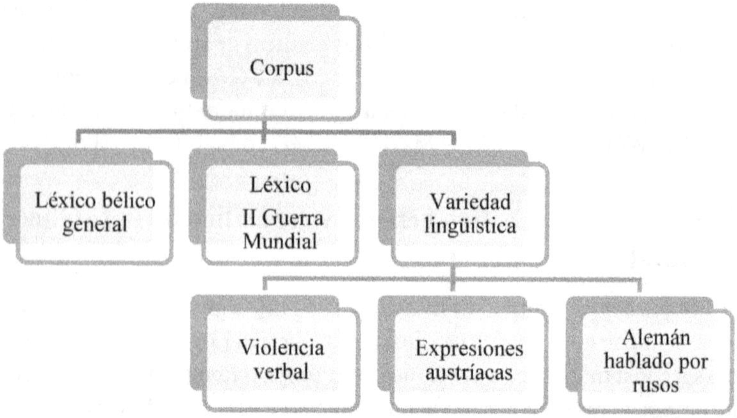

6. Análisis

Afrontamos el análisis de nuestro corpus desde distintas perspectivas: traductológica, literaria e histórica, considerando además el sujeto lector a quien va dirigida esta obra, el público juvenil. Por una parte, buscamos clarificar las técnicas utilizadas en las soluciones ofrecidas; y por la otra, valorar las propuestas de traducción que ofrece DeepL para los términos y expresiones de temática bélica general y particular de la Segunda Guerra Mundial, así como cuestiones específicas de la variedad austríaca. Utilizamos las traducciones humanas de la obra (1986 y 2022) para realizar una comparación de los resultados, sin perder de vista que las traducciones humanas ya son definitivas y la de DeepL no, aportando soluciones a las propuestas automáticas mediante el ejercicio de la posedición. Algunos de los fragmentos que presentamos, incluyen errores de traducción por parte de la TA; aunque no estén relacionadas explícitamente con ninguna de nuestras tres categorías y no formen parte del objeto de estudio en sí, consideramos que requieren de mención y comentario, por estar contenidas en el material del presente trabajo.

6.1. Selección de corpus

Hemos seleccionado catorce fragmentos que presentamos agrupados según la prevalencia de los elementos que corresponden a las tres categorías preestablecidas para la compilación del corpus.

La primera parte corresponde a los ejemplos del 1 al 5 en los que predominan temas englobados en la categoría de la variedad lingüística.

Tabla 3: Ejemplo n.º 1, representativo de *Eigenname, NZ* y *Krieg*

Original	**TM (1986)**	**TM (2022)**	**DeepL**
Der **Volksempfänger** spielte **Marschmusik**, dann hörte die Marschmusik auf, eine Stimme sagte: »Achtung, Achtung! **Feindliche Kampfverbände** im Anflug auf Stein am Anger!« (p. 8)	En ese momento se oía **música militar** por el **receptor**. Luego, la música militar se interrumpió, una voz dijo: "¡Atención, atención, **aviones enemigos** sobrevolando Stein am Anger!" (p. 12)	La **radio** estaba emitiendo **música militar** hasta que de repente, la música terminó y una voz dijo: --¡Atención, atención! ¡**Tropas enemigas** se aproximan a Stein am Anger! (p. 10)	**Los Volksempfänger tocaron música de marcha**, luego la música de marcha se detuvo, una voz dijo: "¡Atención, atención! **Unidades de combate enemigas** acercándose a Stein am Anger!"

En este ejemplo observamos que la traducción de *Volksempfänger* propuesta por DeepL se ha realizado mediante la técnica del préstamo y, además, lo usa en plural. El aparato de radio *Volksempfänger* formaba parte del grupo de productos con nombres compuestos a partir de "Volks-" que se comercializaban con el objetivo, entre otros, de servir de propaganda nazi (König, 2003: 271). En ambas traducciones humanas se ha procedido con una generalización (radio, receptor), aunque en la más reciente sí se utiliza en el texto la denominación original: "La radio era de la marca Volksempfänger" (Nöstlinger/Armengol, 2022: 10). Por otro lado, la traducción para *Marschmusik* que DeepL traduce literalmente resulta en "música de marcha", que tiene otro significado. En cuanto a *Feindliche Kampverbände* la propuesta de la TA mediante la traducción literal resulta adecuada, así como la particularización de la traducción de 1986 y la generalización de la de 2022.

Tabla 4: Ejemplo n.º 2, representativo de *Beschimpfung* y *österreichisches Deutsch*

Original	**TM (1986)**	**TM (2022)**	**DeepL**
Wir warfen Tannenzapfen und Steine hinter ihm her und schrien: »**Blöde Gurken! Depates Mensch! Lackaff schiacher**! Renn, renn zu! Sag's doch der Mama!« (p.50)	Nosotros le tiramos piñas y piedras gritando: —**¡Idiota! ¡Niña tonta! ¡Cursi, repipi!** ¡Corre, corre a casita! ¡A decírselo a mamá! (p. 54)	Nosotros le arrojamos piedras y piñas de abeto mientras gritábamos: —**¡Atontolinada! ¡Boba, más que boba! ¡Cursi presuntuosa!** ¡Corre, corre con mamaíta! (p. 53)	Le lanzamos piñas y piedras y gritamos: **"¡Estúpidos pepinos! ¡Hombre Depates! ¡Lackaff schiacher!** ¡Corre, corre hacia él! ¡Díselo a tu madre!"

Este fragmento corresponde a un momento en que la niña protagonista y sus acompañantes (su hermana y el hijo y la hija de la señora de la casa) insultan a la niña que vive en la mansión vecina, la llaman *der Engel*. En el libro se menciona que esta niña va muy bien peinada, con unos maravillosos tirabuzones y lazos coloridos en el cabello, por lo que calificativos como *tonta*, *cursi*, *repipi*, *boba* y *presuntuosa* de las traducciones humanas resultan de lo más apropiados. La TA utiliza la traducción literal para el primer insulto y yerra también con los dos siguientes, posiblemente no encuentra entre sus algoritmos una solución más apropiada. Hallamos *depat* como sinónimo de *blöd* (en el diccionario *online* austríaco), y por otro lado, *Lackaffe* como sinónimo de *Geck* (Duden *online*) y *schiech*, como posible variante ortográfica de *schiach*, con el significado de *hässlich* (diccionario Pons *online*). Los TM 86 y 22 optan por el uso de equivalentes acuñados, mientras que la TA utiliza la traducción literal y el préstamo, que no resultan en una traducción fiable.

Tabla 5: Ejemplo n.º 3, representativo de *Eigenname*

Original	**TM (1986)**	**TM (2022)**	**DeepL**
Der alte Wawra beugte sich zu mir und sagte: »Ich brauche **Ata** oder **Imi**!« Wozu brauchte denn der alte Wawra **Ata** oder **Imi**? »Oder habt ihr wenigstens ein Stück **Kernseife**?«, fragte der alte Wawra. (p.84)	El viejo Wawra se inclinó y me dijo: —¡Necesito **lejía** o **detergente**! ¿Y para qué quería el viejo Wawra **detergente** o **lejía**? —¿O tenéis, al menos, un trozo de **jabón**? —preguntó el viejo Wawra. (p. 87)	El viejo Wawra se inclinó hacia mí y me dijo: —¡Necesito **detergente** o **limpiasuelos**! ¿Y para qué necesitaba **tal cosa?** —¿ No tendréis un cachito de **jabón** que darme? —preguntó el viejo Wawra. (p. 87)	El viejo Wawra se inclinó hacia mí y me dijo: "¡Necesito **a Ata** o **a Imi**!". ¿Por qué necesitaba el viejo Wawra **a Ata** o **Imi**? "¿O al menos tienes una pastilla de **jabón de cuajada**?", preguntó el viejo Wawra.

El señor Wawra es el cuidador de una de las villas de la zona en que vive la protagonista cuando llegan las tropas rusas a Viena. Este trabajador espera con ansia la vuelta de su señor, un judío a quien los nazis arrebataron sus propiedades, y quiere limpiar la vivienda. *Ata* e *Imi* son dos productos de limpieza de la marca Henkel, detergentes en polvo, mientras que *Kernseife* es el jabón sólido básico. En el caso de las traducciones humanas se opta por una generalización de diversos productos de limpieza y por el término jabón. Sin embargo, DeepL interpreta los nombres de *Ata* e *Imi* como si fueran nombres de personas, porque les añade delante la preposición "a". En relación con la propuesta de "jabón de cuajada" se trata de una particularización con resultado adecuado.

Tabla 6: Ejemplo n.º 4, representativo de *russissches Deutsch*

Original	**TM (1986)**	**TM (2022)**	**DeepL**
Er hat gesagt: »**Bin ich gutes Schneider**. Und **hab ich noch nie kennen machen neiche Hosen und Jackett**. Immer nur flicken! **Leute nix haben Geld**. Macht nix, macht nix, Frau!« (p.105)	Decía: «**Buen sastre soy**. Y **todavía nunca aprender hacer bonitos pantalones y chaquetas**. ¡Siempre sólo remendar! **La gente no tiene dinero**. No importa, no importa, señora». (p. 107)	Me dijo: — **Yo sastre bueno**. Pero **nunca podido hacer pantalón y chaqueta**. ¡Solo remendar! **Gente no tiene dinero**. ¡No pasa nada, no pasa nada, señora! (p. 109)	Dijo: "**Soy un buen sastre**. Y **nunca había hecho pantalones y chaquetas suaves**. ¡Siempre remendando! **La gente no tiene dinero**. ¡No importa, no importa, mujer!"

En este fragmento se expresa Cohn, un personaje de origen ruso, en un incorrecto alemán. Las traducciones humanas reflejan esta característica de su discurso con rasgos similares al del texto original, con errores en la estructura oracional, elisión de artículo, error en la forma compuesta del verbo. En la traducción automática no se perciben los rasgos de la incorrección gramatical o léxica de la lengua, por lo que pierde en relación con el original un matiz relevante.

Tabla 7: Ejemplo n.º 5, representativo de *österreichisches Deutsch, Beschimpfung, NZ* y *Autorität*

Original	**TM (1986)**	**TM (2022)**	**DeepL**
Sie murmelte – und weil sie so schwerhörig war, murmelte sie sehr laut: »**Armer Bua, armer Bua, armer Bua**…« Und dann brüllte sie los: »Ihr **Bagage**! Ihr Hunde! Ihr Verbrecher! **Was habt's denn mit mein Buam g'macht**! Ihr Verbrecher!« Der Großvater kam aus der halben Küche herein und zog die Großmutter vom Fenster weg. »Juli, Juli«, sagte er, »Juli, hör doch auf, der **Blockwart** geht um den Häuserblock!« (p.24)	Murmuró algo y, como era sorda, murmuraba muy alto: — **Pobre Bua, pobre Bua, pobre Bua**… — y después empezó a gritar. — ¡**Bestias**! ¡Perros! ¡Asesinos! ¡**Mirad lo que habéis hecho a Bua**! ¡**Asesinos**! El abuelo salió de la media cocina y apartó a la abuela de la ventana: — Juli, Juli —le dijo—. ¡Juli, cállate, el **vigilante** está alrededor del edificio! (p. 27)	[…] mientras murmuraba, (y, como era dura de oído, murmuraba muy alto): —**Pobrecito mío, pobrecito mío, pobrecito mío**… —Y entonces empezó a gritar—: ¡**Chusma**! ¡Perros! ¡Criminales! **¡¿Qué le habéis hecho a mi niño?!** ¡**Criminales**! El abuelo salió de la media cocina para apartar a la abuela de la ventana a empujones. —Juli, Juli —le decía—, para, Juli, que te va a oír **algún soplón**. (p. 27)	Murmuraba -y como era tan dura de oído, murmuraba muy alto-: "**Pobre boa, pobre boa, pobre boa**…". Y luego empezó a gritar: "¡**Cabrones**! ¡Perros! ¡Delincuentes! **¿Qué le habéis hecho a mi hijo?** ¡**Criminales**!" El abuelo entró por la mitad de la cocina y apartó a la abuela de la ventana. "Juli, Juli", le dijo, "¡Juli, para, que **el guardia del bloque** va a dar la vuelta a la manzana!".

La abuela de la protagonista ve marchar a su hijo cojeando, por las piernas llenas de heridas de metralla; ella se lamenta de la suerte de su hijo a voz en grito, soltando improperios. La primera dificultad se encuentra en *Bua*, término que aparece exclusivamente en el diccionario de alemán austríaco, como sinónimo de *Bub*, *Jung* y *Sohn* (no aparece en el resto de los diccionarios *online* consultados). Podemos comprobar que la misma dificultad que encuentra DeepL para traducir este término, se refleja en la traducción de 1986, que ambas resuelven con la técnica del préstamo. No obstante, la TA lo traduce correctamente en la siguiente frase un poco después, en su forma *Buam*. La siguiente dificultad es *Bagage*, que tiene dos acepciones en Duden que pueden ser tenidas en cuenta, por un lado, puede referirse a las tropas de ocupación y, por otro, a un grupo de personas cuyo origen se desconoce, ambos significados implican rechazo hacia el grupo de personas designados. Según estos datos, la propuesta más cercana al original es la traducción de 2022. Aunque las opciones de la traducción del 86 y la de DeepL también puedan resultar acertadas en lo que se refiere a insulto, la palabra malsonante "cabrones" de la TA podría resultar inapropiada para una lectura juvenil recomendada para 12 años.

Por último, tenemos el término *Blockwart*, definido como "Block Keeper. Lowlevel Nazi Party organizer, who on a local level kept Germans in line, often reporting remarks he considered hostile to the regime" (Doerr, 2002: 101) que la TA resuelve con una traducción literal adecuada, y las TM 86 y 22 con sendas técnicas de descripción. Se trata de la segunda aparición del término en el TO, en las traducciones humanas se ha resuelto usando la técnica de descripción de las tareas que debían cumplir las personas con este cargo: permanecer vigilantes a los actos y comentarios de la gente y dar aviso a las autoridades si estos eran contrarios al sistema.

A continuación, hemos recopilado los ejemplos 6 al 11 cuyos términos representan principalmente temas enmarcados en el léxico de la II Guerra Mundial.

En la Tabla 8 tenemos una expresión en alemán austríaco incluida en esa estrofa que cantan mientras están encerrados en el sótano de la vivienda durante un bombardeo en Viena. En ella encontramos el adverbio *drunt* como equivalente acuñado en la traducción del 86, que se obvia en la del 22 (técnica de elisión) y se deja tal cual en la versión de la TA como préstamo, quizá porque no reconoce esa forma abreviada de *drunter*, versión coloquial de *darunter*. Por otro lado, en el TO observamos una rima entre *Kampfverband* y *alle ab* que mantiene la traducción del 22 con *unidad de combate* y *que a todos abate*, y que no aparece en las otras dos propuestas.

Las alusiones al Führer quedan con la palabra en alemán, que aparece tres veces en este fragmento. La TA la utiliza una vez y en las otras dos ocasiones, usa la expresión "su líder" (equivalente acuñado) que resulta poco natural. Además, la traducción humana tiene una tendencia a evitar repetir el sujeto, suprimiéndolo con la técnica de elisión, mientras que la TA no lo hace.

En la frase siguiente del TO se hace uso de una expresión vulgar para recalcar el hartazgo de una de las mujeres que viven en el mismo edificio que la

Tabla 8: Ejemplo n.º 6, representativo de *Autorität, Beschimpfung, NZ* y *österreichisches Deutsch*

Original	TM (1986)	TM (2022)	DeepL
Der Berger Schurli sang: »**Drunt'** in Stein am Anger steht ein **Kampfverband**, ein langer, rechts keine Jäger, links keine Flak, **doch wir schießen alle ab!**« Die Frau Brenner empörte sich darüber und jammerte wieder einmal ihr »Wenn-das-**der-Führer**-wüsste«. Und die Frau Berger, die Mutter vom Schurli, schaute die Frau Brenner an und sagte: »Wissen Sie, was mich **Ihr Führer** kann? Ihr Führer **kann mich am Arsch lecken**!«. Die anderen **Kellerhocker** nickten zustimmend. (p.22)	Berger Schurli cantaba: «**Abajo**, en Stein-am-Anger, hay un **regimiento** grande. ¡A la derecha no hay cazas, a la izquierda no hay cañones, **pero disparamos y con todos acábamos**!». La señora Brenner se indignó al oír esto y volvió a repetir su dichoso «si **el Führer** se enterara», y la señora Berger, la madre de Schurli, la miró y dijo: —¿Sabe usted lo que le diría yo a **su Führer**? ¡Le diría **que se metiera la lengua en el culo**! El resto de los **ocupantes del sótano** estaban de acuerdo. (p. 24–25)	…mientras Schurli Berger cantaba: —¡En Stein am Anger hay una **unidad de combate**, sin cazas sin cañones, pero **que a todos abate**! La señora Brenner se indignó y empezó a lamentarse: —¡Si te oyera **el Führer**! La señora Berger, la madre de Shurli la fulminó con la mirada y replicó: —¿Sabes lo que le diría **al Führer** si me oyera? ¡**Que se vaya a la mierda**! El resto de los **ocupantes del sótano** asintieron. (p. 23–24)	El Berger Schurli cantaba: "**Drunt'** en Stein am Anger se levanta una **formación de batalla**, una larga, sin cazas a la derecha, sin cañones antiaéreos a la izquierda, ¡**pero los derribaremos a todos**!". La señora Brenner se indignó por ello y volvió a gemir: "Si lo supiera **el Führer**". Y la Sra. Berger, la madre de Schurli, miró a la Sra. Brenner y le dijo: "¿Sabe lo que **su líder** puede hacerme? **Su líder puede besarme el culo**". Los otros **taburetes del sótano** asintieron con la cabeza.

protagonista. En las traducciones humanas se buscan soluciones más habituales, siendo la del 86 algo más cercana a la original por la alusión a *Arsch* / "culo", así como la de la TA, resultando la del 22 expresión más habitual y natural. Las tres propuestas se resuelven con una modulación.

Por último, la traducción de *Kellerhocker* no supone ningún problema para las traducciones humanas, pero sí para la TA, que, al usar una traducción literal, propone una oración sin sentido. Un *Hocker*, según Duden, puede ser también, además de un taburete, una persona que lleva mucho tiempo en el mismo sitio, en este caso hace referencia a todas las personas que están en el sótano mientras suenan las alarmas antiaéreas.

Tabla 9: Ejemplo n.º 7, representativo de *Autorität* y *NZ*

Original	TM (1986)	TM (2022)	DeepL
Die Großmutter **wäre** im Keller **weitergeflucht**. Auf den Herrn **Blockwart**, den **Hitler**, den **Goebbels**, den **Gauleiter** und die Gemüsefrau, und das **durfte** die Großmutter **nicht**. (p. 10)	La abuela **hubiera continuado chillando y protestando** en el sótano; contra el **señor administrador**, contra **Hitler**, contra **Goebbels**, contra el **gobernador** y contra la señora de las verduras y eso no debía hacerlo la abuela. (p. 13–14)	**Hubiera seguido echando pestes** en el sótano. Pestes del **jefe de bloque**, de **Hitler**, de **Goebbels**, del **jefe de zona** y de la verdulera, y no debía hacerlo. (p. 12)	La abuela **habría seguido huyendo** en el sótano. Al Sr. **Blockwart**, **Hitler, Goebbels, el Gauleiter** y la verdulera, y a la abuela **no se lo permitieron**.

Las dificultades que encuentra la TA en este fragmento se centran en dos cargos de autoridad, los cuales, son traducidos como nombres propios junto a Hitler y Goebbels. De nuevo encontramos *Blockwart*, esta vez precedido por *den Herrn*, lo que puede ser la causa de confusión para DeepL, y *Gauleiter* ("Heads of Regional Administrative Districts. Supreme territorial or regional Nazi Party authority", Doerr, 2003: 176) que son resueltas con sendos préstamos. Si bien este fragmento es anterior al expuesto en la Tabla 7, vemos que las correspondencias de *Blockwart* son distintas en las tres traducciones (TM 86, *señor administrador* (p. 14) y *vigilante* (p. 27); TM 22, *jefe de bloque* (p. 12) y *algún soplón* (p. 27); y DeepL, *Sr. Blockwart* y *guardia del bloque* respectivamente).

Las otras dos dificultades del TO son *weiterflucht* y *durfte… nicht*. El término *weiterfluchen* no se encuentra en los diccionarios consultados, aunque en la web hay algunos casos en que aparece *Weiterflucht* como sustantivo con el significado de "continuación de huida", de donde puede venir el error de traducción de la TA. En cuanto a la traducción de *durfte… nicht*, yerra en el número y persona del verbo y hace que toda la oración pierda sentido.

Tabla 10: Ejemplo n.º 8, representativo de *Beschimpfung* y *NZ*

Original	TM (1986)	TM (2022)	DeepL
Der Wawra nickte. »**Hach**! Die haben vor den Russen Angst und vor den Amis und vor den Franzosen! (…) »Das haben sie dem alten Goldmann weggenommen. Dem Jakob Goldmann senior. Und die Zuckerfabrik haben sie ihm auch gestohlen! Alles, was sie haben, haben sie den Juden weggenommen!« Herr Wawra lachte. »Und jetzt, wo sie merken, dass ihr Hitler den Krieg verliert, jetzt haben sie eine **Scheißangst**, dass die Juden zurückkommen und ihnen den **verdammten Nazischädel** einschlagen!« (p.45)	El señor Wawra asintió. —¡**Je**! Esos tienen miedo de los rusos, de los yankis y de los franceses. (…) Se la quitaron al viejo Goldman. Al Jacob Goldman padre. ¡Y también le robaron la fábrica de azúcar! Todo lo que tienen se lo han quitado a los judíos. —El señor Wawra se rió—. Y ahora, como se han dado cuenta de que su Hitler pierde la guerra, tienen un **miedo de muerte** a que vuelvan los judíos y les rompan su **maldito cráneo de nazis**. (p. 48)	Wawra asintió. —¡**Ja**! Tienen miedo de los rusos, y de los americanos y de los franceses. (…) ¡Y con razón! La casa se la quitaron al viejo Goldman. A Jakob Goldman padre. ¡Y también le robaron la fábrica de azúcar! ¡Todo lo que tenían se lo robaron a los judíos! —dijo mientras se reía—. Y en cuanto se dieron cuenta de que su querido Hitler había perdido la guerra, ¡**se cagaron de miedo** pensando que los judíos volverían y les partirían esa **cara de nazis** que tienen! (p. 47)	El Wawra asintió. "¡**Hach**! Tienen miedo de los rusos, de los americanos y de los franceses. (…) "Se la quitaron al viejo Goldmann. A Jakob Goldmann padre. ¡Y también le robaron la fábrica de azúcar! Les quitaron todo lo que tenían a los judíos!". Se rió el señor Wawra. "¡Y ahora que se dan cuenta de que su Hitler está perdiendo la guerra, **están cagados de miedo** de que los judíos vuelvan y les rompan sus **putas cabezas nazis**!".

Nos centramos aquí en las expresiones coloquiales y vulgares, que incluyen alusiones al régimen nazi. Por un lado, *Scheißangst* es resuelto con una variación en la traducción humana del 86 y con sendas transposiciones en la del 22 y la propuesta de la TA, que mantienen el significado burlón y escatológico relacionado con *Scheiß-*. Por otro lado, para *verdammten Nazischädel* las tres traducciones son similares y quedan cercanas a la idea expresada en el original, aunque el adjetivo *putas* propuesto por DeepL podría resultar inapropiado para la edad del público lector. Ese mismo tono socarrón es el que corresponde a la interjección *hach!*, que expresa sorpresa, entusiasmo y triunfo burlón y que en la traducción de TA no corresponde, pues en español no existe como tal.

Tabla 11: Ejemplo n.º 9, representativo de *NZ* y *Autorität*

Original	TM (1986)	TM (2022)	DeepL
Dass mein Vater nun in Wien im **Lazarett** lag, war weder Zufall noch Glück. Das hatte mein Onkel, der Bruder meiner Mutter, erreicht. Der war ein **großer SS Nazi**, in Berlin, im **Führerhauptquartier**. Und dass mein Vater jeden Tag einen Urlaubsschein bekam, war auch kein Zufall. (p.20)	El que mi padre estuviera en el **hospital** de Viena no era ni por casualidad ni por suerte, sino por mi tío, el hermano de mi madre, que era un **nazi muy importante de las SS**, del **cuartel general del Führer** en Berlín. Y tampoco era casualidad que mi padre recibiera todos los días un permiso. (p. 23)	Que mi padre estuviera en un **lazareto** de Viena no era suerte ni casualidad, sino un favor que nos había hecho mi tío, el hermano de mi madre, que era **un nazi importante de las SS que trabajaba en el cuartel general** de Berlín. Y que a mi padre le dieran un permiso todos los días tampoco era casualidad. (p. 22–23)	El hecho de que mi padre estuviera ahora **hospitalizado** en Viena no fue ni casualidad ni suerte. Fue mi tío, el hermano de mi madre, quien lo había organizado. Era un **importante nazi de las SS**, en Berlín, en el **cuartel general del Führer**. Y el hecho de que mi padre recibiera un pase de vacaciones todos los días tampoco era casualidad.

Este fragmento refleja una propuesta de traducción óptima por parte de la TA del vocabulario específico de la II Guerra Mundial, tanto para *großer SS-Nazi* como para *Führerhauptquartier*, muy similar a las aportadas por la traducción humana con la técnica de traducción literal. En relación con la traducción de *Lazarett*, que en alemán puede tener los significados de "hospital militar" pero también de "hospital para enfermos de lepra", en español lo encontramos (RAE; María Moliner, 2002: 158) únicamente con la segunda acepción.

Tabla 12: Ejemplo n.º10, representativo de *NZ* y *Krieg*

Original	TM (1986)	TM (2022)	DeepL
Er repariert nämlich schon lange keine Uhren mehr. Er war **Schleichhändler** geworden. **Schleichhändler war ein gefährlicher Beruf**. Man wurde eingesperrt und kam ins **Konzentrationslager**, wenn die Polizei dahinterkam. (p.18)	La verdad es que hacía mucho tiempo que no reparaba relojes. Se había hecho **contrabandista. El contrabando era una profesión muy peligrosa**. Si la policía lo descubre le detienen a uno y le llevan a un **campo de concentración**. (p. 21)	Hacía tiempo que ya no reparaba relojes porque se había convertido en **contrabandista, que era un trabajo muy peligroso**. Si la policía te pillaba, te encerraban y te mandaban al **campo de concentración**. (p. 19)	Llevaba mucho tiempo sin reparar relojes. Se había convertido en un **traficante subrepticio. Ser traficante subrepticio era una profesión peligrosa**. Te encerraban y te mandaban a un **campo de concentración** si la policía te descubría.

En la Tabla 12, el ejemplo número 10 presenta el término *Konzentrationslager* que es traducido adecuadamente por la TA. Sin embargo, *Schleichhändler*, que aparece además muy seguido, supone un problema de traducción: por un lado, la expresión "traficante subrepticio" es de uso muy poco común, y hay otros adjetivos más habituales como "furtivo", "ilegal", "oculto" más accesibles al público juvenil. El término "traficante" también tiene una connotación de ilegalidad en sí mismo (Moliner, 2002: 1275). En las dos traducciones humanas se evita la repetición de la misma palabra en un espacio tan pequeño, mediante modulación y elisión respectivamente en la TM del 86 y el 22.

En la Tabla 13, podemos apreciar un problema en la TA para corresponder el término *SSler*, que hace referencia a un miembro de las SS, que DeepL soluciona con un préstamo, bien porque no lo reconoce como nombre común sino como propio, bien porque no tiene otra opción. En cuanto a las expresiones de brutalidad, que en lo referente al léxico pueden considerarse correctas, sintácticamente presentan posibilidades de mejora: existe una diferencia de matiz entre las preposiciones "a" y "de" ("cortar los pechos a las mujeres" y "de las mujeres"), ambas opciones violentas, pero que confieren una función diferente en la oración a esos sintagmas, en el caso de "a las mujeres" es objeto indirecto, en el caso de "de las mujeres", sintagma preposicional, siendo la primera opción más cercana al TO. Por otro lado, la expresión "las mujeres que fueron cortadas y saladas" es resuelta con una traducción literal por la TA con una voz pasiva

Tabla 13: Ejemplo n.º 11, representativo de *NZ*, *Russen* y *Brutalität*

Original	TM (1986)	TM (2022)	DeepL
Mir fiel die Frau vom **SSler** ein, die, die mit ihren Kindern über alle Berge war. Und dass die Russen **den Frauen** angeblich **die Brüste abschneiden**, das fiel mir auch ein. Und an **die zerstückelten, eingesalzenen Frauen** musste ich denken. Ich sah den **Forstrat** vor mir, wie er sagte: »Die Russen sind fürchterlich!« (p.84)	Me vino a la memoria la mujer **del SS** que estaba por los montes con sus hijos. Y también me acordé de que al parecer los rusos **les cortaban los pechos a las mujeres**. Y también pensé en las **mujeres descuartizadas y metidas en sal**. Vi la cara del **guardabosques** cuando dijo: «¡Los rusos son terribles!». (p. 87)	Recordé a la mujer **del de las SS** que había puesto pies en polvorosa, y también recordé que se suponía que los rusos **cortaban los pechos a las mujeres**, y también recordé a las **mujeres hechas pedazos y puestas en salmuera**. Y recordé al **guardabosques** cuando dijo: «¡Los rusos son terroríficos!» (p. 87)	Me acordé de la mujer **del SSler**, la que estaba en las montañas con sus hijos. Y también recordé que los rusos supuestamente **cortaban los pechos de las mujeres**. Y pensé en **las mujeres que fueron cortadas y saladas**. Vi al **consejero forestal** frente a mí diciendo: "¡Los rusos son terribles!".

poco natural en español, mientras que las traducciones humanas abogan por ampliar brevemente la expresión para *eingesalzene* y con el uso de participios adjetivados como resultado de las diversas acciones ("descuartizadas, hechas, puestas, metidas…") mediante la técnica de transposición.

Por último, destacamos una propuesta de la TA que resuelve la traducción de *Forstrat* de una forma más apropiada que las TM 86 y 22 si tenemos en cuenta un par de datos: la protagonista y su familia se mudan a una zona cercana a Viena en la que hay villas lujosas de personas pudientes. Es lógico pensar que puede ser también el caso del *Forstrat*, pues se trata de una persona que vive con su esposa y sus perros de caza en una de esas grandes villas. En Duden encontramos el término con la siguiente definición: *höherer Forstbeamter*, por lo que "consejero forestal" sería una opción más adecuada. Las traducciones humanas lo resuelven con el término "guardabosques", que correspondería a una particularización.

La tercera agrupación de ejemplos, del 12 al 14, corresponde a fragmentos en que se tratan temas de la guerra en general.

Tabla 14: Ejemplo n.º12, representativo de *Verletzung, Waffen* y *Russen*

Original	TM (1986)	TM (2022)	DeepL
Die Beinen sahen scheußlich aus. Kein Mensch konnte noch erkennen, ob sie **von russischen Granatsplittern zerschossen** waren oder ob das Knochentuberkulose oder Lepra oder sonst was war. Auf den Beinen waren große, rote Beulen. Jede hatte in der Mitte ein kleines, gelbes Loch, das mit Eiter gefüllt war. Und die Haut zwischen den Beulen war dunkelblau und glänzend. Die Beinen meines Vaters sahen wie verfaulte Zwetschken. Der **Herr Major** und seine Soldaten waren zufrieden. Sie glaubten meinem Vater. (p.100)	Las piernas tenían un aspecto horrible. Nadie podía saber con exactitud si habían sido **acribilladas por la metralla de granadas rusas,** o si se trataba de tuberculosis ósea, o lepra, o cualquier otra cosa. Tenían grandes bultos rojos, y cada bulto tenía en el centro un agujero pequeño, amarillo, lleno de pus. La piel que quedaba entre los bultos era azul oscuro y brillante. Las piernas de mi padre parecían ciruelas podridas. El **mayor** y sus soldados estaban satisfechos. Creyeron a mi padre. (p. 102)	Sus piernas ofrecían un aspecto espantoso. Era imposible saber si estaban así **por culpa de la metralla rusa** o de la tuberculosis de los huesos o de la lepra. Tenía unas ampollas rojas y enormes por toda la pierna, y en cada ampolla había un agujerito amarillo lleno de pus, y la piel entre las ampollas estaba amoratada y brillante. Las piernas de mi padre parecían ciruelas podridas. El **comandante** y sus soldados se dieron por satisfechos y creyeron a mi padre. (p. 102–103)	Las piernas tenían un aspecto horrible. Nadie podía decir si habían sido **destrozadas por las esquirlas de los proyectiles rusos** o si se trataba de tuberculosis ósea, lepra u otra cosa. Había grandes bultos rojos en las piernas. Cada uno tenía un pequeño agujero amarillo en el centro lleno de pus. Y la piel entre las protuberancias era azul oscuro y brillante. Las piernas de mi padre parecían ciruelas podridas. El **mayor** y sus soldados estaban satisfechos. Creían a mi padre.

Las tropas rusas han llegado a la zona y el padre de la protagonista lleva escondido unos días por temor a ser descubierto, apresado y enviado a Siberia. Tras días de desesperación decide dejar de esconderse y explicar su presencia en la casa con esas terribles heridas. Este fragmento está repleto de referencias a las heridas de guerra del padre y la TA las resuelve de forma óptima. En cuanto al arma que ocasionó tales heridas, *von russischen Granatsplittern zerschossen*, observamos que las traducciones son similares, aunque la TA utiliza una generalización al usar "proyectil" en lugar de "granada", mientras que las TM 86 y 22 optan por técnicas de traducción literal y elisión respectivamente.

Sobre los rangos en el ejército, coinciden la TA con la TM del 86 con un calco, frente a la TM del 22 que utiliza "comandante" para *Major*, lo que puede deberse a que el rango de "mayor" no existe como tal en el ejército español realizando una adaptación.

Tabla 15: Ejemplo n.º13, representativo de *Krieg*

Original	**TM (1986)**	**TM (2022)**	**DeepL**
Dann heulte die **Entwarnungssirene.** Die **Entwarnungssirene** hatte einen angenehmen, sanften, lang gezogenen Klang. (p. 12)	Entonces empezó a sonar la **sirena de fin de alarma**. La **sirena de fin de alarma** tenía un sonido suave y prolongado. (p 15–16)	Entonces sonó el aullido de la **sirena del cese de alarma**, un sonido mucho más suave y prolongado. (p. 14)	Entonces sonó la **sirena de "todo despejado"**. La **sirena** tenía un sonido agradable, suave y prolongado.

El término *Entwarnungssirene* es el punto central de este fragmento. Se trata de la sirena que suena cuando el ataque enemigo se da por acabado y como aviso de fin de peligro para salir de los sótanos y otros refugios en que la población civil se protege de los ataques aéreos. Las tres traducciones hacen uso de la técnica de descripción, pero la propuesta de la TA, aunque bien explícita, no representa una opción que pueda considerarse definitiva. Por otro lado, el término se repite en el TO en frases contiguas, cuestión que se resuelve con una elisión en la segunda oración de la TM 22 y con una generalización en la TA, mientras que en la TM 86 se repite toda la expresión.

El abuelo de la protagonista se ha aficionado a buscar entre los escombros cosas que puedan ser de utilidad. En la Tabla 16, las traducciones de los elementos seleccionados muestran la coincidencia entre la TM 86 y la TA para *Schutthaufen* con la traducción literal, mientras que la TM 22 opta por la elisión de "montones". Entre las muchas cosas que encuentra el abuelo, en esta ocasión hay una *Kinderbadewanne*, que es traducida literalmente como "bañera de niños" en la TM 86 y TA, y en la TM 22 se opta por una particularización con "bañera para bebés.". En cuanto a *Pullover* ambas traducciones humanas presentan soluciones parecidas aludiendo a lo agujereado de la prenda, daños causados por las bombas o la metralla. En el caso de la TA, la propuesta pierde la alusión a los agujeros y se centra más en el significado de *splitter* con "salpicado"; el resultado carece de sentido en español, la elisión de la traducción de *zerlöchert* resulta en error de traducción.

Tabla 16: Ejemplo n.º14, representativo de *Zerstörung*, *Ruinen* y *Waffen*

Original	TM (1986)	TM (2022)	DeepL
Der Großvater brachte uns immer etwas mit, was er aus den **Schutthaufen** ausgegraben hatte. Er brachte die mehrwürdigsten Dinge: eine **Kinderbadewanne**, (...), einen alten Rock und einen **bombensplitterzerlöcherten Pullover**. (p.41)	El abuelo siempre nos traía algo que había desenterrado de los **montones de escombros**. Traía las cosas más extraordinarias: una **bañera de niños**, (...), una falda vieja y un **jersey agujereado por las bombas**. (p. 44)	El abuelo siempre nos traía cosas que había sacado de entre los **escombros**. Encontraba cosas de lo más peculiares: una **bañera para bebés**, (...), una falda vieja y un **jersey con agujeros de la metralla**. (p. 43)	El abuelo siempre nos traía algo que había desenterrado del **montón de escombros**. Traía las cosas más dignas: una **bañeradeniños**, (...), una falda vieja y un **jersey salpicado de bombas**.

6.2. Recopilación de técnicas de traducción

De las dieciocho técnicas descritas por Hurtado Albir (2001: 269–271), hay varias que no aparecen en nuestra selección de fragmentos, (compresión lingüística, amplificación, compensación, creación discursiva y sustitución). En la Tabla 17 aparecen las técnicas usadas para cada término:

Tabla 17: Técnicas de traducción utilizadas en los fragmentos analizados

Técnica	TM (1986)	TM (2022)	DeepL
Adaptación	0	2	0
Ampliación lingüística	1	0	3
Calco	1	0	1
Descripción	3	2	1
Elisión	1	6	1
Equivalente acuñado	14	14	9
Generalización	5	4	3
Particularización	4	5	1
Modulación	2	1	1
Préstamo	3	1	11
Traducción literal	5	2	10
Transposición	4	5	3
Variación	1	0	0

De las 44 técnicas utilizadas por la TA hay un claro predominio del uso de tres: los equivalentes acuñados, el préstamo y la traducción literal. El 50 % de las propuestas han resultado traducciones inadecuadas o incorrectas.

7. Conclusiones

Somos conscientes de que nuestro análisis comparativo se ha realizado con dos traducciones ya publicadas, las cuales han pasado, por parte de las traductoras, por sus debidos procesos de toma de decisiones, revisiones y correcciones, además de las labores correspondientes de edición. Sin embargo, la traducción de DeepL es generada de forma automática y espontánea y el resultado se analiza sobre la marcha, digamos que podría corresponder a la primera versión de una traducción realizada a mano alzada.

Por ello justamente nuestro interés se centra, por un lado, en reconocer las técnicas de traducción utilizadas y, por el otro, en vislumbrar si la opción de utilizar la versión traducida por TA de un texto literario impregnado de contexto histórico puede ser un recurso a tener en cuenta o si, más bien, requiere de un nivel de posedición exhaustivo y, por tanto, exigente.

Son varias las cuestiones que implican una tarea de posedición, como son las expresiones coloquiales o de la variedad lingüística para evitar errores de traducción, las palabras malsonantes para adecuarlas a la edad del público lector, los términos históricos con el objetivo de mantenerse fiel a los acontecimientos narrados y las realidades mencionadas, así como las oraciones o palabras que en el texto original se usan intencionadamente de forma incorrecta porque conforma una característica representativa de los personajes.

Constatamos que DeepL es capaz de ofrecer traducciones adecuadas en numerosas ocasiones en que se utiliza una terminología asociada a la lengua del Tercer Reich (campos de concentración, Führer, SS, cuartel general del Führer, etc.), pero no en el caso de términos menos conocidos (*Gauleiter*, *SSler*). Podemos suponer que ocurre algo semejante con las palabras menos usuales y específicas de la variedad austríaca, como *depat*, *Lackaff*, *schiacher*, su representación en los algoritmos consultados por la TA debe ser muy escasa o nula.

Observamos que el motor de TA no recuerda ni asocia cómo resuelve en otras ocasiones los mismos términos y nos preguntamos si esto está causado porque la forma de la palabra es ligeramente diferente, como en el caso de *Blockwart*, que aparece en fragmentos distintos, pero también de *Bua*/*Buam* que se encuentran en el mismo.

Por otro lado, podemos apreciar que la TA no solo no evita los sinsentidos, sino que los provoca, como en el caso del ejemplo n. ° 6 y el término *Kellerhocker* cuando indica: “los otros taburetes del sótano que asienten con la cabeza”.

Cabe mencionar que en ocasiones el texto facilitado a DeepL ha contenido errores y, voluntaria o involuntariamente, la TA ha propuesto una traducción coherente con el que hubiera sido el texto correcto, como en el caso de los diálogos de los soldados rusos hablando un alemán mejorable.

Valoramos como algo positivo que la TA parece plantear propuestas de traducción que tienen en cuenta la no repetición de un término, como hemos observado en el ejemplo n.º 13 para *Entwarnungssirene* en la segunda posición en la que aparece, y en el ejemplo n.º 6, aunque no necesariamente será siempre la opción más adecuada (como en el caso de *Führer* y "líder").

En caso de hacer uso de la TA para una traducción similar a la que hemos analizado en este trabajo, es decir, una novela histórica con uso de una variedad lingüística y no exclusivamente alemán estándar, consideramos necesario llevar a cabo una exhaustiva labor de posedición para conseguir una traducción de calidad.

Bibliografía

Castillo Bernal, Pilar (2022a) «La traducción del lenguaje jurídico en la novela histórica *La casa alemana*». *Entreculturas* 12: 43–56.

Castillo Bernal, Pilar (2022b) «La traducción literaria asistida por ordenador aplicada a la novela histórica (alemán-español): entrenamiento y comparación de sistemas de traducción automática». *Quaderns de Filología: Estudis Lingüístics* XXVII: 71–85.

Doerr, K., & Doerr, K. (2002). *Nazi-Deutsch/Nazi German: An English Lexicon of the Language of the Third Reich*. Greenwood.

Hurtado Albir, Amparo (2001) *Traducción y traductología. Introducción a la traductología*. Madrid: Cátedra.

König, Wolfgang (2003) Der Volkempfänger und die Radioindustrie. Ein Beitrag zum Verhältnis von Wirtschaft und Politik im Nationalsozialismus. *VSWG: Vierteljahrschrift Für Sozial- Und Wirtschaftsgeschichte*, *90*(3), 269–289. <http://www.jstor.org/stable/20741016>

Mendoza García, Inmaculada y Gustavo Filsinger Senftleben (2022) "La retraducción de la literatura para la infancia y la adolescencia como medio de incentivación de la competencia creativa: un estudio de caso". En: Valero Cuadra, Pino; Gisela Marcelo Wirnitzer y Nuria Pérez Vicente (eds.) 2022. *Traducción e intermedialidad en literatura infantil y juvenil (LIJ): orígenes, evolución y nuevas tendencias / Translationand intermediality in children's and young adults' literature: origins, development and new trends. MonTI* 14, pp. 352–385. <http://dx.doi.org/10.6035/MonTI.2022.14.12>

Pascua Febles, Isabel (2003) «La traducción de la LIJ» *Cuadernos de Literatura Infantil y Juvenil* 123: 30–36.

Pérez Macías, Lorena (2019) «La traducción automática y la posedición en España: una visión retrospectiva sobre su implantación y evolución». *Entreculturas* 10: 43–55.

Valero Cuadra, Pino; Gisela Marcelo Wirnitzer & Nuria Pérez Vicente. (2022) "Pasado, presente y futuro de la traducción de literatura infantil y juvenil." En: Valero Cuadra, Pino; Gisela Marcelo Wirnitzer & Nuria Pérez Vicente (eds.) 2022. *Traducción e intermedialidad en literatura infantil y juvenil (LIJ): orígenes, evolución y nuevas tendencias / Translation and intermediality in children's and young adults' literature: origins, development and new trends. MonTI* 14, pp. 8–29. <http://dx.doi.org/10.6035/MonTI.2022.14.01>

Zimmermann Gañán Medina, Nathalie (2002) «Rompiendo tabúes. La novela realista infantil en Alemania». *Cuadernos de Literatura Infantil y Juvenil* 149: 15–26.

Diccionarios

Duden. Recuperado de <www.duden.de>

Moliner, María (2002) Diccionario de uso del español. Volumen II. Madrid: Gredos.

Österreichisches Wörterbuch. Recuperado de <https://www.oesterreichisch.net/>

PONS diccionario en línea. Recuperado de <www.pons.eu>

Real Academia Española. *Diccionario de la lengua española*. Recuperado de <www.rae.es>

Textos del corpus

Nöstlinger, Christine (1986) *¡Vuela, abejorro!* Traducción de Elsa Alfonso. Madrid: Alfaguara.

Nöstlinger, Christine (2016) *Maikäfer, flieg!* Weinheim Basel: Beltz & Gelberg.

Nöstlinger, Christine (2022) *¡Vuela, abejorro!* Traducción de Marta Armengol Royo. Madrid: Siruela.

El corpus de trabajo se halla disponible en <https://hdl.handle.net/10433/19851>

Valentina Vivaldi

(Universidad Pablo de Olavide)

Adjetivos con base somática en alemán: ¿hasta qué punto DeepL y ChatGPT saben traducirlos al español?

Resumen: El estudio investiga un grupo de adjetivos con base somática en alemán, los cuales entendemos como formaciones de palabras adjetivales que contienen partes del cuerpo. Desde un punto de vista estructural, estos adjetivos se colocan tanto dentro de la categoría de los derivados (*haar|ig*) como de los compuestos (*hand|bereit*). Además, una tercera formación, peculiar del alemán y clasificada como *Zusammenbildung*, incluye una base nominal (*schwarz|haar|ig*) o verbal (*hand|greif|lich*). Semánticamente, se trata de formaciones cuyo lexema somático sufre a menudo un proceso de metaforización, perdiendo su significado compositivo. Este estudio se propone por lo tanto indagar las posibilidades y los límites de la inteligencia artificial, en concreto de DeepL y ChatGPT, en la traducción, del alemán al español, a partir de un corpus de adjetivos con estas características y, en particular, con la estructura compuesta [N_{SOM}+Adj] (es. *haar|breit*, *nase|lang* o *mund|faul*), así como analizar cualesquiera otras cuestiones que pueden surgir tanto desde el punto de vista contrastivo como traductológico.

Palabras clave: Traducción automática (TA), adjetivos, somatismos, gramática contrastiva

1. Los adjetivos con somatismos en alemán

En alemán, la productividad de los adjetivos es generalmente menor que la de los sustantivos (50–60 %, según Erben 1980: 166), pues estos constituyen alrededor del 15 % del vocabulario. Este estudio trata un grupo de adjetivos que contienen somatismos, es decir, que incluyen lexemas que indican partes del cuerpo.

En alemán existen diferentes modelos morfológicos:

- Por un lado, derivados según el modelo [N_{SOM}[1] +Sx] (ej., *bärtig*, *haarig*, *naseweis*, *kopflos*).

1 A partir de ahora, SOM significa "somatismo", es decir, la base nominal que denota la parte del cuerpo.

- Por otro lado, compuestos según la estructura [N_{SOM}+Adj] (ej., *haarklein, herzensgut*).
- Además, existen formaciones de palabras con la combinación [Adj+N_{SOM}+Sx] (ej., *kleinäugig*), sobre cuya designación la bibliografía no es unánime, ya que según algunos autores se encuentran en la frontera entre derivados y compuestos[2], mientras que otros las consideran una categoría autónoma (llamada *Zusammenbildung*[3], construcciones parasintéticas en español).
- Por último, un grupo menos nutrido está constituido por adjetivos somáticos con base verbal (según el patrón [N_{SOM}+ V+Sx/Partizip I], ej., *naserümpfend* o *handgreiflich*).

En este estudio nos centramos en la primera categoría, prototípica en alemán (DUDEN 2009: 665), formada por compuestos "determinativos", es decir construidos según el modelo [N+Adj], en el cual el sustantivo aparece como primer elemento del compuesto, y el adjetivo como segundo. En estas formaciones, el primer elemento (*Erstglied/Determinans*) es un sustantivo, concretamente un lexema somático [N_{SOM}] (ej., *haarklein*) y está subordinado al segundo (*Zweitglied//Determinatum*) (Cartagena/Gauger 1989: 89ss.; DUDEN 2009: 718; Donalies 2021: 289ss.). Este determina tanto las características morfosintácticas como el significado del compuesto, ya que denota semánticamente con más detalle el primer componente (*nervenschwach, haarklein, daumendick*). Los dos constituyentes inmediatos de las estructuras incluidas en nuestro corpus pueden verse en la mayoría como *Simplizia* (Fleischer/Barz 2012: 332; Lohde 2006: 159), aunque algunos adjetivos que aparecen como segundo componente (*-gerecht, -fertig, -frei, -fest, -leer*) están considerados como determinados complejos o sufijos, pues tienen un rango semántico más amplio respecto a su significado básico (Lipka 1967: 41ss.; Lohde 2006: 159) y pueden tener relaciones de sinonimia (*festsicher*) o antonimia (*fernnah*).

En algunos casos, el significado de los compuestos es composicional (*fingerlang*) y, en otros casos, es idiomático, porque, a pesar de que morfológicamente ambos sean reconocibles, el significado de los dos componentes no es suficiente para que el receptor infiera el significado global del adjetivo

2 De esta opinión Ortner/ Müller-Bollhagen (1991: 121 s.); Motsch (2004: 8); Fleischer/ Barz (2012: 86 s.; 300).

3 Defienden este enfoque, entre otros, Williams (1896); Henzen (1965); Leser (1990); Bzdęga (1999: 13); Wellmann (1995: 425); Erben (2000: 35); Lohde (2006: 80); Meibauer (2017: 61); Olsen (2017, 2000).

compuesto. En efecto, el grado de idiomaticidad puede hacer que su comprensión por parte de un no nativo sea compleja (por ejemplo, *fußkalt, herzenswarm, handfest*) o extremadamente difícil (por ejemplo, *blutjung, fingerfertig, arschkalt*).

El significado de los adjetivos de este grupo puede basarse, por lo tanto, en diferentes relaciones semánticas, como también ocurre en los sustantivos compuestos (Grof 1979: 90ss.; Lohde 2006: 166ss.; Fleischer/Barz 2012: 130; 323ss.). El adjetivo del compuesto es el determinante que modifica el significado del adjetivo (Lipka 1967: 39ss.; Seijo 1978: 214; Cartagena/Gauger 1989: 89ss.; Lohde 2006: 166ss.; Barz 2005; Fleischer/Barz 2012: 323ss.) y esto puede plantear cuestiones relevantes desde el punto de vista traductológico. En la literatura, el método lingüístico para identificar estas relaciones semánticas es explicitar la conexión entre los constituyentes mediante paráfrasis, es decir transfiriendo el compuesto al nivel sintagmático o fraseológico con la adicción de un elemento sintáctico (Donalies 2001: Lohde 2006: 159; Fleischer 2004; Barz 2005: 641ss.; 2007: 29ss.; Fleischer/Barz 2012: 129ss.). Estas relaciones están clasificadas (Fleischer/Barz 2012: 323ss.) según su distinta naturaleza:

a) comparativa ('X es B, que se parece a A', por ejemplo, *armdick*, donde X es el elemento cualificado, A indica N_{SOM} y B el adjetivo);
b) local ('X es B en A', por ejemplo, *nervenschwach*; o 'X es B hasta A', por ejemplo, *knieftief*);
c) final ('X es B para la finalidad A,', por ejemplo, *mundgerecht*);
d) mensural ('X es B en el grado de A', por ejemplo, *augenrein*);
e) limitativo-relacional ('X es B en relación con A', por ejemplo, *fußnah*);
f) graduativa ('X está B intensificado/disminuido por A', por ejemplo, *blutjung*).

El análisis del corpus confirma que las relaciones comparativa y local son las más frecuentes y que la diferencia entre la relación comparativa y la graduativa no es tan definida, ya que algunas formaciones de palabras pueden tener un significado tanto comparativo como de intensificación (DUDEN 2009: 747), véase *knochenhart* ("duro como un hueso" o "muy duro") o *haardünn* ("delgado como un pelo" y también "muy delgado").

Además, al corpus pertenecen algunos compuestos que son partes de unidades fraseológicas con la ayuda de un verbo o un verbo y una locución adverbial, en las cuales los adjetivos cumplen función predicativa y cuyo significado es idiomático (Larreta 2001; Burger *et al.* 2007: 106; Mellado Blanco 2008): *handgemein werden, kopfscheu machen* o *es faustdick hinter den Ohren haben*.

No todas las unidades de este grupo están lexicalizadas en los diccionarios monolingües y/o bilingües[4], sin embargo, sí tienen ejemplos contextuales en Sketch Engine (en adelante SE), en cuyo corpus deTenTen20 hemos basado este análisis. Esto confirma su marcada productividad en alemán.

Asimismo, es relevante analizar estos compuestos también desde un punto de vista funcional. De hecho, pueden aparecer tanto en su función atributiva, predicativa y adverbial, lo cual también plantea una dificultad añadida a la hora de traducirlos[5], como veremos en el análisis propuesto.

Finalmente, a partir de estos presupuestos, considero relevante investigar esta categoría por sus implicaciones desde el punto de vista tanto contrastivo como traductológico en la combinación alemán/español.

2. Elaboración del corpus y metodología

El procedimiento llevado a cabo para obtener los datos se ha basado en recoger ejemplos contextuales en el corpus del alemán deTenTen20 (contenido en la base de datos de corpus Sketch Engine). Después de un análisis cruzado pormenorizado de fragmentos de texto que contienen más de 100 adjetivos con la estructura [N_{SOM}+Adj][6], se han seleccionado los ejemplos más significativos reduciendo el corpus inicial a 40 unidades, distribuidas en 20 somatismos[7], entre los cuales se incluyen sangre (*Blut*) y bilis (*Galle*) y somatismos zoológicos

---

4 Por lo que se refiere a los adjetivos con somatismos que siguen otra estructura, como los derivados [N_{SOM} + Sx] o las denominadas *Zusammenbildungen* ([Adj + N_{SOM} + Sx] o [N_{SOM} + V + Sx]), es posible encontrar algunos casos de correspondencias alemán/español en los que tanto el somatismo como su carga somática se mantiene, no solo en el caso de significado composicional (*langbeinig/piernilargo*), sino también en los casos con significado metafórico (*haarig/peliagudo* o *dickköpfig/cabezón*).

5 A este propósito es necesaria una aclaración terminológica sobre la función del adjetivo en alemán y en español, puesto que la función atributiva y predicativa difieren en ambas lenguas. De hecho, en alemán la función atributiva del adjetivo siempre acompaña a un sustantivo, mientras que la función predicativa requiere de verbos copulativos o semicopulativos (inversamente al español). En este estudio la terminología se refiere a los términos empleados en la gramática del alemán.

6 El corpus está disponible en <http://hdl.handle.net/10433/16814> (el repositorio RIO de la Universidad Pablo de Olavide de Sevilla).

7 Los 20 somatismos presentes son los siguientes: *Arm* (1), *Arsch* (2), *Auge* (4), *Blut* (1), *Daumen* (1), *Faust* (1), *Finger* (2), *Fuß* (4), *Galle* (1), *Haar* (4), *Hals* (2), *Hand* (4), *Haut* (1), *Knie* (1), *Knochen* (3), *Kopf* (1), *Mund* (y su variante *Maul*, 4), *Nase* (1), *Nerv* (1) y *Zunge* (1).

como metáfora de los humanos (*Maul* para *Mund*), que se han sometido a traducción automática (en adelante TA), tanto mediante el motor actualmente más empleado, DeepL, como mediante el chatbot de inteligencia artificial ChatGPT[8].

No todos los adjetivos del corpus están lexicalizados, como se ha podido comprobar consultando tanto el diccionario monolingüe DUDEN como tres bilingües *online* (PONS, Larousse y Langenscheidt). Sin embargo, todos los adjetivos están presentes en ejemplos contextuales en el corpus deTenTen20 recogido en Sketch Engine, a partir del cual he compilado el corpus para el estudio.

Además, los adjetivos somáticos con estructura [N_{SOM}+Adj] presentan en algunos casos un significado composicional (*armdick*), pero en la mayoría tienen un significado idiomático (*zungenfertig*) y en algunos casos son polisémicos (*faustdick*). Por otra parte, algunos adjetivos que aparecen en unidades fraseológicas (ej., *alle naselang*) presentan ciertas particularidades que vale la pena examinar detenidamente.

Otro aspecto que se destaca es el caso de compuestos que pertenecen a un ámbito semántico especializado. Se trata de estructuras no lexicalizadas, pero de gran relevancia en el contexto de este estudio, debido a su específica naturaleza terminológica.

Aunque la estructura analizada es altamente productiva, no se forman compuestos lexicalizados con todos los lexemas somáticos o algunas formaciones con el mismo lexema somático o el mismo adjetivo varían en frecuencia (por ejemplo, *handwarm* tiene 8749 token en deTenTen20 y *handkalt* solo 11; *kniehoch* 6416 vs. *halshoch* 12), lo cual está a menudo relacionado con su lexicalización (o no)[9], por lo tanto, nos interesa valorar estos casos de forma particular.

Resumiendo, el análisis de la traducción automática hace referencia principalmente a los siguientes parámetros:

---

8 Se ha utilizado la versión gratuita de chat GPT (ChatGPT August 3 Version).

9 Remarcable es, además, la diferencia de frecuencia entre estas formaciones [N_{SOM}+Adj] y las *Zusammenbildungen* [Adj+N_{SOM}+Sx] con los mismos lexemas en posición invertida (*handfrei* SE 190 vs. *freihändig* SE 14753). Este fenómeno es especialmente evidente en los compuestos del somatismo *Herz* (*herzenskalt* SE 58 vs. *kaltherzig* SE 4271; *herzensgroß* SE 6 vs. *großherzig* SE 4786; *herzenswarm* SE 446 vs. *warmherzig* SE 24323), sin embargo, los adjetivos compuestos con este somatismo no son objeto de este estudio. Por razones de espacio no es posible investigar este aspecto del fenómeno con más profundidad. No obstante, sería valioso llevar a cabo una comparación de estas diversas formaciones desde la perspectiva de la TA.

a) ¿La TA ha traducido la carga semántica que el primer componente aporta al adjetivo en grado positivo? (¿de qué manera difiere *haarklein* de *klein*?)
b) ¿La TA tiene en cuenta el contexto o más bien propone una traducción desvinculada de él?
c) ¿Cómo traduce la TA los adjetivos lexicalizados (en comparación con las fuentes lexicográficas)? Y ¿cómo traduce los compuestos no lexicalizados?
d) ¿Hay una relación entre la frecuencia de los lemas en deTenTen20 y el resultado de la TA?
e) ¿En qué casos la TA propone una solución en español (un adjetivo o también otro lexema) que contiene un somatismo?, ¿es apropiada?

Es importante precisar que el trabajo realizado no aspira a valorar la calidad de los motores de TA utilizados, sino que persigue comentar las traducciones realizadas a través de ellos para averiguar si los resultados presentan algunas tendencias y cómo se han resuelto algunos casos que presentan aspectos más críticos. Además, las cuestiones estilísticas tampoco pueden ser analizadas con detenimiento en este estudio, por lo tanto, se indicarán solo algunos detalles al respecto.

3. Resultados del análisis

Algunos datos cuantitativos resultan apreciables: de los 40 adjetivos seleccionados, 24 unidades están recogidas tanto en el DUDEN como al menos en uno de los diccionarios bilingües, 10 ni en el primero ni en los segundos y 6 solo en el DUDEN. No hay casos de compuestos que solo aparecen en los bilingües consultados.

Valorando si a una elevada frecuencia del compuesto en el corpus de referencia de deTenTen20 corresponde una traducción adecuada, es decir si la TA reconoce la carga semántica del somatismo en el adjetivo, podemos destacar que las formaciones con el mismo lexema somático y otro adjetivo como determinante arrojan resultados diferentes tanto en términos de frecuencia como en lo que respecta a la traducción automática.

3.1. Relaciones semánticas entre los componentes

Tabla 1: Adjetivos con relación semántica comparativa[10]

Original	**DeepL**	**ChatGPT**
(1) […] Im Hintergrund sind zwei der Sniders, die mit **armdicken** Kabeln mit der Sonic-Baßanlage verbunden sind, und scrollende Metallkonstruktionen, die irgendetwas gigantisches tragen. (deTenTen20, bofue.de)	Al fondo se ven dos de los Sniders, conectados al sistema de bajos sónicos con cables **gruesos como brazos**, y construcciones metálicas que se desplazan sosteniendo algo gigantesco.	En el fondo, hay dos de los Snider, conectados a la Sonic Bass System con cables **del grosor de un brazo**, y estructuras de metal rodante que llevan algo gigantesco.
(2) Dann sollte man in die Anzuchtbeete flache Rillen ziehen, damit man die Samen in kleine **daumenbreite** Löcher legen kann. (blumen-blog.flowerdreams.de)	A continuación, se deben hacer surcos poco profundos en las camas de cultivo para poder colocar las semillas en pequeños agujeros **del tamaño de un pulgar**.	Luego, deberías hacer surcos poco profundos en los lechos de cultivo para poder colocar las semillas en pequeños agujeros **del tamaño de un dedo pulgar**.
(3) […] die vorgerichteten Bohnen, **fingerlang** geschnitten, mit dem Bohnenkraut dazugetan, Wasser beigefügt und die Bohnen (doazmol-rezepte.ch)	[…] añadir las judías preparadas, cortadas **del largo de un dedo**, con la ajedrea, añadir agua y hervir las judías hasta que estén blandas.	[…] luego se agregan las judías verdes preparadas, cortadas en trozos **del tamaño de un dedo**, junto con el estragón. Se agrega agua y se cocinan las judías hasta que estén tiernas.

Como hemos explorado en el marco teórico de este estudio, los componentes de los adjetivos con lexemas somáticos mantienen diversas relaciones semánticas entre sí. Estas relaciones son significativas a la hora de traducir automáticamente estas construcciones. Nuestro análisis se enfoca en algunas de estas relaciones, específicamente en aquellas que plantean aspectos pertinentes en la combinación de alemán y español.

10 A partir de ahora los ejemplos proceden del corpus deTenTen20, por lo tanto, se omitirá esta fuente y se indicará solamente la fuente específica de cada ejemplo. Además, hay que precisar que todos los ejemplos citados han sido consultados por última vez en fecha 2 de diciembre de 2023.

3.1.1. *Relación comparativa*

Estos adjetivos describen una similitud con una cualidad atribuida a una parte del cuerpo y la paráfrasis se basa en [Adj + como N_{SOM}], por lo tanto, estos compuestos tienen un carácter metafórico. Algunos de ellos describen una medida, basada en la comparación con el somatismo (de grosor/anchura/longitud/altura de N_{SOM}), por ejemplo, *armdick*, *daumenbreit* o *fingerlang*. Tanto DeepL como ChatGPT resuelven estos compuestos prevalentemente con construcciones sintácticas "del tamaño / grosor / largo de N_{SOM}" (o, en el caso de (1) "grueso como N_{SOM}"):

El resultado es distinto en las traducciones del compuesto *handhoch* (DUDEN "etwa so hoch, wie eine Hand lang"), que no son adecuadas (Tabla 2). En el caso concreto, el adjetivo se refiere a la altura adecuada del mantillo que debe ponerse a los árboles trasplantados para que prosperen. Por lo tanto, la relación semántica entre los componentes es de tipo comparativo, no "hasta la mano", sino de "una cuarta" o "un palmo" (RAE, la "distancia que va desde el extremo del pulgar hasta el del meñique, estando la mano extendida y abierta").

Tabla 2: Traducciones del adjetivo *handhoch*

Original	**DeepL**	**ChatGPT**
(4) Umgepflanzte Bäume müssen zwei bis drei Jahre ständig feucht gehalten und möglichst **handhoch** gemulcht werden, um gedeihen zu können. (gartengemeinschaft.de)	Los árboles reimplantados deben mantenerse constantemente húmedos durante dos o tres años y acolchados **lo más alto posible a la mano** para que prosperen.	Los árboles trasplantados deben mantenerse constantemente húmedos durante dos a tres años y preferiblemente cubiertos con mantillo **a la altura de la mano** para poder prosperar.

Una relación comparativa une también los componentes del adjetivo polisémico *faustdick*: DUDEN recoge como primer significado "ungefähr so dick wie eine Faust". Una segunda acepción idiomática (ibd., a. "dreist, plump" y b."sehr groß, unerwartet") se emplea para describir una mentira o sorpresa desproporcionada[11]. El termino también está lexicalizado, en esta segunda acepción, en el

11 Por lo que se refiere al significado de la expresión fraseológica *es faustdick hinter den Ohren haben*, está tratado en el apartado 4.3.

bilingüe PONS ("como una casa" en el sentido de "muy grande" referido a una mentira).

Tanto DeepL como ChatGPT reconocen sin dificultad el significado relacionado con la dimensión, como en los ejemplos (5)-(7) de la Tabla 3, que aparece en el corpus deTenTen en casos aislados (de las 9265 ocurrencias resultantes de la búsqueda del adjetivo en SE). Más compleja es la traducción del adjetivo en su segundo significado, de uso más frecuente: hay que destacar la solución propuesta en DeepL, donde *faustdick* es traducido como "puñado de mentiras" (8), recogiendo el significado idiomático del lexema somático *Faust*. Sin embargo, *faustdick* no se refiere a la cantidad de mentiras, más bien a su entidad, por lo tanto, la propuesta no es adecuada. La opción de ChatGPT tampoco es adecuada en este contexto, pues "flagrante" (8) e "importante" (9) no se colocan realmente con "mentira" y "sorpresa" respectivamente. Más aceptable, aunque sin gran variedad léxica, la opción de DeepL ("gran" sorpresa).

Tabla 3: Traducciones del adjetivo *faustdick*

Original	DeepL	ChatGPT
(5) Vor einem Jahr erkrankte ich durch eine tiefe, **faustdick** vereiterte Dekubitushöhle am Hintern. (samain-stiftung.de)	Hace un año, caí enfermo debido a una profunda cavidad decúbito ulcerada, **del grosor de un puño**, en mi trasero.	Hace un año, me enfermé debido a un profundo absceso en la úlcera por presión, **tan grande como un puño,** en la parte trasera.
(6) Der Regen hat tiefe Furchen gegraben und **faustdicke** Steine pflastern den Weg. (1000ps.ch)	La lluvia ha cavado surcos profundos y piedras **del grosor de un puño** allanan el camino.	La lluvia ha excavado surcos profundos y el camino está empedrado con piedras **tan grandes como puños**.
(7) Nach einem schweren Gewitter mit teils **faustdicken** Hagelkörnern sind viele Gewächshäuser der anliegenden Gärtner zerstört. (ff-kirchwerder-sued.de)	Tras una fuerte tormenta con granizo **del grosor de un puño** en algunos lugares, muchos invernaderos de los jardineros vecinos han quedado destruidos.	Después de una fuerte tormenta con granizo en algunos casos **del tamaño de un puño**, muchas de las invernaderos de los jardineros cercanos quedaron destruidas.
(8) Die eigentliche Aufgabe des Journalisten besteht darin, die Wahrheit zu zerstören, **faustdicke** Lügen zu erzählen [...] (ichblogdich.de)	El verdadero trabajo del periodista es destruir la verdad, decir **puñados de mentiras** [...].	La verdadera tarea del periodista es destruir la verdad, contar mentiras **flagrantes** [...].

(*continúa*)

Tabla 3: Continúa

Original	DeepL	ChatGPT
(9) Rund 120 Bürger nahmen an der Diskussionsveranstaltung teil – und erlebten in Linter eine **faustdicke** Überraschung, als die CDU einen Bürgerentscheid ankündigte. (suedumgehunglimburg.de)	Alrededor de 120 ciudadanos asistieron al acto de debate – y vivieron una **gran** sorpresa en Linter cuando la CDU anunció un referéndum.	Unos 120 ciudadanos asistieron al evento de discusión y experimentaron una sorpresa **importante** en Linter cuando la CDU anunció un referéndum ciudadano.

Compuestos frecuentes con esta relación semántica entre sus componentes son los adjetivos construidos con el lexema *Haar-*. Entre ellos, *haargenau* y *haarklein*, casi sinonímicos ("con mucha precisión, mucho detalle") y de uso prevalentemente adverbial, están lexicalizados (tanto en DUDEN como en PONS), con una expresión que contiene el mismo lexema somático, "con pelos y señales". Los ejemplos en la Tabla 4 nos muestran que ambos motores parecen reconocer el significado idiomático de estos compuestos:

Tabla 4: Traducciones de compuestos con *haar-*

Original	DeepL	ChatGPT
(10) […] Jeder Blick, jede Geste, jede Bewegung, jede Äußerung passt plötzlich **haargenau** zur Verliebtheits-Theorie. (neues-freigeister-forum.de)	[…] cada mirada, cada gesto, cada movimiento, cada frase encaja de repente **a la perfección** con la teoría del enamoramiento.	[…] Cada mirada, cada gesto, cada movimiento, cada expresión de repente encaja **perfectamente** con la teoría del enamoramiento.
(11) […] das sind vergleichsweise seltene Motoren und ich will das hier jetzt auch gar nicht **haarklein** ausdiskutieren; o) (corsafan.de)	[…] estos son motores comparativamente raros y no quiero hablar de ellos **en detalle** aquí; o)	[…] estos motores son relativamente raros y no quiero discutirlo **en detalle** aquí; o)

Sin embargo, en otros compuestos con el mismo lexema, *haarscharf* (SE 12349), hay resultados diversos. En el caso del adjetivo en función adverbial, que es sin duda la más frecuente en las ocurrencias de Sketch Engine, ambas traducciones se pueden considerar adecuadas ("a un pelo de", "por muy poco", "rozando (por poco)").

Por otra parte, para la traducción del adjetivo con función atributiva, menos frecuente en alemán, los resultados de DeepL no tienen el mismo grado de adecuación en el ejemplo (14), pues el motor utiliza un somatismo, pero expresa justo lo contrario (*vistazo* significa "mirada superficial o ligera", RAE). En el ejemplo (15), ambas traducciones proponen una opción válida.

Tabla 5: Traducciones de compuestos con *haar-*

Original	**DeepL**	**ChatGPT**
(12) Eine Fliege fliegt **haarscharf** an einem Spinnennetz vorbei. Die Spinne ruft ärgerlich: "Morgen kriege ich dich!" (spruechetante.de)	Una mosca pasa volando **a un pelo de** la tela de una araña. La araña grita enfadada: "¡Te atraparé mañana!".	Una mosca vuela **rozando por poco** una tela de araña. "La araña exclama molesta. "¡Mañana te atraparé!"".
(13) Im direkten Gegenzug probierte es Welzmüller ebenfalls aus größerer Entfernung, die Kugel ging nur **haarscharf** am rechten Kreuzeck vorbei. (spvggunterhaching.de)	En el contraataque directo, Welzmüller también lo intentó desde lejos, el balón se perdió **por muy poco** por la escuadra derecha.	En respuesta inmediata, Welzmüller también intentó desde una distancia mayor; la pelota pasó **rozando** el poste derecho.
(14) Mit einem **haarscharfe[n]** Blick wird mir klar, daß einige der Blumenkübel vor der Tür frisch bepflanzt sind. (deeskalation-so-nicht.de)	**De un vistazo** me doy cuenta de que algunas de las macetas que hay frente a la puerta están recién plantadas.	Con una mirada **aguda**, me doy cuenta de que algunas de las macetas de flores frente a la puerta han sido replantadas recientemente.
(15) Philippi ist eine Künstlernatur, der es widerstreben würde, wie eine photogr. Kamera die Dinge und Geschehnisse mit **haarscharfer** Genauigkeit in ihrer verwirrenden Vielfältigkeit nachzubilden. (spvggunterhaching.de)	Philippi es una naturaleza artística que se resistiría a reproducir, como una cámara fotográfica, las cosas y los acontecimientos con una precisión **de pelos y señales** en su desconcertante multiplicidad.	Philippi es una naturaleza artística que se resistiría a reproducir las cosas y eventos con una precisión **milimétrica** en toda su confusa diversidad, como una cámara fotográfica.

La misma relación semántica entre los componentes aparece en el adjetivo *gallenbitter* (SE 132) o *gallebitter* (SE 107), que tiene en ambos casos un significado de intensificación (*vid.* Tabla 6). Si se refiere a algo que tienen una amargura apreciable en el gusto (un jarabe, una pastilla), tanto DeepL como

ChatGPT reconocen la carga semántica del somatismo (en esta última se propone "amargo como la hiel", que en español también es aceptable). Si el adjetivo se refiere a una cualidad humana o a una acción, los resultados son distintos en los dos motores, que no ofrecen más que la traducción del adjetivo (DeepL, "burla amarga", o Chat GPT, "sarcasmo amargo") en su uso atributivo, mientras que DeepL incluye en la traducción, de forma no apropiada, también bilis y vesícula, si el adjetivo tiene función predicativa o adverbial.

Tabla 6: Traducciones de compuestos con *galle(n)-*

Original	**DeepL**	**ChatGPT**
(16) Vielleicht gibt es ja da auch eine Alternative zu deinem **gallebitteren** Saft. (natur-forum.de)	Tal vez haya una alternativa a su **amargo** jugo **biliar**.	Tal vez haya una alternativa a tu jugo **amargo como la hiel**.
(17) Da kann sich die beißende Satire und der **gallenbittere** Spott des Herrn Journalisten aber mal ordentlich auslassen! (textlog.de)	La sátira mordaz y la burla **amarga** del periodista pueden hacer reír.	¡Ahí es donde la sátira mordaz y el sarcasmo **amargo** del Sr. Periodista pueden desplegarse con fuerza!
(18) Ein tiefgreifend, glanzvoller bedeutender Roman, der zeigt wie gefährdet und **gallenbitter** das Menschsein ist. (lipola.de)	Una novela profunda y glamurosamente significativa que muestra lo amenazada y **amarga de vesícula** que es la condición humana.	Una novela profundamente brillante y significativa que muestra cuán vulnerable y **amarga** puede ser la existencia humana.
(19) "Pass auf, dass man dir am Ende nicht selbst den Spitznamen Schwarze Null verpasst", spottete der Kuttenmann **gallenbitter**. (allgaeuer-anzeigeblatt.de)	"Ten cuidado de no acabar recibiendo tú también el apodo de Cero Negro", se mofó **con bilis** el hombre de la capucha.	"Cuidado para que al final no te pongan el apodo de 'Cero Negro'", bromeó el hombre de la capa **amargamente**.

3.1.2. Relación local

La relación semántica entre los elementos de este grupo de adjetivos se basa en la atribución al somatismo de la cualidad descrita por el adjetivo (es decir, el sujeto es [Adj] en/de/para [N_{SOM}]).

En algunos casos (Tabla 7) el significado es motivado, como en el caso de *nervenschwach* (SE 473, lexicalizado en DUDEN como "schwache Nerven besitzend" y en PONS como "neurasténico"): en este caso DeepL traduce de forma plausible (menos viable la propuesta "nerviosas" de ChatGPT). Menos conseguido es el resultado de *augenschwach* (que no está lexicalizado y presenta solo 8 tókenes en deTenTen20). Sin embargo, en el caso de ChatGPT, el uso de la estructura sintáctica "tener problema de visión" resuelve de forma más adecuada que DeepL ("débil de vista" o simplemente "débil") la relación semántica entre determinado y determinante (Tabla 7):

Tabla 7: Traducciones de compuestos con *-schwach*

Original	**DeepL**	**ChatGPT**
(20) Der Junge Edgar besucht während der Schulferien immer wieder gern seinen merkwürdigen Onkel Montague, der in einem noch merkwürdigeren Haus in einem abgelegenen Teil des Waldes wohnt. Schon der Weg dorthin ist nichts für **nervenschwache** Kreaturen [...]. (pinselfisch.de)	Durante las vacaciones escolares, al niño Edgar siempre le gusta visitar a su extraño tío Montague, que vive en una casa aún más extraña en una parte remota del bosque. Incluso el camino hasta allí no es para criaturas **de nervios débiles** [...].	El joven Edgar visita a su extraño tío Montague durante las vacaciones escolares, a menudo, quien vive en una casa aún más extraña en una parte remota del bosque. El camino hacia allí no es para criaturas **nerviosas** [...].
(21) Es war ein magerer, bleicher, schwindsüchtig aussehender, sehr **nervenschwacher** Mann [...]. (freilesen.de)	Era un hombre delgado, pálido, de aspecto consumido, muy **débil de los nervios** [...].	Era un hombre delgado, pálido, con un aspecto tuberculoso y **muy nervioso** [...].
(22) Es wird daher für gewöhnlich nichts von Doretten verlangt, als den kleinen Haushalt zu führen und der **augenschwachen** Frau Gerhard häufig vorzulesen. (de.wikisource.org)	Por lo tanto, Doretten sólo tiene que ocuparse de la pequeña casa y leer con frecuencia a la **débil** Frau Gerhard.	Por lo tanto, por lo general, no se espera que Dorette haga más que llevar a cabo las tareas del hogar y leerle a la señora Gerhard, **que tiene problemas de visión**, con frecuencia.
(23) Es ist ja wirklich so, daß die Menschen in Europa früher viel weniger im Alter **augenschwach** geworden sind als jetzt. (wigena.de)	Realmente ocurre que la gente en Europa solía volverse mucho menos **débil de vista** en la vejez que ahora.	Es cierto que las personas en Europa solían **tener** menos **problemas de visión** en la vejez en comparación con ahora.

En el caso de adjetivos cuyo significado es menos motivado se encuentran resultados desiguales como se ve en la Tabla 8. Ambos motores parecen no encontrar gran dificultad si el compuesto está lexicalizado y altamente frecuente, como *fingerfertig* (que en español significa "mañoso, hábil, manitas", PONS) y para cuya traducción ambos motores proponen una solución adecuada tanto en su función adverbial (24) como predicativa (25) y atributiva (26 y 27). Destacable, en este último supuesto, es la traducción de DeepL del compuesto *zungenfertig*, para el cual propone un derivado que también contiene somatismo (*lenguaraz*), mientras que la traducción de ChatGPT no resulta muy adecuada.

Tabla 8: Traducciones de compuestos con *-fertig*

Original	DeepL	ChatGPT
(24) Gitarrist Fred Rosenkamp ist die dominierende Persönlichkeit, der äußerst gefühlvoll und **fingerfertig** die Saiten seines Instruments zwischen rockenden und melodiösen Tönen bedient. (babyblaue-seiten.de)	El guitarrista Fred Rosenkamp es la personalidad dominante, que maneja las cuerdas de su instrumento entre tonos rockeros y melódicos **con** extrema sensibilidad y **destreza**.	El guitarrista Fred Rosenkamp es la personalidad dominante, manejando las cuerdas de su instrumento **con** extrema sensibilidad y **destreza** entre tonos rockeros y melódicos.
(25) Geübte Spieler können aber auch als Countdown die Werte 13 bis 1 herunterspielen. Natürlich muss man etwas **fingerfertig** sein, um in kürzester Zeit einen Stapel nach der gesuchten Karte zu durchforsten. (cliquenabend.de)	Sin embargo, los jugadores hábiles también pueden jugar con los valores 13 a 1 como cuenta atrás. Por supuesto, hay que **tener cierta destreza** para buscar en un montón la carta que se busca en el menor tiempo posible.	Jugadores experimentados pueden tocar también en cuenta regresiva los valores del 13 al 1. Por supuesto, **se requiere** algo de **destreza** para buscar rápidamente una pila en busca de la carta deseada.
(26) Als Hubschrauber- oder Jetpilot kämpfen sich **fingerfertige** GBA-Akrobaten durch 16 Missionen in vier verschiedenen Umgebungen: Mittlerer Osten, Südpazifik, Zentralasien und Europa. (traumerlebnis.de)	Como piloto de helicóptero o jet, los **diestros** acróbatas de GBA se abren camino a través de 16 misiones en cuatro entornos diferentes: Oriente Medio, Pacífico Sur, Asia Central y Europa.	Como pilotos de helicópteros o jets, **ágiles** acróbatas de GBA se enfrentan a 16 misiones en cuatro entornos diferentes: Medio Oriente, Pacífico Sur, Asia Central y Europa.

Tabla 8: Continúa

Original	DeepL	ChatGPT
(27) Die **zungenfertige** Humoristin zeigt im Schloss Neugebäude ihre Comedy-Parodie-Show "Ladies an die Leine".	La humorista **lenguaraz** presenta su espectáculo cómico-paródico "Damas con correa" en el castillo Neugebäude.	La humorista **ingeniosa** muestra su espectáculo de parodia cómica "Ladies an die Leine" en el Schloss Neugebäude.

Esta facilidad de resolución, sin embargo, no se presenta en otros casos con significado idiomático. Por ejemplo, es el caso de *mundfaul* (SE 470) o de su variante coloquial más frecuente *maulfaul* (943), lexicalizada tanto en DUDEN ("aus einer wortkargen, bequemen oder unfreundlichen Haltung heraus nicht willig zu reden") como en PONS ("poco comunicativo"). En la Tabla 9 se ve que ChatGPT parece resolver con equivalentes apropiados ("poco locuaz" o "taciturno"), mientras que DeepL utiliza *bocazas*, que significa precisamente lo contrario de *mundfaul* (RAE "persona que habla más de lo que aconseja la discreción"), aunque en el significado del ejemplo pueda entenderse en sentido irónico. No tan frecuente, pero afín en la relación semántica entre las partes y por esto digno de analizar, es el compuesto *fußfaul* (SE 110, DUDEN "nicht willig, zu bequem, zu Fuß zu gehen"), cuya traducción de DeepL ("nos da pereza ir a pie") es más adecuada que la ofrecida por ChatGPT ("somos perezosos para caminar").

Tabla 9: Traducciones de compuestos con *-faul*

Original	DeepL	ChatGPT
(28) Was bleibt also einem echten **mundfaulen** Augsburger, dessen höchste Form der Entschuldigung ein "Hoppala" ist, übrig, als sich auf das nach dem Wetter zweitliebste Thema zu stürzen: die Stadtregierung. (presseclub-augsburg.de)	Así que qué le queda a un auténtico **bocazas** de Augsburgo, cuya máxima forma de disculparse es un "hoppala", sino abalanzarse sobre el segundo tema favorito después del tiempo: el gobierno de la ciudad.	Entonces, ¿qué le queda a un auténtico augburgués **poco locuaz**, cuya forma más elevada de disculpa es un "Hoppala", sino sumergirse en el segundo tema favorito después del clima: el gobierno municipal?

(continúa)

Tabla 9: Continúa

Original	DeepL	ChatGPT
(29) Wollten uns die VBW verarschen, als sie die Cast mit etwa folgendem Argument vorgestellt haben, nämlich dass sie die BESTEN für die Rolle ausgewählt haben? Wie **maulfaul** muss man eigentlich sein, um nicht erklären zu können, warum man wirklich einen Darsteller ausgewählt hat. (kultur-channel.at)	¿Intentaba VBW engañarnos cuando presentó al reparto con algo parecido al siguiente argumento, a saber, que eligieron al MEJOR para el papel? Cuán **bocazas** hay que ser para no ser capaz de explicar por qué eligieron realmente a un intérprete.	¿Las VBW intentaban engañarnos cuando presentaron el reparto con un argumento similar a esto, es decir, que seleccionaron a los MEJORES para el papel? ¿Qué tan **taciturno** hay que ser para no poder explicar por qué realmente se eligió a un actor?
(30) In der Umgebung soll es wieder einige Gueltas geben. Wir sind jedoch heute (wie meist) sehr **fußfaul** und fahren wieder zurück zur Durchgangsstraße. (ralfs-vw-reisen.de)	Se supone que hay algunas gueltas en la zona de nuevo. Sin embargo, hoy **nos da mucha pereza ir a pie** (como siempre) y volvemos en coche a la carretera de paso.	En la zona debería haber algunas piscinas naturales nuevamente. Sin embargo, hoy (como suele ser) **somos** muy **perezosos para caminar** y volvemos a la carretera principal.

Menos motivado es el significado de otras formaciones de esta categoría, por ejemplo, *knieweich* en su acepción metafórica (DUDEN, "2. aufgrund von großer Angst erschöpft, unsicher auf den Beinen"), que es sin duda la más frecuente. Es evidente que DeepL no identifica el significado idiomático que el adjetivo aporta al lexema somático (más que "con la rodilla blanda", sería "con las rodillas temblando", y "visceral" no corresponde al significado del adjetivo), mientras que ChatGPT propone traducciones más adecuadas, tanto en el uso adverbial (31) como atributivo (32) y (33) del compuesto, pero tampoco del todo exactas (Tabla 10):

Tabla 10: Traducciones de compuestos con *-weich*

Original	**DeepL**	**ChatGPT**
(31) Sicher habe ich als Juniorin oder Junge Reiterin sehr oft Nerven gezeigt und bin mitunter **knieweich** an den Start gegangen. (http://www.lfv.at)	Ciertamente, como jinete junior o joven, muy a menudo mostraba nervios y a veces iba **con la rodilla blanda** en la salida.	Ciertamente, como jinete junior o jinete joven, a menudo mostraba nervios y a veces iba a la competición **con cierta inseguridad**.
(32) KOMintern steht für konsequente Interessenspolitik der arbeitenden Menschen gegen das **knieweiche** Agieren gegenüber Wirtschaftsvertretern und politischen Eliten sowie gegen die Kollaboration mit dem Kapital. (<http://ak-wahlen.at/>)	KOMintern defiende una política consecuente con los intereses de los trabajadores frente a la actuación **visceral** hacia los representantes económicos y las élites políticas, así como la colaboración con el capital.	KOMintern representa una política de intereses consecuente de los trabajadores en oposición a la actuación **complaciente** hacia los representantes económicos y las élites políticas, así como en contra de la colaboración con el capital.
(33) Das Rektorat der Universität Wien konnte sich nur zu einer **knieweichen** und beschämenden Reaktion aufraffen: "Protest und Protestaktionen sind Teil der Universitätskultur – Vermummung und Gewaltbereitschaft dürfen dies aber niemals sein. […] (nfz.fpoe.at)	El rectorado de la Universidad de Viena sólo ha podido reaccionar de forma **visceral** y vergonzosa: "Las protestas y las acciones de protesta forman parte de la cultura universitaria, pero el mimo y la disposición a utilizar la violencia nunca deben formar parte de ella […]".	El rectorado de la Universidad de Viena solo pudo reunir una reacción **débil** y vergonzosa: "La protesta y las acciones de protesta son parte de la cultura universitaria, pero el enmascaramiento y la disposición a la violencia nunca deberían serlo […]".

El patrón [Adj + preposición + N_{SOM}] también está presente en la relación semántica local, en el sentido de que [Adj] indica una posición (*hoch*, *tief*, *nah*, *eng*) respecto al [N_{SOM}].

Si el significado es composicional, las traducciones de ambos motores son literales (como en el caso de *augennah*) mientras que, en el caso de *hauteng*, ChatGPT emplea correctamente el término español "ajustado" y DeepL traduce literalmente de forma imprecisa (Tabla 11):

Tabla 11: Traducciones de compuestos que indican posición relativa

Original	DeepL	ChatGPT
(34) Die Erscheinung milder Fältchen, großer Poren und Narben wird dadurch gemildert. […] Die Methode ist so sanft, dass sogar **augennahe** Bereiche behandelt werden können. (Mit Haut und Seele | Forum – Das Wochenmagazin)	De este modo, se reduce la aparición de arrugas leves, poros dilatados y cicatrices. […] El método es tan suave que se pueden tratar incluso las zonas **cercanas a los ojos**.	Esto ayuda a reducir la apariencia de líneas finas, poros dilatados y cicatrices. […] La técnica es tan suave que incluso se pueden tratar áreas **cercanas a los ojos**.
(35) Zum leichten roten Pullover trug sie eine **hautenge** dunkelblaue ein wenig speckige Lederhose und Schuhe mit halbhohem Absatz. (blog.arminaugustalexander.de)	Con el jersey rojo claro llevaba unos pantalones de cuero azul oscuro **ceñidos a la piel** que eran un poco malotes y unos zapatos con medio tacón.	Para combinar con su suéter rojo claro, llevaba unos pantalones de cuero azul oscuro algo gastados y **ajustados**, junto con zapatos de tacón medio.

En otros compuestos la relación entre el adjetivo y el lexema somático corresponde a [Adj] hasta [N_{SOM}]. En los ejemplos de la Tabla 12 es evidente el uso atributivo y adverbial de algunos compuestos: por ejemplo, en (37) y (38) los adjetivos *halshoch* y *halstief* tienen función adverbial y ambos motores proponen una locución adverbial ("hasta N_{SOM}"), DeepL también si el significado es metafórico (38).

En el ejemplo (39) ChatGPT ofrece el adjetivo "penetrante", más adecuado si está referido al contexto, mientras que DeepL opta por un sintagma verbal ("que cala hasta los huesos"):

Tabla 12: Traducciones de compuestos que indican posición relativa

Original	DeepL	ChatGPT
(36) Sehen wir nicht, wie die Pferde einsinken in den **fußtiefen** Schnee, wie sie sich stemmen und schnauben und arbeiten. (medien-gesellschaft.de)	¿No vemos a los caballos hundirse en la nieve **hasta los pies**, braceando, resoplando y trabajando?	¿No vemos cómo los caballos se hunden en la nieve **hasta las patas**, cómo se esfuerzan, resoplan y trabajan…?

Tabla 12: Continúa

Original	DeepL	ChatGPT
(37) Wenn die Temperaturen etwas kühler sind, dann ist ein Fleece oder ein Pullover, der sich **halshoch** schließen lässt, zum drunterziehen unter den Overall am angenehmsten. (doppelsitzerflug.de)	Si las temperaturas son un poco más frescas, entonces lo más cómodo es ponerse debajo del mono un forro polar o un jersey que se pueda abrochar **hasta el cuello**.	Cuando las temperaturas son un poco más frescas, lo más agradable para ponerse debajo del mono es un forro polar o un suéter que se pueda cerrar **hasta el cuello**.
(38) Ich bin **halstief** in Arbeit versunken – ich weiss nicht mal mehr, was ein Adventure ist, geschweige denn, wie man eines spielt. (adventure-treff.de)	Estoy **hasta el cuello** de trabajo; ya ni siquiera sé lo que es una aventura gráfica, y mucho menos cómo se juega a una.	Estoy **totalmente inmerso** en el trabajo; ni siquiera recuerdo lo que es una aventura, y mucho menos cómo se juega una.
(39) Die Sonne gleißt an diesem Oktobertag, der Himmel ist wolkenlos, der Gletscher verströmt **knochentiefe** Kälte. (amp.welt.de)	El sol brilla en este día de octubre, el cielo está despejado, el glaciar exuda un frío **que cala hasta los huesos**.	El sol brilla en este día de octubre, el cielo está despejado, el glaciar emana un frío **penetrante**.

Si el significado de *knochentief* (Tabla 13) es totalmente idiomático, la solución de DeepL ("hasta los huesos") no es apropiada si está referida al miedo (40) o al compromiso (41), mientras que la opción propuesta por ChatGPT, es decir la traducción del simple adjetivo, resulta más adecuada, tanto en su uso atributivo (40 y 42) como adverbial (41).

Tabla 13: Traducciones de compuestos que indican posición relativa

Original	DeepL	ChatGPT
(40) Wir seilten uns ab Richtung Grödner Joch und außer unserem local hero spürten alle, dass der Grat zwischen **knochentiefer** Angst und unbändiger Freude ein schmaler sein kann. […] (collegium-bernardi.at)	Descendimos en rappel hacia el paso de Gardena y, aparte de nuestro héroe local, todo el mundo sintió que la línea que separa el miedo **hasta los huesos** de la alegría desenfrenada puede ser muy fina. […]	Nos desprendimos en dirección al Paso Gardena y, excepto nuestro héroe local, todos sentimos que la línea entre el miedo **profundo** y la alegría desenfrenada puede ser estrecha. […]

(*continúa*)

Tabla 13: Continúa

Original	**DeepL**	**ChatGPT**
(41) [...] Es ist höchste Zeit, teilzunehmen und sich **knochentief** einzulassen auf den Prozess, der gerade unseren alten Kontinent überflutet und die Küsten des Mittelmeers. (sds-uhh.de)	[...] Ya es hora de participar y calarse **hasta los huesos** el proceso que acaba de inundar nuestro viejo continente y las orillas del Mediterráneo.	[...] Es hora de participar y comprometerse **profundamente** con el proceso que está inundando nuestro viejo continente y las costas del Mediterráneo.
(42) [...] "Malcolm X hatte so eine **knochentiefe**, in die Eingeweide eindringende Wirkung auf Amerika. Er ging jedem unter die Haut". (fachzeitungen.de)	"Malcolm X tuvo un efecto tan **profundo** y visceral en Estados Unidos. Se metió en la piel de todo el mundo".	"Malcolm X tenía un impacto tan **profundo**, que penetraba en las entrañas de América. Él llegaba a cada uno bajo la piel."

3.1.3. Relación de finalidad

Otra relación semántica frecuente en los compuestos analizados es la que se basa en la finalidad del adjetivo en relación con el lexema somático. Como en los casos analizados anteriormente, algunas formaciones sí están lexicalizadas, mientras que otras con el mismo determinado y otro determinante, no lo están (ocurre con frecuencia con compuestos de los somatismos *Hand-*, *Mund-*, *Fuß-*: por ejemplo., *mundgerecht* vs. *handgerecht* o *handwarm* vs. *fußwarm*).

En la Tabla 14 los ejemplos (43) y (44) muestran que, evidentemente, tanto DeepL como ChatGPT identifican la relación entre los dos lexemas (DUDEN "2. bequem mit der Hand zu erreichen, zu greifen" e "in kleine Stücke zerteilt oder geschnitten und dadurch bequem zu essen"). Sin embargo, en el caso de *handgerecht*, DeepL o no traduce el somatismo (45) u opta por la perífrasis "del tamaño de N_{SOM}" (46), mientras que los ejemplos se refieren a trozos "que puedan cogerse cómodamente con la mano", por lo tanto "manejables" o "ergonómicos", más que a la dimensión comparable a la de una mano.

Tabla 14: Traducciones de compuestos con *-gerecht*

Original	DeepL	ChatGPT
(43) Diese **mundgerechten** Mini-Törtchen von Loacker besitzen einen unverwechselbaren Geschmack [...] (gummibaerenland.de)	Estas mini tartaletas **tamaño bocado** de Loacker tienen un sabor inconfundible [...]	Estos mini pastelitos de Loacker son **bocados** deliciosos con un sabor inconfundible [...]
(44) In der Region Valencia zum Beispiel besteht sie aus Reis der mit Safran leuchtend gelb gefärbt wird, Huhn, Schwein und Kaninchen in **mundgerechte** Stücke gehackt. (restaurant-berater.de)	En la región de Valencia, por ejemplo, consiste en arroz teñido de amarillo brillante con azafrán, pollo, cerdo y conejo picados en trozos **del tamaño de un bocado**.	En la región de Valencia, por ejemplo, se prepara con arroz teñido de un amarillo brillante con azafrán, pollo, cerdo y conejo cortados en trozos **pequeños**.
(45) Die **handgerechte** Form des Griffgummis beugt dem Taubheitsgefühl in den Händen vor und gibt ein allzeit sicheres Fahrgefühl. (ptpro.de)	La [**FALTA**] forma de la empuñadura de goma evita el entumecimiento de las manos y proporciona una sensación de conducción segura en todo momento.	La forma **ergonómica** del agarre de goma previene la sensación de entumecimiento en las manos y proporciona una sensación de conducción segura en todo momento.
(46) Sie haben die Wahl: Entweder bereiten Sie diese Gerichte wie gewohnt zu und schneiden Sie in **handgerechte** Stücke [...] (eurogrube.de)	Puede elegir entre preparar estos platos como de costumbre y cortarlos en trozos **del tamaño de una mano** [...]	Tiene dos opciones: o bien prepara estos platos como de costumbre y córtelos en porciones **manejables** [...]

Los resultados de los compuestos que indican temperatura son varios (Tabla 15). Examinando estas formaciones pueden apreciarse que no todos los compuestos con el mismo lexema somático tienen la misma frecuencia (*handwarm* tiene 8749 tókenes en SE, mientras que *handkalt* solo 11). El ejemplo (47) muestra el mismo resultado en DeepL y en ChatGPT: el lexema *Hand* se omite y solo se traduce el adjetivo.

Diversos resultados en los dos motores son visibles en el caso de los otros ejemplos construidos con los somatismos *Hand* y *Fuß*. En las traducciones de ChatGPT, el lexema somático es sustituido por el sentido correspondiente, tanto por lo que se refiere a la mano como a los pies ("frío/cálido al tacto"), mientras que DeepL opta por introducir el verbo correspondiente a la parte del cuerpo (48), sustituyendo la calidad del elemento cualificado (*Boden, Oberfläche,*

Holzparkett), interpretándolo como agente (49) o por estructuras sintácticas no plausibles ("cálida a los pies"):

Tabla 15: Traducciones de compuestos con *hand-* y *fuß-*

Original	**DeepL**	**ChatGPT**
(47) Kleine Wunden z.B. an der Hand oder am Fuß können mit **handkaltem** Wasser aus der Leitung oder feuchten Kompressen bis zur Schmerzfreiheit gekühlt werden. (all4family.at)	Las heridas pequeñas, por ejemplo en la mano o el pie, pueden enfriarse con agua **fría** del grifo o compresas húmedas hasta que no duelan.	Pequeñas heridas, por ejemplo, en la mano o en el pie, pueden ser enfriadas con agua **fría** del grifo o compresas húmedas hasta que el dolor desaparezca.
(48) Fliesen sagt man oft nach, sie seien **fußkalt**. (bau-info.de)	Suele decirse que las baldosas son **frías al pisarlas**.	A menudo se dice que las baldosas son **frías al tacto**.
(49) Es konnte von der Verwaltung nicht glaubhaft gemacht werden, dass man für 14 €/m2 Miete pro Monat einen Container bekommt, der im Sommer nicht brütend heiß und im Winter nicht **fußkalt** ist. (fwv-waldbronn.de)	No se ha podido hacer creíble por parte de la administración que por 14 €/m2 de alquiler al mes se pueda conseguir un contenedor que no sea abrasadoramente caluroso en verano y que **no hiela los pies de frío** en invierno.	La administración no pudo demostrar de manera creíble que por 14 €/m² de alquiler al mes se obtiene un contenedor que no esté abrasador en verano y no sea **frío al tacto** en invierno.
(50) Vinylböden sind nicht umsonst seit Jahrzehnten ein Dauerbrenner: Sie sind weich, **fußwarm** und zeigen eine beeindruckende Dekorvielfalt. (diy-info.de)	Los suelos de vinilo han sido los favoritos durante décadas por una buena razón: son suaves, **cálidos al pisarlos** y ofrecen una impresionante variedad de decoraciones.	Los suelos de vinilo no han dejado de ser populares durante décadas por una buena razón: son suaves, **cálidos al tacto** y ofrecen una impresionante variedad de diseños decorativos.
(51) Ein Holzboden ist eine echte Alternative zum Teppich: Er punktet mit einer **fußwarmen** Oberfläche und schafft eine gemütliche und edle Wohnatmosphäre. (hurra-wir-bauen.de)	Un suelo de madera es una alternativa real a una alfombra: marca con una superficie que es **cálida a los pies** y crea un ambiente de vida acogedor y noble.	Un suelo de madera es una verdadera alternativa a la alfombra: destaca por su superficie **cálida al tacto** y crea un ambiente de vida acogedor y elegante.

Tabla 15: Continúa

Original	DeepL	ChatGPT
(52) Gerade bei kalten Füßen sind gut gedämmte Massivholzböden besser als Fußbodenheizungen geeignet, [...] während Massivholzdielen ganzjährig elastisch und **fußwarm** sind. (fachwerk.de)	Los suelos de madera maciza bien aislados son mejores que los sistemas de calefacción por suelo radiante, especialmente para los pies fríos, [...], mientras que las tarimas de madera maciza son elásticas y **calientan los pies** durante todo el año.	Especialmente cuando se tienen los pies fríos, los suelos de madera maciza bien aislados son más adecuados que los sistemas de calefacción en el suelo, [...], mientras que las tablas de madera maciza son elásticas y **cálidas al tacto** durante todo el año.

Finalmente, en el caso de *handwarm*, sobre todo si está referido a agua o a otra sustancia líquida (DUDEN "so warm, dass die Temperatur beim Prüfen mit der Hand als angenehm empfunden wird"), la diferencia de los resultados ofrecidos por los dos motores es evidente (Tabla16): mientras que ChatGPT traduce el término tal y como suele estar lexicalizado (PONS, "tibio"), DeepL opta nuevamente por una estructura sintáctica inadecuada (53) ("a mano") o transforma el somatismo en agente del proceso (54) ("calentada con la mano").

Tabla 16: Traducciones de compuestos con *hand-*

Original	DeepL	ChatGPT
(53) Danach gibt es **handwarme** Öl-Therapien mit Ganzkörperkontakt – das lässt einen das Wohlgefühl der Monate im Emobrionalstadium weniger vermissen. (kinomo.at)	Después, hay terapias de aceite **caliente a mano** con contacto con todo el cuerpo – que hace que se eche menos de menos la sensación de bienestar de los meses en la etapa embrional.	Luego, se realizan terapias de aceite **tibio** con contacto corporal completo, lo que hace que uno eche menos de menos la sensación de bienestar de los meses en el estado embrionario.
(54) Beim Einlauf, auch Darmbad genannt, wird **handwarmes** Wasser, dem bestimmte Heilzusätze zugegeben werden können, in den Enddarm ein- und dann wieder ausgeleitet. (deam.de)	En un enema, también llamado baño intestinal, se introduce en el recto agua **calentada con la mano,** a la que se pueden añadir ciertos aditivos medicinales, y luego se expulsa.	En un enema, también llamado baño de colon, se introduce agua **tibia** en el recto y luego se elimina, a la que se le pueden agregar ciertos aditivos terapéuticos.

Un grupo exiguo de compuestos, no recogidos en la lexicografía y poco frecuentes en deTenTen20, tienen un significado muy especializado y resultan, por lo tanto, relevantes desde la perspectiva de este estudio. El primero de ellos, *augenrein* (SE 68), se emplea en el lenguaje técnico gemológico para indicar que el ojo entrenado es capaz de identificar la pureza de los diamantes sin necesidad de aumentar la visión con ayuda de una lupa (*lupenrein*). Aunque se suelan utilizar los términos ingleses para indicar esta propiedad (*eye clean* vs. *loupe clean*), en español los equivalentes son "limpio a la lupa" o "limpio a simple vista". En la Tabla 17 es apreciable que ChatGPT se acerca al significado del término, a pesar de no utilizar el tecnicismo adecuado, mientras que DeepL ofrece en (55) una traducción literal no adecuada y en (56) emplea el término correcto, pero en lengua inglesa:

Tabla 17: Traducciones del adjetivo *augenrein*

Original	DeepL	ChatGPT
(55) Der **augenreine** Madagaskar Rubin wird rundherum geziert von insgesamt 1.00 Karat **augenreinen**, weißen Diamanten (Top Wesselton) im Brillantschliff. (juwelierhausabt.de)	El rubí de Madagascar **limpio de ojos** está adornado alrededor con un total de 1,00 quilates de diamantes blancos **limpios de ojos**, talla brillante (top Wesselton).	El rubí de Madagascar, **completamente puro**, está rodeado por un total de 1.00 quilates de diamantes blancos **completamente puros** (Top Wesselton) con talla brillante.
(56) Die Preisunterschiede von lupenreinen Diamanten verglichen mit **augenreinen** Diamanten sind teilweise gravierend […] (steine-und-minerale.de)	Las diferencias de precio de los diamantes flawless en comparación con los diamantes **eye-clean** son a veces graves […].	Las diferencias de precio entre diamantes de pureza impecable en comparación con diamantes **de pureza visible** son a veces significativas […]

Otro tecnicismo, esta vez en el ámbito óptico, es también el adjetivo *augensicher* (Tabla 18), que tampoco está lexicalizado (SE 133). No existiendo un equivalente en español, la traducción plausible resulta ser la construcción semántica [Adj para N_{SOM}]. Seguramente inadecuada es la propuesta de DeepL para (57) y aceptable la solución para (58), en el sentido de "seguro para proteger la vista".

Tabla 18: Traducciones del adjetivo *augensicher*

Original	DeepL	ChatGPT
(57) Das LED-Messsystem arbeitet **augensicher** und kann in allen Arbeitsbereichen ohne Gefährdung des Personals eingesetzt werden. (Spray Imaging, lavision.de)	El sistema de medición LED funciona **a prueba de miradas** y puede utilizarse en todas las áreas de trabajo sin poner en peligro al personal.	El sistema de medición LED es **seguro para los ojos** y se puede utilizar en todas las áreas de trabajo sin poner en peligro al personal.
(58) Es ist damit **augensicher** und kann gemäß dem heutigen Stand der Vorschriften in der Verkehrsüberwachung beliebig eingesetzt werden. (LaserPatrol; Radarfalle.de)	Es, por tanto, **seguro para los ojos** y puede utilizarse como se desee en la vigilancia del tráfico de acuerdo con el estado actual de la normativa.	Es es [*sic!*] **seguro para los ojos** y se puede utilizar según las regulaciones actuales en la supervisión del tráfico.

Finalmente, la productividad de la estructura [N_{SOM} + preposición + Adj] está demostrada por la presencia de estos compuestos en el lenguaje publicitario. Un ejemplo emblemático es el caso de *mundfein* (Tabla 19), una marca de franquicia de pizza (<https://mundfein.de/>): SE registra 757 tókenes, en los cuales el compuesto casi siempre aparece en mayúscula (MUNDFEIN). Ambos motores de TA identifican el compuesto como marca comercial y no lo traducen (59). Sin embargo, en los pocos ejemplos que no se refieren a la franquicia, el compuesto, utilizado en ambos casos como adverbio, no está traducido (60), o bien (61) está traducido por una estructura idiomática no equivalente (DeepL, "hacer la boca agua") u omitiendo el lexema somático (ChatGPT, "finamente"):

Tabla 19: Traducciones del adjetivo *mundfein*

Original	DeepL	ChatGPT
(59) **MUNDFEIN** ist mit fast 40 Standorten in Deutschland ein innovativer und stetig wachsender neuer Pizza-Lieferdienst der gehobenen Klasse. (franchiseportal.de)	Con casi 40 establecimientos en Alemania, **MUNDFEIN** es un nuevo servicio de reparto de pizzas de gama alta, innovador y en constante crecimiento.	"**MUNDFEIN**" es un servicio innovador de entrega de pizza de alta calidad que está creciendo constantemente, con casi 40 ubicaciones en toda Alemania.

(*continúa*)

Tabla 19: Continúa

Original	DeepL	ChatGPT
(60) **Mundfein** kleingeschnittene gefriergetrocknete Sauerkirschen,- perfekt zum Verfeinern von Müsli und Desserts oder auch zum Aufpeppen von Smoothies. (gewuerze-boomers.de)	Guindas liofilizadas [FALTA] finamente picadas, - perfectas para refinar muesli y postres o para condimentar batidos.	Cerezas ácidas liofilizadas finamente cortadas [FALTA], perfectas para mejorar el muesli y los postres, o para darle un toque a los batidos.
(61) […]…. Als Vorspeise orderten wir beide eine kleine Vitaminschüssel, Beilagensalat - leider nicht **mundfein** geschnitten quasi der Beilagensalat (3,90) vorab gereicht. (gastroguide.de)	[…] Como entrante ambos pedimos un bol pequeño de vitaminas, ensalada de acompañamiento - por desgracia no se **nos hizo la boca agua** cuasi la ensalada de acompañamiento (3,90) servida con antelación.	[…] Como entrante, ambos pedimos un pequeño cuenco de vitaminas, ensalada como acompañamiento, lamentablemente no cortada **finamente**, prácticamente la ensalada como acompañamiento (3,90) se sirvió de antemano.

3.1.4. Intensificación

En la formación de los adjetivos en alemán, combinando el grado positivo con sustantivos (ocasionalmente también con adjetivos), es posible expresar un grado más alto (el denominado *elativo*, Helbig/Buscha 2013: 307; Cartagena/Gauger 1989: 354). Es precisamente el caso de algunas formaciones contenidas en el corpus analizado, cuyo significado es intensificado a través del N_{SOM}. Como es apreciable en los ejemplos a continuación, los resultados de la TA de los compuestos sinonímicos de *Knochen-* son diversos (Tabla 20). En el caso de *knochenhart*, empleado con función atributiva, DeepL propone diversas opciones, según el sustantivo al que está relacionado el compuesto ("patatas duras como huesos", "trabajo duro", "abogados duros como rocas"), mientras que ChatGPT evita por la mayoría el elemento de comparación ("papas muy duras", "trabajo duro", "abogados muy duros"). En el caso de *knochentrocken*, los resultados son análogos: DeepL mantiene la comparación ("bosque seco como un hueso", "humor seco como un hueso"), mientras ChatGPT elimina la comparación ("bosque extremadamente seco", "humor cáustico").

Tabla 20: Traducciones de compuestos con *knochen-*

Original	DeepL	ChatGPT
(62) Es wurden **knochenharte** Kartoffeln zwischen den Trümmern der beiden vormaligen Bahnhofs-Gebäude gefunden. (klee-klaus. business.t-online.de)	Entre los escombros de los dos edificios de la antigua estación se encontraron patatas **duras como huesos**.	Se encontraron papas **muy duras** entre los escombros de los dos edificios de la estación anteriores.
(63) Jede Medaille hat zwei Seiten, **knochenharte** Arbeit, stetige Kontrolle, die Suche nach Ausgleich in der Musik, eine verhinderte Liebelei und dann noch der Beginn des 1. Weltkriegs. (jockgrim-750. de)	Toda moneda tiene dos caras, el trabajo **duro**, el control constante, la búsqueda del equilibrio en la música, una relación amorosa frustrada y luego el comienzo de la Primera Guerra Mundial.	Cada moneda tiene dos caras: trabajo **duro**, control constante, búsqueda de equilibrio en la música, un romance interrumpido y luego el comienzo de la Primera Guerra Mundial.
(64) Das sind alles **knochenharte** Karrierejuristen, die lassen sich von niemandem über den Tisch ziehen! (<http://blog.fefe.de/>)	Estos son todos abogados de carrera **duros como rocas**, ¡no dejan que nadie les tome el pelo!	¡Todos ellos son abogados de carrera **muy duros**, no se dejan engañar por nadie!
(65) Das mit dem Feuermachen haben die Schweden scheinbar auch ziemlich gut im Griff, denn obwohl die Feuerstellen meisten mitten im **knochentrockenen** Wald liegen, haben wir erst ein kleineres Feuer erlebt und nur sehr wenig Brandspuren gefunden. (tenbaht.de)	Los suecos también parecen dominar muy bien el tema de hacer fuego, porque aunque la mayoría de las chimeneas están en medio del bosque **seco como un hueso**, sólo hemos experimentado un pequeño incendio y hemos encontrado muy pocas marcas de quemaduras.	Al parecer, los suecos tienen bastante dominado lo de hacer fuego, porque aunque las hogueras suelen estar en medio de un bosque **extremadamente seco**, solo presenciamos un fuego pequeño y encontramos muy pocas marcas de quemaduras.
(66) "Sichtbare Freude will allerdings nicht aufkommen in Roys Anderssons surrealem und mit **knochentrockenem** Humor erzählten Panoptikum menschlicher Eigenarten. […]". (kinofenster.de)	La alegría visible, sin embargo, no quiere surgir en el panóptico surrealista de Roy Andersson sobre las idiosincrasias humanas contadas con un humor **seco como un hueso**. […]	Sin embargo, no parece surgir alegría visible en el panteón de peculiaridades humanas contado por Roy Andersson con su humor surrealista y **cáustico**. […].

En el caso de estos adjetivos empleados con función adverbial, como ocurre en los ejemplos de la Tabla 21, DeepL propone ambas opciones, acertando ("intensamente") o no ("seco como un hueso"), mientras que ChatGPT traduce el adverbio de forma más adecuada ("lo mucho que entrena", "añade de manera muy seca") (Tabla 21):

Tabla 21: Traducciones de compuestos con *knochen-*

Original	DeepL	ChatGPT
(67) Wer Ilka Minor kennt, der weiß, wie **knochenhart** sie oft trainiert. [...] (sideways.at)	Quien conoce a Ilka Minor sabe lo **intensamente** que a menudo entrena. [...]	Cualquiera que conozca a Ilka Minor sabe **lo mucho** que entrena a menudo. [...]
(68) [...] Barny, der chronisch "zwoa Zigaretten" gleichzeitig im Mundwinkel und am Gitarrenhals glimmen hat, ergänzt **knochentrocken**: "Doch unsere Demo-Bänder wurden leider immer abgelehnt". (gv-herschwiesen.de)	[...] Barny, que crónicamente tiene 'zwoa Zigaretten' (dos cigarrillos) humeando al mismo tiempo en la comisura de los labios y en el mástil de su guitarra, añade **seco como un hueso**: "Pero nuestras maquetas, por desgracia, siempre eran rechazadas".	[...] Barny, que siempre tiene crónicamente 'dos cigarrillos' ardiendo simultáneamente en la comisura de los labios y en el mástil de la guitarra, añade **de manera muy seca**: "Sin embargo, lamentablemente siempre rechazaron nuestras cintas de demostración".

También el prefijo *Blut-* puede expresar una intensificación en las formaciones adjetivales que tratamos en este estudio (ej.: *blutjung*, *blutnötig*, *blutwenig*, *blutarm*). Los ejemplos demuestran cómo DeepL reconoce solo en un caso (69) el valor semántico del prefijo, mientras que en otros contextos añade erróneamente el prefijo somático ("esposa sangrienta" o "ensangrentada"). ChatGPT omite la intensificación en todos los casos, limitándose a traducir el adjetivo en grado positivo (Tabla 22).

En algunos casos el elemento somático intensifica el significado, como ocurre con *haargleich* (SE 52), menos frecuente respecto a otros compuestos con el mismo componente en primera posición (Tabla 23). Mientras que en (72) la carga semántica del somatismo está omitida por ambos motores (simplemente se traduce el "mismo" y no "exactamente el mismo" como dejaría pensar el compuesto en este contexto), en (73) ChatGPT sí identifica el somatismo, mientras que DeepL lo traduce literalmente con una opción no adecuada ("peluda").

Tabla 22: Traducciones del adjetivo *blutgjung*

Original	**DeepL**	**ChatGPT**
(69) […] 1979 und 1980 hatte sie den **blutjungen** Thomas Gottschalk an ihrer Seite, 1982 und 1983 begleitete sie Rudolf H. Rohlinger. (eurovision.de)	[…] En 1979 y 1980 tuvo a su lado al **jovencísimo** Thomas Gottschalk, en 1982 y 1983 acompañó a Rudolf H. Rohlinger.	[…] En 1979 y 1980, tenía al **joven** Thomas Gottschalk a su lado, mientras que en 1982 y 1983 la acompañó Rudolf H. Rohlinger.
(70) Denn das Prinzenherz schlug nicht für seine schöne, **blutjunge** Ehefrau, sondern für eine weitaus ältere Dame: Camilla. (www.news.at/a/biografin-prinzessin-diana-11212903)	Pues el corazón del príncipe no latía por su bella y **sangrienta joven** esposa, sino por una dama mucho mayor: Camilla.	Porque el corazón del príncipe no latía por su hermosa y **joven** esposa, sino por una dama mucho mayor: Camilla.
(71) Es hätte insgesamt 15 Verletzte gegeben, darunter eine **blutjunge** Frau, die lebensgefährlich, und drei weitere junge Leute, die schwer verletzt worden seien. (popthemup.de)	Habría un total de 15 personas heridas, entre ellas una **joven ensangrentada** que resultó herida de gravedad y otros tres jóvenes heridos graves.	Habría habido un total de 15 heridos, incluyendo a una **joven** mujer en estado crítico y otros tres jóvenes que resultaron gravemente heridos.

Tabla 23: Traducciones del adjetivo *haargleich*

Original	**DeepL**	**ChatGPT**
(72) Wenn immer wieder Kunden mit dem **haargleichen** Problem mit den Worten "ist uns unbekannt" oder "sie sind ein bedauerlicher Einzelfall" wider besseren Wissens abgespeist werden dann darf man ihm die herbe Kritik einfach nicht verübeln. (s-boxer.de)	Si los clientes con el **mismo** problema son engatusados una y otra vez con las palabras "desconocido para nosotros" o "son un desafortunado caso individual" en contra de su mejor conocimiento, entonces uno simplemente no puede culparle por las duras críticas.	Si los clientes con el **mismo** problema una y otra vez son tratados con las palabras 'es desconocido para nosotros' o 'son un lamentable caso aislado' a pesar de tener un conocimiento mejor, entonces simplemente no se le puede reprochar la crítica severa.
(73) Dann kam noch eine ältere Hexe, die von Gesicht und Haar her den beiden **haargleichen** Mädchen so ähnlich war, daß sie es nicht hätte abstreiten können, deren Mutter zu sein. (thorsten-oberbossel.de)	Luego llegó otra bruja mayor, que era tan parecida en cara y pelo a las dos niñas **peludas** que no habría podido negar ser su madre.	Después llegó una anciana bruja que **se parecía tanto** a las dos chicas en cara y cabello que no podría haber negado ser su madre.

Otro prefijo que aporta una intensificación semántica, en este caso marcada vulgar y emocionalmente, es *arsch-* (*arschkalt*, *arschglatt*, *arschklar*). La lexicografía bilingüe recoge la expresión *es ist arschkalt* (ugs!) "hace un frío que pela (col)" o "hace un frío de un par de cojones (vulg.)" que mantiene tanto el somatismo como el matiz soez. En la TA de ambos motores no se mantiene el elemento soez: sin embargo, hay que señalar que, mientras que ChatGPT reconoce la carga semántica del prefijo somático (y en un caso lo traduce con una expresión idiomática, "un frío de mil demonios"), DeepL lo omite o elige una comparación no adecuada ni por su significado ni por su uso ("fría como el infierno"). Sin embargo, en el caso de *arschglatt* (76) ambos motores reconocen el valor semántico del prefijo soez y proponen dos opciones adecuadas (Tabla 24):

Tabla 24: Traducciones de compuestos con *arsch-*

Original	DeepL	ChatGPT
(74) Ich meine, ich habe ja auch so ziemlich jedes Teil vom Apfelgott, aber mich um Mitternacht vor ein Geschäft zu begeben und dort die ganze **arschkalte** Nacht auszuharren, nur um das Teil zu erhaschen? (<http://vanilleblau.at/>)	Quiero decir, tengo casi todas las partes del Dios Apple, pero ir fuera de una tienda a medianoche y esperar allí toda la **fría** noche sólo para coger la parte?	"Quiero decir, tengo casi todas las piezas del Dios de las Manzanas, pero ¿ir a una tienda a medianoche y quedarme allí toda la maldita noche con un **frío de mil demonios** solo para obtener esa pieza?"
(75) Trotz **arschkalter** Außentemperatur war mir dabei warm (wegen der inneren Unruhe…????) […] (fredis-garage.de)	A pesar de la temperatura exterior **fría como el infierno**, yo estaba caliente (por la inquietud interior…????). […]	A pesar de la temperatura **extremadamente fría**, me sentía cálido (¿debido a la inquietud interna…????) […]
(76) Neblig, kalt und **arschglatt**, dazu Chaos in der Organisation beim Veranstalter und bei uns selber. (doebeli-roehrer.de)	Niebla, frío y **resbaladizo a más no poder**, además de caos en la organización de los organizadores y de nosotros mismos.	Nublado, frío y **malditamente resbaladizo**, además de caos en la organización tanto por parte del organizador como por la nuestra.

3.2. Adjetivos con somatismos en unidades fraseológicas

Algunos adjetivos compuestos con somatismos están incluidos en unidades fraseológicas (*alle naselang, mit jdm handgemein werden, jdn kopfscheu machen, kopfscheu werden, jdn mundtot machen*).

La traducción de la expresión *jdn mundtot machen*, señalada como muy frecuente en Sketch Engine (SE 14177) y lexicalizada tanto en DUDEN como en PONS, por ejemplo, no ha resultado especialmente compleja ni para DeepL ni para ChatGPT (Tabla 25):

Tabla 25: Traducciones de la expresión *mundtot machen*

Original	DeepL	ChatGPT
(77) Schliesslich war das ein zentraler Punkt seiner künstlerischen Botschaft: Die Schwachen werden vertrieben, unsichtbar und **mundtot gemacht**. (watson.ch)	Al fin y al cabo, éste era un punto central de su mensaje artístico: los débiles son expulsados, invisibilizados y **silenciados**.	Al fin y al cabo, éste era un punto central de su mensaje artístico: los débiles son expulsados, invisibilizados y **silenciados**.
(78) […] die Bestätigung all ihrer Ressentiments, dass man in diesem Land ja nichts mehr sagen dürfe, ohne von denen da oben gleich **mundtot gemacht zu werden**. (burks.de)	[…] la confirmación de todos sus resentimientos por el hecho de que a uno ya no se le permite decir nada en este país sin **ser silenciado** por los de arriba.	[…] la confirmación de todos sus resentimientos de que ya no se puede decir nada en este país sin **ser silenciado** de inmediato por los de arriba.
(79) Wer bitteschön ist hier also der Extremist? Fällt Herr Ickler jetzt (nach neuem Gesetz?) unter die Volksverhetzer, weil er populistisch (= volksnah) für eine **mundtot gemachte** Mehrheit kämpft und andere aufruft, mitzumachen?? […] (nachrichtenbrett.de)	Entonces, ¿quién es aquí el extremista? ¿Cae ahora el Sr. Ickler (según la nueva ley?) en la categoría de sediciosos porque lucha de forma populista (= cercana al pueblo) por una mayoría **amordazada** y llama a los demás a unirse a ella? […]	Entonces, ¿quién es el extremista aquí? ¿El Sr. Ickler ahora (según la nueva ley) se considera incitador al odio porque aboga de manera populista (= cercana al pueblo) por una mayoría **silenciada** e insta a otros a unirse?

Menos frecuente es la unidad fraseológica *kopfscheu werden/machen* (SE 340), pero el resultado es adecuado en ambos motores (Tabla 26):

Tabla 26: Traducciones de expresiones con *kopfscheu*

Original	DeepL	ChatGPT
(80) Diese wird vor allem linke SPÖ-Wähler noch stärker **kopfscheu machen**, als es diese angesichts einer so schwachen SPÖ-Chefin ohnedies schon sind. (andreas-unterberger.at)	Esto hará que los votantes de izquierdas del SPÖ, en particular, **se acobarden** aún más de lo que ya están ante un líder del SPÖ tan débil.	Esto hará que los votantes de izquierda del SPÖ **sean** aún más **reacios**, más que ya lo son, ante una líder tan débil del SPÖ.
(81) Doch wenn es um die Börsengang-Begleitung chinesischer Firmen in den USA geht, **werden** die Credit-Suisse-Banker plötzlich **kopfscheu**. (hufgefluester.eu)	Sin embargo, cuando se trata de apoyar la salida a bolsa de empresas chinas en EE.UU., los banqueros de Credit Suisse **se vuelven** repentinamente **tímidos**.	Pero cuando se trata de asesorar la salida a bolsa de empresas chinas en Estados Unidos, los banqueros de Credit Suisse de repente **se muestran tímidos**.

Menos logrado es el caso de la expresión *(mit jdm) handgemein werden*, lexicalizada en el PONS como "enzarzarse en una pelea (con alguien)" o "llegar a las manos (con alguien)". Mientras que en la Tabla 27 la TA de ChatGPT identifica el significado idiomático de la expresión y propone soluciones plausibles, lo mismo no puede decirse de DeepL, cuyas traducciones, salvo "hacerse cuerpo a cuerpo" son por la mayoría inadecuadas y casi antonímica respecto al significado, como se observa en los ejemplos (84)-(86) ("darse la mano", "manocomún", "ir de la mano"):

Tabla 27: Traducciones de la expresión *handgemein werden*

Original	DeepL	ChatGPT
(82) […] die Fuldischen, soviele ihrer Waffen in Bereitschaft hatten, schaaren sich zusammen, dringen in die Kirche, und inmitten des Chors und der Psalmen singenden Brüder **werden** sie **handgemein** […] (manfred-hiebl.de)	[…] los fuldianos, cuantos tenían sus armas preparadas, se reúnen, entran en la iglesia, y en medio del coro y de los hermanos que cantan salmos **se hacen cuerpo a cuerpo** […]	[…] aquellos de Fulda que tenían sus armas preparadas se agrupan, irrumpen en la iglesia y en medio del coro y los hermanos que cantan salmos, **se enfrentan**. […]
(83) Diese Personen bewaffnete man und zwang sie, miteinander **handgemein** zu **werden**. (theatrum.de)	Estas personas se armaron y se vieron obligadas a **ir de la mano**.	A estas personas se les armaba y se les obligaba a **pelear entre sí**.

Tabla 27: Continúa

Original	DeepL	ChatGPT
(84) Während man in Berlin noch unterhandelte, waren die Russen und Türken schon **handgemein geworden**. (<http://friedrich.uni-trier.de/>)	Mientras seguían negociando en Berlín, rusos y turcos ya **se habían dado la mano**.	Mientras aún se negociaba en Berlín, los rusos y turcos ya **se habían enfrentado cuerpo a cuerpo.**
(85) [...] man **wird handgemein**, spielt die eigenen Interessen und Fertigkeiten aus, [...] (<http://www.maennerberatung.de/>)	[...] uno se convierte en **mano-común**, pone en juego sus propios intereses y habilidades [...]	[...] **se entra en confrontación directa**, se ponen en juego los intereses y habilidades propias [...]

Resultado afín es la traducción de *alle naselang* (variante más frecuente de *alle nasenlang*, DUDEN ugs. "sich in kurzen zeitlichen Abständen wiederholend)". Como se observa en los ejemplos de la Tabla 28, en la propuesta de ChatGPT se reconoce el uso adverbial de la expresión y la traducción es plausible, por lo menos desde el punto de vista semántico, aunque menos desde el estilístico, mientras que la de DeepL no reconoce adecuadamente la unidad fraseológica, obteniendo una traducción antonímica (87) ("de vez en cuando") o literal (88) ("durante toda la nariz"):

Tabla 28: Traducciones de la expresión *alle naselang*

Original	DeepL	ChatGPT
(86) Und anstatt mit Freunden und Kumpels beim Eiskaffee lachend am Tisch zu sitzen, hocken dann hektisch blickende Junkies zusammen am Eiskaffeetisch und blicken **alle naselang** nervös aufs Display, um ja nichts zu verpassen. (<http://hodruz.de>)	Y en lugar de sentarse a la mesa a reír con los amigos y compañeros tomando un café helado, los yonquis de aspecto agitado se ponen entonces en cuclillas junto a la mesa del café helado, mirando nerviosos la pantalla **en cada ojeada** para asegurarse de que no se les escapa nada.	En lugar de sentarse con amigos y compañeros riendo en la mesa con un café helado, se reúnen juntos en la mesa de café helado mirando nerviosamente la pantalla **constantemente** para no perderse nada.

(*continúa*)

Tabla 28: Continúa

Original	**DeepL**	**ChatGPT**
(87) MediaPortal kann mehr und sieht bei masochchistischem Zeitaufwand bei der Konfiguration verdammt gut aus. Dumm nur, dass es **alle Naselang** abstürzt und wohl noch 2,3 Jahre braucht, bis man es seriös benutzen kann. (slashcam.de)	MediaPortal puede hacer más y se ve condenadamente bien si pasas una cantidad masoquista de tiempo configurándolo. Es estúpido que se cuelgue **de vez en cuando** y probablemente necesite otros 2, 3 años antes de que se pueda usar en serio.	MediaPortal tiene más funciones y se ve muy bien con un esfuerzo masoquista en la configuración. Lo malo es que se bloquea **constantemente** y probablemente necesitará 2 o 3 años más hasta que se pueda usar de manera fiable.
(88) [...] wenn Oxalsäure tatsächlich Blasensteine fördern würde, hätte ich **alle naselang** Blasensteinkaninchen haben müssen, denn die haben alle sehr viel oxalsäurehaltigen Kräuter gefressen [...].(degupedia.de)	[...] si el ácido oxálico realmente promoviera cálculos en la vejiga, habría tenido que tener conejos con cálculos en la vejiga **durante toda la nariz**, porque todos comían muchas hierbas que contenían ácido oxálico [...].	[...] si de hecho el ácido oxálico promoviera cálculos en la vejiga, debería haber tenido conejos con cálculos **todo el tiempo**, ya que comieron muchas hierbas ricas en ácido oxálico. [...].

Además del significado analizado en 3.1.3., el compuesto *mundgerecht* aparece en la unidad fraseológica *jdm eine Sache mundgerecht machen* que significa "presentar algo de tal manera que el otro lo acepte sin resistencia". Los resultados son diversos y no siempre adecuados (Tabla 29). En ambos motores, las opciones más apropiadas reproducen también en español el contexto alimenticio (DeepL: "hacer/se bocados", "hacerse apetitosa"; ChatGPT, "servir a las masas", "presentar de forma digerible") y se acercan al significado (que en español podría ser "hacer algo digerible"):

Diferente es el caso de *faustdick* que, además del significado analizado en 3.1.1, tiene otro dentro de la expresión idiomática y coloquial "es faustdick hinter den Ohren haben" (DUDEN ugs. "schlau, gerissen, auch schalkhaft und schlagfertig sein [bei harmlosem Aussehen]", traducido en PONS como "no haber nacido ayer"). Se podría suponer que la presencia de ambos significados en la lexicografía favorece una traducción plausible. Sin embargo, es relevante la diferencia entre las traducciones de los dos motores: mientras que ChatGPT

Tabla 29: Traducciones de la expresión *mundgerecht machen*

Original	DeepL	ChatGPT
(89) Hat man dem Schweizervolk den Schengen- und den Dublin-Vertrag nicht eben erst noch **mundgerecht gemacht** mit der damit möglichen formlosen Überstellung von Asylsuchenden […]. (schluer.ch)	¿No acaban de **hacerse agradables** al pueblo suizo los Tratados de Schengen y Dublín con el posible traslado informal de solicitantes de asilo […].	¿No se acaba de hacer **fácilmente comprensible** al pueblo suizo el acuerdo de Schengen y Dublín, con la consiguiente posibilidad de trasladar a los solicitantes de asilo de manera informal […].
(90) Gegen das harmlose Spiel hat sich der Papst in einer wütenden Enzyklika [3] gewandt. […]. Dogmen werden nicht erst **mundgerecht gemacht**, sie werden einfach geglaubt. (literaturportal-bayern.de)	El Papa se ha vuelto contra el inofensivo juego en una airada encíclica [3]. […]. Los dogmas no se **hacen primero bocados**, simplemente se creen.	El Papa se opuso ferozmente al inocente juego en una enérgica encíclica. […]. Los dogmas no son presentados **de forma simplista**; simplemente se creen.
(91) die sozialdemokratie kann […] nur noch eigene phrasen zu fremder, entgegengesetzter politik, zur politik des deutschen imperialismus, liefern, um die öffentliche meinung auf die taten der säbeldiktatur vorzubereiten und sie dem publikum ideologisch **mundgerecht zu machen**. (mxks.de)	la socialdemocracia […] sólo puede pronunciar sus propias frases sobre la política exterior, opuesta, sobre la política del imperialismo alemán, para preparar a la opinión pública para los hechos de la dictadura de sable y **hacerlos** ideológicamente **bocados** para el público.	La socialdemocracia […] solo puede proporcionar sus propias frases sobre una política ajena y opuesta, la política del imperialismo alemán, para preparar la opinión pública sobre las acciones de la dictadura militar y **presentarlas** ideológicamente al público **de manera digerible**.

propone, en ambos casos, unas expresiones plausibles que corresponden semánticamente al original, DeepL presenta el sustantivo "puñado", es decir, identifica el somatismo, pero omite la traducción de la carga idiomática correspondiente, pues no existe en español una expresión equivalente que contiene el somatismo *Faust* (puño) (Tabla 30):

Tabla 30: Traducciones de la expresión *faustdick hinter den Ohren*

Original	DeepL	ChatGPT
(92) (aus meiner Email): Dem Schockwellenreitergegenüber bezeichnet sich blat.antville als "harmloses Newbie-Blog", aber ich glaube, der Macher **hat's faustdick hinter den Ohren** und eine juristische Vorbildung. (schockwellenreiter.de)	[...] (de mi correo electrónico): Para el jinete de la onda expansiva, blat.antville se describe a sí mismo como un "inofensivo blog de novatos", pero creo que el creador **es un puñao** y tiene formación jurídica.	(De mi correo electrónico): Frente al Schockwellenreiter, blat. antville se autodenomina como un "blog de novato inofensivo", pero creo que su creador **es más astuto de lo que parece** y tiene formación legal.
(93) Wie es scheint, **hat es** auch die Therapeutin von Hannibal Lecter **faustdick hinter den Ohren** und ein ähnliches Monster, wie der Kannibale selbst. (dgf-magazin.de)	Al parecer, el terapeuta de Hannibal Lecter también **es un puñado** y un monstruo similar al propio caníbal.	Al parecer, la terapeuta de Hannibal Lecter también **tiene algo oculto bajo la manga** y es un monstruo similar al caníbal mismo.

4. Conclusiones

Los adjetivos con base somática resultan un fenómeno morfológico muy significativo en la lengua alemana, que confirma la característica productividad composicional en todas las categorías léxicas. Las dificultades que estos plantean desde el punto de vista semántico resultan de profundo interés no solo desde el punto de vista léxico-morfológico y semántico *strictu sensu*, sino también por lo que se refiere a su traducción. El estudio ha analizado un corpus de adjetivos compuestos con base somática, observando las posibilidades y los límites de su traducción automática, en su contexto (extraído del corpus deTenTen20 de Sketch Engine), del alemán al español y los aspectos más relevantes para profesionales de la traducción y sobre todo de la posedición.

El aspecto crítico de la traducción de estos adjetivos es la carga semántica que el somatismo aporta al compuesto. En este sentido, se han encontrado diversas dificultades analizando las traducciones propuestas por los dos motores empleados, DeepL y ChatGPT. Los compuestos lexicalizados o más frecuentes en el corpus deTenTen20 no siempre encuentran una traducción acertada en la TA. De hecho, en varios casos, el significado aportado al adjetivo por el somatismo está incluido en la traducción si el compuesto tiene un significado motivado, aunque este no esté lexicalizado o sea poco frecuente. Con una cierta asiduidad, ambos motores reconocen sin dificultad el adjetivo de grado positivo, pero omiten el significado aportado por el somatismo, en algunos casos sin consecuencias (DeepL/ChatGPT: *handkaltes Wasser* > "agua fría"), en otros casos de forma inadecuada (DeepL: *augenschwache Frau* > "mujer débil"). También se encuentran casos en los que ambos motores resuelven el compuesto a través de una construcción sintáctica perifrástica, ofreciendo una traducción adecuada, lo cual hace pensar que estos grupos de casos se pueden resolver de manera relativamente fácil y eficiente.

La complejidad es mayor cuando los adjetivos tienen un significado metafórico. Aunque, desde este punto de vista, ChatGPT proporciona soluciones más acertadas respecto a DeepL, ninguno de los dos motores está exento de dificultades. En esencia, se han detectado dos tipos de problemas: por un lado, la omisión del significado aportado por el somatismo (*gallenbitterer Spott* > DeepL, "burla amarga"; ChatGPT, "sarcasmo amargo"), por otro lado, DeepL identifica el somatismo, pero lo traduce de forma literal malinterpretando su significado en el compuesto (*mundfaul* > "bocaza"; *blutjung* > "joven ensangrentada").

En general, las propuestas son más plausibles cuando los compuestos están incluidos en construcciones fraseológicas, debido a la fijación de estas y su lexicalización tanto en diccionarios monolingües como bilingües. Sin embargo, este resultado no está generalizado en todos los casos, sobre todo por lo que se refiere a DeepL.

Finalmente, desde el punto de vista cuantitativo, se ha detectado que solo en dos casos la TA ofrece un adjetivo que en español también contiene un somatismo (DeepL, *die zungenfertige Humoristin* > "la humorista lenguaraz"; ChatGPT, *handgerechte Stücke* > "porciones manejables").

En resumen, DeepL y ChatGPT resuelven de forma adecuada el 60 % y el 80 % de los casos, respectivamente. Sin embargo, los casos restantes presentan los problemas antes mencionados. En conclusión, la calidad de la TA en la interpretación de estas construcciones sigue siendo problemática y presenta limitaciones. Esto destaca la necesidad crítica, especialmente durante la posedición, de que los traductores y poseditores estén familiarizados con los procesos morfológicos del alemán para mejorar la calidad de las traducciones de estas peculiares formaciones léxicas. La función del traductor-poseditor no ha llegado a su fin, tan solo deberá focalizarse, por lo que a estas estructuras se refiere, a detectar, por un lado, las traducciones bien realizadas por la TA y, por otro, aquellos casos donde la "mano humana" es necesaria.

Bibliografía

Barz, I. (2005). *Die Wortbildung* (7.ª ed.). En Duden – *Die Grammatik. Unentbehrlich für richtiges Deutsch* (pp. 641–772). Mannheim: Duden.

Barz, I. (2007). *Wortbildung und Phraseologie.* En H. Burger, D. Dobrovol'skij / P. Kühn / N. R. Norrick (Eds.), *Phraseologie: ein internationales Handbuch zeitgenössischer Forschung* (pp. 27–36). Berlin: Mouton DeGruyter.

Burger, H. / Dobrovol'skij, D. / Kühn, P. / Norrick, N. R. (eds.) (2007), *Phraseologie: ein internationales Handbuch zeitgenössischer Forschung.* Berlin: Mouton DeGruyter.

Bzdęga, A. Y. (1999). Zusammenrückung, -setzung, -bildung. En A. Kątny/C. Schatte (eds.): *Das Deutsche von innen und außen: Ulrich Engel zum 70. Geburtstag* (pp. 9–24). Poznań:Wydawn Naukowe UAM.

Cartagena, N. / Gauger, H. M. (1989). *Vergleichende Grammalik Spanisch-Deutsch.* Mannheim: Duden.

Donalies, E. (2021). *Wortbildung – Prinzipien und Problematik. Ein Handbuch.* Heidelberg: Winter.

Dudenband 4 (2009). *Duden. Die Grammatik* (8.ª ed.). Mannheim: Bibliographisches Institut AG.

Erben, J. (1980). *Deutsche Grammatik: Ein Abriß.* München: Hueber.

Erben, J. (2000). *Einführung in die deutsche Wortbildungslehre.* Berlin: Erich Schmidt.

Fleischer, W. & Barz, I. (2012). *Wortbildung der deutschen Gegenwartssprache.* Tübingen: Niemeyer.

Fleischer, W. (2004). Wortbildung II. Prozesse. Die Klassifikation von Wortbildungsprozessen HSK 17/1. En G. E. Booij et al. (eds.). *Morphologie: Ein Internationales Handbuch Zur Flexion und Wortbildung* (pp. 891–893). Berlin/ New York: De Gruyter.

Grof, H. (1979). Los adjetivos compuestos en el alemán. *Lenguas Modernas,* 6, 89–93.

Henzen, W. (1965). *Deutsche Wortbildung.* Tübingen: Niemeyer.

Larreta Zulategui, J. P. (2001). *Fraseología contrastiva del alemán y el español: teoría y práctica a partir de un corpus bilingüe de somatismos.* Frankfurt am Main: Peter Lang.

Leser, M. (1990). *Das Problem der 'Zusammenbildungen'. Eine lexikalische Studie.* WVT: Trier.

Lipka, L. (1967). Wasserdicht und grasgrün. Zwei Wortbildungstypen der deutschen Gegenwartssprache. *Muttersprache: Vierteljahresschrift für deutsche Sprache / Gesellschaft für Deutsche Sprache (GfdS)*, 77, 33–43.

Lohde, M. (2006). *Wortbildung des modernen Deutschen: ein Lehr- und Übungsbuch*. Tübingen: Narr.

Meibauer, J. / Vogel, P. M. (2017). *Zusammenbildungen/Synthetic Compounds*. Frankfurt am Main: Peter Lang.

Mellado Blanco, C. (2008). "Wortbildung und ihr Verhältnis zur Idiomatik im Deutschen und Spanischen". En: M. Álvarez de la Granja (ed.): *Fixed Expressions in Cross-Linguistic Perspective. A Multilingual and Multidisciplinary Approach* (pp. 159–178). Hamburg: Dr. Kovač.

Motsch, W. (2004). *Deutsche Wortbildung in Grundzügen* (2.ª ed.). Berlin/ New York: De Gruyter.

Olsen, S. (2000). "Composition". En G. Booij et al. (eds.): *Morphologie/ Morphology. Ein internationales Handbuch zur Flexion und Wortbildung/ An international Handbook on Inflection and Word- Formation* (pp. 897–916). Berlin: De Gruyter.

Olsen, S. (2017). Synthetic compounds from a lexicalist perspective. *Zeitschrift für Wortbildung/ Journal of Word Formation*, 1, 17–45.

Ortner, L./Müller-Bollhagen, E. (1991). *Deutsche Wortbildung. Typen und Tendenzen in der Gegenwartssprache. IV. Substantivkomposita*. Berlin/ New York: de Gruyter.

Seijo, M. A. (1978). Sobre la composición del adjetivo en alemán. *Anuario de estudios filológicos*, 1, 207–228.

Wellmann, H. (1995). Die Wortbildung. En Duden: *Grammatik der deutschen Gegenwartssprache*. Band 4. Mannheim/Leipzig/Wien/Zürich, 399–539.

Wilmanns, W. (1899). *Deutsche Grammatik*. Teil 2: Wortbildung. Strassburg: de Gruyter.

Diccionarios

Duden *online*. Wörterbuch der deutschen sprache. Disponible en: [<https://www.duden.de/woerterbuch>].

Langenscheidt. Wörterbuch. Disponible en: [<https://de.langenscheidt.com/deutsch-spanisch/>].

Larousse. Wörterbuch Deutsch-Spanisch *online*. Disponible en: [<https://www.larousse.com/de/worterbucher/deutsch-spanisch>].

PONS. Wörterbuch. Disponible en: [<https://de.pons.com/>].

Corpus

Sketch Engine. Corpus query system. Corpus deTenTen20. Disponible en: [<www.sketchengine.co.uk>].

Corpus de estudio disponible en: <http://hdl.handle.net/10433/16814>

Robert Szymyślik

(Universidad Pablo de Olavide)

Estudio de la traducción por medio de motores automáticos de algunas partículas del alemán al español en el campo de la literatura

Resumen: Este trabajo consiste en el análisis de las funciones que poseen las partículas en la lengua alemana y en la aplicación de las nociones traductológicas *problema de traducción*, *funcionalismo* y *unidad de traducción* al estudio de su traslado al español desde un prisma teórico. Asimismo, se llevó a cabo en él la observación práctica de la transferencia de partículas usadas en un discurso literario con motores de traducción automática. En concreto, se tomaron como referencia ejemplos de uso de las partículas *denn*, *ja* y *doch* en extractos de la novela *Die Stadt der Träumenden Bücher* de Walter Moers, que posteriormente se procesaron a través de los motores DeepL, Google Traductor y Bing Microsoft Translator. Las opciones producidas por estos sistemas se analizaron para obtener conclusiones acerca de su funcionalidad y de la viabilidad de incorporarlas a la versión meta de esta composición literaria sin revisión humana posterior.

Palabras clave: alemán-español, Walter Moers, partículas, problema de traducción, textos literarios

0. Introducción y objetivos

El presente trabajo constituye un estudio de la aplicación de motores de traducción automática a la traducción entre el alemán y el español. De forma concreta, se centra en la indagación de la transferencia de elementos específicos de la lengua alemana que poseen un componente pragmático y contextual notable para valorar la funcionalidad de las opciones proporcionadas por estos sistemas, como es el traslado de partículas utilizadas en el medio literario germanoparlante.

Para llevar a cabo una investigación adecuada tanto desde un punto de vista teórico como práctico, se han estudiado las partículas para ver su naturaleza y sus características en la lengua alemana y se han aplicado las nociones de *funcionalismo*, *problema de traducción* y *unidad de traducción* para definir el objeto de estudio siguiendo criterios traductológicos, comprenderlo en profundidad y para establecer un marco teórico-práctico y metodológico adecuado para obtener conclusiones sobre la funcionalidad de las opciones de traducción propuestas por los motores de traducción automática. De modo general, se pretende analizar la capacidad de estos motores de detectar, interpretar y transferir los matices contextuales y pragmáticos que introducen las partículas en discursos literarios.

Debido a la amplitud de posibilidades que poseía este trabajo, fue necesario delimitar el objeto de estudio para obtener conclusiones valiosas: por tanto, el análisis teórico-práctico que se expone a continuación se centrará en las siguientes partículas (como se expondrá en el punto 1): *denn*, *ja* y *doch*, elegidas debido a su alta prevalencia en los discursos redactados en alemán en todo tipo de modalidades creativas y toda índole de contextos temáticos (Torregrosa, 2010; Contreras-Fernández, 2012; Eggette, 2020).

De forma específica, los objetivos del trabajo son los siguientes:

- Comprender el concepto de *partícula* y las funciones que desempeña en la lengua alemana y seleccionar ejemplos de estas que puedan proporcionar conclusiones productivas para este estudio.
- Aplicar ideas procedentes de los estudios de traducción para entender las posibilidades que existen de trasladarlas entre idiomas desde una perspectiva teórica y práctica.
- Observar el empleo de las partículas en muestras reales de textos redactados en alemán, concretamente procedentes del medio literario, adecuado para este estudio debido a la naturaleza pragmática y contextual de las partículas y las funciones notablemente evocativas de las obras pertenecientes al campo de la literatura.
- Extraer ejemplos de partículas usados en textos literarios y someterlos a la traducción por medio de motores automáticos.
- Analizar las opciones propuestas por los sistemas automáticos y obtener conclusiones acerca de su funcionalidad y valorar la viabilidad de su empleo en entornos de traducción profesionales.

1. Descripción del problema: la traducción de partículas del alemán al español

Este trabajo centra su atención en el concepto de *partícula*, su naturaleza y sus funciones en la lengua alemana y examina las posibilidades que existen de trasladar estos constituyentes del discurso hacia otra lengua. De manera general, se considera que las partículas son componentes del discurso que no muestran contenido léxico y no pueden declinarse. Se trata de un elemento que puede detectarse con mucha frecuencia en muchos tipos de discursos hablados y escritos redactados en alemán (Contreras-Fernández, 2012: 459–460). Se incorporan al enunciado y ejercen su influencia en el contenido semántico (y, por extensión, en las intenciones comunicativas) de un segmento en particular, de una locución concreta o de todo el discurso. Carecen de función gramatical, de modo que solo aportan matices semánticos (Eggette, 2020: 319–321), los cuales, no obstante, pueden resultar cruciales para comprender un enunciado y trasladarlo a la lengua meta de un modo funcional. La complejidad de su comprensión y de su traducción radica en el hecho de que solo poseen significado cuando se incorporan a un mensaje determinado y los receptores son los encargados de identificar el sentido con el que se están utilizando.

Las partículas en la lengua alemana son cruciales para la correcta descodificación de los mensajes, pero, asimismo, son un elemento que puede afectar sobremanera a la comprensión de la información original y a la posterior transferencia de contenido a las lenguas meta durante un proceso de traducción. Por ello, es necesario realizar estudios detallados que centren exclusivamente su atención en la naturaleza de las partículas, su tipología, sus funciones y cómo puede explicitarse su contenido en la lengua meta durante la traducción.

Concibiendo las partículas como “unidades léxicas invariables”, pueden establecerse tres grupos: *partículas modales* (*Abtönungspartikeln*), *partículas de intensidad y cantidad* (*Gradpartikeln* o *Fokuspartikeln*) y *partículas de grado* (*Steigerungspartikeln*). No obstante, debido a que existen partículas que pueden incluirse en más de un grupo de los citados con anterioridad, comúnmente estas etiquetas terminológicas se usan de forma intercambiable (Eggette, 2020: 321–325) y determinadas partículas se incluyen en diferentes grupos o aparecen en más de uno, como demuestran las propuestas clasificatorias de Gornik-Gerhardt (1978), Thurmair (1989) o Giráldez (2002). En este trabajo se utilizará el término *partícula* de un modo amplio, de manera operativa y se tendrán en cuenta todas las manifestaciones de este fenómeno lingüístico durante el estudio práctico incluido a continuación.

Su empleo, de acuerdo con Torregrosa (2010: 34–56), se ha estudiado desde múltiples prismas en diferentes campos de especialidad, tales como la lingüística, la filología o los estudios de traducción, entre otros. Dichos análisis han proporcionado resultados que han variado en función de la época en la que se llevaron a término, los métodos empleados o el enfoque escrito u oral de las observaciones. El uso de partículas incluso se ha llegado a considerar una marca de falta de refinamiento estilístico, ya que se han calificado como constituyentes que no poseen ninguna clase de contenido y, por tanto, que únicamente desempeñan la función de intentar completar mensajes debido a una carencia de recursos lingüísticos avanzados, especialmente durante las décadas de 1950 y 1960. Algunos autores han llegado a usar términos negativos para definirlas, como *Flickwörter* o "términos superfluos" o "palabras parche" (Reiners, 1943), *Würzwörter* o "términos de adorno" o "palabras de aliño" (Thiel, 1962) o *Füllwörter* o "palabras de relleno" (Adler, 1964). Lo que es innegable es su potencialidad pragmática, esto es: las partículas tienen una clara capacidad de añadir capas adicionales de contenido a un discurso, que tienen que ser descodificadas correctamente por los receptores para asimilarlo por completo.

Entre las partículas que con más frecuencia pueden detectarse en los discursos orales y escritos redactados en alemán pueden destacarse las siguientes (entre otras), todas ellas con implicaciones notables para la traducción funcional de cualquier discurso (Torregrosa, 2010: 44–47, Eggette, 2020: 325): *aber, auch, bloß, denn, doch, eben, etwa, gleich, halt, ja, mal, noch, nur, schon* o *wohl*. Como ya se ha mencionado, las partículas concretas que se van a estudiar son las siguientes: *denn, ja* y *doch*, las cuales aparecen con una destacada frecuencia en todo tipo de discursos redactados en alemán (tanto orales como escritos) y cuya interpretación puede variar en función de la perspectiva tanto de los emisores como de los receptores, con sus consiguientes consecuencias para el traslado de la información entre lenguas.

Las partículas escogidas para este estudio se han limitado a tres con el objetivo de ampliar la exhaustividad de las conclusiones arrojadas en la sección práctica. Por ello, se estudiarán las partículas seleccionadas en el medio literario para ofrecer diferentes muestras de su uso y de la variabilidad de su interpretación de cara a la transferencia de dichos extractos a la lengua meta, en este caso, el español. A continuación, se ofrecen datos adicionales acerca de cada una de las partículas examinadas.

1.1. La partícula *denn*

Denn puede usarse para a) suavizar cualquier clase de oración interrogativa a la hora de solicitar más información a los interlocutores, b) para reprochar un comportamiento o c) incluso para expresar sentimientos negativos.

Con el objetivo de alcanzar la máxima claridad a la hora del uso del alemán, resulta fundamental distinguir esta partícula de la conjunción *denn*, cuyo uso indistinto ocasionaría profundos errores de significado (Eggette, 2020: 328–329; Wahrig-Buhrfeind, 2012: 358). Tomando como referencia fuentes bilingües, algunas de las acepciones principales que pueden asociarse a esta partícula y que deben estudiarse cuidadosamente para escoger la que cuente con mayor grado de funcionalidad y transmitir el mensaje a la cultura meta de la forma más eficiente son las siguientes: es posible encontrar equivalentes como *pues, pues bien, porque, a no ser que, si no…* (entre otros), los cuales evidencian la gran disparidad de opciones de traducción disponibles para este problema concreto (Illig, Slabý y Grossman, 2002: 236).

1.2. La partícula *ja*

En el caso de las diversas manifestaciones del término *ja*, sus usos más comunes en la lengua alemana son los siguientes: como adverbio, se utiliza para contestar a oraciones declarativas o exhortativas positivas (*ja* no puede aplicarse como respuesta positiva ante una pregunta negativa a diferencia de *doch*, como se expondrá más adelante). Como partícula, puede emplearse para a) transmitir el grado en el que se expresa una información (para lo que puede acompañarse de *sogar*), b) para reforzar argumentos y constatar hechos conocidos como ciertos tanto por el emisor como el receptor, también c) puede incorporar matices de sorpresa, entre otros, siempre con la certeza de que el interlocutor es consciente del dato sobre el que versa el discurso (Buthmann, 2014: 174–221; Wahrig-Buhrfeind, 2012: 787).

Los equivalentes más frecuentes para esta partícula son *sí* (con un objetivo enfático), *es verdad, por cierto, si es así, al fin y al cabo, aun, es que…* (Illig, Slabý y Grossman, 2002: 614). No obstante, las posibilidades de traducción se multiplican exponencialmente tomando en consideración la gran disparidad de contextos en los que puede utilizarse este elemento y la diversidad de propósitos que pueden aportarle los hablantes. De nuevo, es perceptible la variabilidad de la interpretación de esta partícula dependiendo de las metas comunicativas del mensaje y de la función y el efecto que los emisores pretendían que desencadenara.

1.3. La partícula *doch*

Esta partícula se emplea a) para reafirmar datos evidentes para uno o para todos los interlocutores involucrados en un intercambio de información o acerca de un dato que deberían conocer todos los hablantes, lo que provoca una reacción negativa en el emisor, b) para reforzar un reproche, la sorpresa o la indignación ante las respuestas obtenidas. Al margen del empleo de este término como partícula, como adverbio puede utilizarse para contestar a interrogaciones negativas de manera positiva y también puede emplearse como conjunción, que puede usarse en vez de *jedoch*(*pero* o *sin embargo*) o *aber*, (*pero*).

Asimismo, no debe confundirse con diferentes elementos homónimos que pueden causar graves disrupciones en la comprensión de los mensajes, como la conjunción adversativa y el adverbio concesivo de idéntica grafía. Entre los equivalentes más destacados, pueden citarse los siguientes: *que sí, a que sí, por cierto, pues no, de ninguna manera, pero…*, entre otras, lo que demuestra la complejidad de elegir el equivalente con mayor nivel de funcionalidad en cada mensaje en particular (Buthmann, 2014: 73–137; Eggette, 2020: 328–330; Wahrig-Buhrfeind, 2012: 379).

2. Metodología

Los criterios esenciales que se han seguido en este trabajo para diseñar la metodología y analizar de forma teórico-práctica la traducción de partículas son las nociones defendidas por el funcionalismo en los estudios de traducción. De acuerdo con Reiss y Vermeer (1984), es necesario detectar el *skopos*, es decir, el objetivo y las funciones de los discursos para poder llevar a cabo de un modo eficiente el traslado de información entre culturas. Estas ideas fueron ampliadas, entre muchos autores, por Nord (2018: 81), quien defendió que la tarea fundamental de los profesionales es encontrar el equilibrio entre las funciones de los datos de cada discurso y los efectos que deben desencadenar en la cultura de destino tras su traducción. Dependiendo del tipo de discurso y de si los efectos deben ser los mismos en el texto origen y en el texto meta con base en cada encargo, se deberá perseguir la perpetuación de los objetivos de la información originaria en el nuevo contexto de recepción.

Para el análisis de la traducción automática de las partículas desde el alemán al español se ha seguido el siguiente enfoque: se considerarán dichos elementos de la lengua origen *problemas de traducción*. Estos elementos no disponen de una definición única ni omniabarcante, sino que se observan diferentes descripciones en función de las fuentes que se consulten, lo cual causa que se puedan aplicar nociones diversas a objetos de estudio específicos.

El principal criterio que suele utilizarse para intentar definir y subsiguientemente clasificar la gran diversidad de cuestiones que pueden poseer una complejidad destacada para su traslado entre lenguas es la distinción de estos como fenómenos objetivos o subjetivos: de acuerdo con Hurtado (2004: 286), las habilidades y la experiencia de los profesionales tienen un influjo crucial en la consideración de un elemento de un discurso como un problema de traducción, un punto de vista con el que coincide Mayoral (2001: 15), quien afirma que estos constituyentes de los discursos no pueden valorarse con objetividad y que siempre se evaluarán en función de la perspectiva de cada traductor.

Nord intenta aclarar la cuestión de la objetividad y la subjetividad respecto de la identificación de estos aspectos de los discursos mediante el empleo de dos términos diferenciados, esto es, *problema de traducción* y *dificultad de traducción*. Los problemas poseerían un componente intersubjetivo, es decir, es posible que diferentes profesionales compartan una misma opinión acerca de su complejidad y que esta goce al menos de cierta objetividad. Por el contrario, las dificultades serían plenamente subjetivas y cada traductor las detectaría de manera independiente.

Otros autores, por su parte, utilizan parámetros alternativos para intentar definir este concepto: Thiel (1975: 24) emplea criterios formales y semánticos para evaluar la existencia de problemas de traducción y explica que podemos hablar de estos fenómenos en aquellos casos en los que los profesionales deben realizar modificaciones en estas dimensiones de los equivalentes en los discursos meta para alcanzar la funcionalidad. Kiraly aborda los problemas de traducción desde otro prisma y los vincula a la necesidad puntual de que los traductores lleven a cabo una reflexión y una planificación profunda sobre las estrategias que muestren una funcionalidad más elevada para cada componente en particular (1995: 105). Por último, Sirén y Hakkarainen (2002: 76) establecen que se puede catalogar un componente de los discursos de origen como un problema de traducción en aquellos supuestos en los que es necesario poner en práctica procesos de clase cognitiva, reflexiva, documental o traslativa que no se aplican en la mayoría de los componentes que forman dicho discurso original.

En este estudio, los problemas de traducción pueden objetivarse tomando como referencia criterios tales como la traducibilidad compleja (esto es, la existencia de diversas opciones de traducción que muestran un nivel alto de funcionalidad para un mismo problema de traducción) y la dependencia del contexto, que aplica condicionantes concretos a las posibilidades de traducción de determinados problemas. Asimismo, en modalidades creativas específicas, es posible aplicar un tercer criterio, especialmente relevante cuando se trabaja en la traducción de discursos cuyo afán principal es diseñar un mundo ficticio complejo, denominado *capacidad de evocación*, es decir, transmitir a la cultura meta el potencial de concebir mentalmente un universo imaginario por medio de los datos traducidos, un factor clave en la traducción de obras literarias (De la Cova, 2017; Szymyślik, 2019).

Concebidos desde una perspectiva funcional, los problemas de traducción (objetivados por medio de los criterios anteriormente descritos) pueden vincularse a la noción de *unidad de traducción* (Szymyślik, 2023: 219–222). Se definen como componentes de los discursos (cuya naturaleza puede ser verbal o no verbal) que son indisociables. Las unidades de traducción permean todo el discurso y no poseen secuencialidad, sino que se trata de elementos que están unidos por una función común y no sintáctica o semánticamente, entre otros criterios (Nord, 2018: 186).

Por tanto, a través del análisis funcional de un discurso sí es posible aplicar criterios objetivables a la detección de elementos que se definirán posteriormente como *problemas de traducción*, pues los criterios personales de cada profesional no tienen ningún influjo sobre su naturaleza desde un punto de vista funcional. Puede concluirse, por tanto, que (siguiendo los objetivos de este trabajo) las partículas pueden estudiarse como problemas de traducción desde un prisma funcional, pues representan unidades de traducción con una función delimitada dentro del discurso que depende de su uso en un contexto concreto.

La traducción de las partículas del alemán y su estudio muestra un fuerte componente pragmático, un factor que es necesario tener en cuenta durante su indagación teórica y práctica: la pragmática es la rama de la lingüística, de la semiótica y de los estudios de traducción que se basa en el análisis de los signos lingüísticos y de los diferentes usos que hacen de ellos los hablantes en contextos particulares. Un mismo elemento puede poseer cargas semánticas diferentes si se incluye en más de un contexto y si el emisor ha optado por aportarle diferentes capas de significado, relacionadas con una situación comunicativa concreta, con una realidad compartida por los intervinientes en un acto comunicativo o con las culturas implicadas en el intercambio de información (Bruti, 2019: 15–19).

Sobre esta base teórica se emprendió el proceso de detección, selección y análisis de diferentes muestras de partículas entre el alemán y el español. La modalidad creativa escogida para realizar el vaciado de partículas fueron los textos literarios: debido a su alta carga pragmática y a las necesidades de descodificar funcionalmente diversas capas de significado en esta clase de producciones (tanto en su versión original, durante el proceso de traducción como durante la recepción de los productos traducidos), se consideró que este factor podía intensificar las posibilidades de traducción de las partículas en este contexto.

Es necesario recalcar que el propósito de este trabajo es cualitativo y no cuantitativo: se trabajó con un número reducido de muestras de problemas de traducción de este tipo que fueron analizadas en detalle para extraer conclusiones valiosas (una postura defendida por autores como Toury, 1980: 112–113; o Valero, 2007: 129) acerca de la funcionalidad de las diferentes opciones que proporcionaban los motores de traducción automática. El proceso mediante el que se llevó a cabo el análisis de la traducción de partículas se fundamentó en los siguientes puntos:

- Revisión de conceptos teóricos necesarios para sustentar el análisis práctico.
- Comprensión profunda de la naturaleza de las partículas en alemán y su clasificación.

- Elección de las partículas que se someterían a estudio, que finalmente se redujeron a las siguientes: *denn*, *ja* y *doch*.
- Análisis de los factores implicados en la transferencia de dichos componentes de la lengua alemana y su consideración como *problemas de traducción*.
- Selección de motores con base en criterios de fiabilidad, presencia en la red y empresas u organizaciones que garanticen su efectividad y que estén disponibles en línea (Castillo, 2022: 77–84). Los motores escogidos finalmente fueron DeepL (DeepL SE, 2023: en línea), Google Traductor (Google LLC, 2023: en línea) y Bing Microsoft Translator (Microsoft Corporation).
- Selección del corpus del que se extraerían los ejemplos para analizar la funcionalidad de las opciones proporcionadas por los motores de traducción automática. Se optó por analizar muestras procedentes de la obra *Die Stadt der Traumenden Bücher* de Walter Moers (2019), que mostró resultados operativos para llevar a cabo este trabajo. Se detectaron 30 casos de este tipo de problemas de traducción que mostraban una gran potencialidad para este trabajo, que fue necesario restringir posteriormente para cumplir con la extensión y los objetivos cualitativos de este trabajo.
- Selección de extractos del corpus en el que aparecieran muestras destacadas de uso de las partículas escogidas para este trabajo: el estudio se centró en el análisis de los tres ejemplos de partículas citadas (*denn*, *ja* y *doch*), que se localizaron en la novela seleccionada y se extrajo una muestra de cada una de ellas.
- Transferencia al español de los extractos por medio de los tres motores de traducción automática seleccionados, utilizando para ello tablas derivadas de las diseñadas por Szymyślik (2019) para el estudio de la traducción de mundos ficticios en múltiples formatos y entre diversas combinaciones lingüísticas. Por tanto, para cada una de las muestras se dispone de tres versiones de traducción diferentes que se estudian en profundidad para obtener conclusiones sobre su funcionalidad.
- Extracción de conclusiones de manera concreta y global acerca de la funcionalidad de utilizar motores de traducción automática para traducir partículas entre el alemán y el español sin intervención humana sobre la base de los datos obtenidos en este estudio. En aquellos casos en los que sea procedente, se proporcionarán explicaciones adicionales para facilitar la comprensión de las cuestiones observadas en este análisis y opciones de traducción alternativas para completar la panorámica de la funcionalidad de los equivalentes proporcionados por los motores automáticos.

3. Análisis

A continuación, se incluye el análisis de los extractos de la obra *Die Stadt der Träumenden Bücher* de Walter Moers (2019) en los que se localiza el uso de las partículas sometidas a estudio, es decir, *denn*, *ja* y *doch*. Cada una de estas muestras se procesó mediante los siguientes motores de traducción automática:

- Motor 1: DeepL.
- Motor 2: Google Traductor.
- Motor 3: Bing Microsoft Translator.

Las opciones ofrecidas por estos motores se presentan mediante tablas de análisis traductológico. Cada una está identificada con un código diferenciado e incluyen toda la información relevante para asimilar los datos referidos a los extractos originales y traducidos (en este estudio, las primeras traducciones generadas por los motores automáticos), la procedencia de cada uno de ellos, el pasaje en el que pueden encontrarse en la obra original y un resumen de la funcionalidad de las versiones arrojadas por cada motor de traducción.

3.1. Análisis de la traducción de la partícula *denn*

A continuación, en la Tabla 1, se incluyen las opciones de traducción que proporcionan los motores automáticos para dos segmentos de la obra de Moers en los que se hace uso de la partícula *denn*:

Tabla 1. Primer ejemplo de traducción de la partícula *denn*

Código	**Segmento original**	**Pasaje**
PAUT1	*Was war **denn** das für ein Schund? Ich hob eins nach dem anderen auf und begutachtete kopfschüttelnd die Titel.* Kleine Knotenkunde für Linkshänder. Glasblasen mit Blasebälgen. Alles über chronische Flatulenzen. Prähistorische Insektenmumifizierung in subtropischen Kohlesümpfen *(in 24 Banden).*	52
Segmento traducido por DeepL		**Funcionalidad**
"¿Qué clase de basura era ésta? Recogí uno tras otro y examiné los títulos, sacudiendo la cabeza. *Un poco de nudos para zurdos. Soplado de vidrio con fuelle. Todo sobre la flatulencia crónica. Momificación de insectos prehistóricos en pantanos subtropicales de carbón* (en 24 volúmenes)".		Media

Tabla 1. Continúa

Segmento traducido por Google Traductor	**Funcionalidad**
"¿Qué fue esa basura? Los recogí uno por uno y examiné los títulos, sacudiendo la cabeza. *Pequeños conocimientos de nudos para zurdos. Vidrio soplado con fuelle. Todo sobre las flatulencias crónicas. Momificación de insectos prehistóricos en pantanos de carbón subtropicales* (en 24 bandas)".	Baja
Segmento traducido por Bing Translator	**Funcionalidad**
"¿Qué tipo de basura era esa? Los recogí uno por uno, sacudí la cabeza y miré los títulos. Un poco de anudado para zurdos. Burbujas de vidrio con fuelle. Todo sobre la flatulencia crónica. Momificación prehistórica de insectos en pantanos de carbón subtropicales (en 24 volúmenes)".	Baja

En el segmento original analizado de esta obra de Moers (2019), puede detectarse un uso de la partícula *denn* con propósitos enfáticos en la oración *Was war denn das für ein Schund?*, con la que se pretende intensificar la fuerza de la intervención de un personaje implicado en una escena específica de la novela. Los motores de traducción automática han ofrecido opciones con grados de funcionalidad variable para este segmento: en el caso de DeepL, se observa que el sistema ha detectado el matiz intensificador que aporta *denn* de una forma parcial y ha ofrecido una redacción que permite comprender superficialmente la fuerza con la que el personaje quiere expresar esta pregunta como muestra de indignación: "¿Qué clase de basura era ésta?". Se ve el empleo de la locución "clase de" para trasladar la construcción usada en la oración original y para reflejar el tono de la intervención, aunque la formulación de esta podría modificarse para ampliar su naturalidad y mejorar su inserción en el resto de la narración. Por tanto, puede concluirse que, en términos de traducción de partículas, la funcionalidad de esta opción es media.

Google Traductor ofrece una opción en la que no se ve claramente si el sistema ha sido capaz de detectar la modificación pragmática que el autor realizó por medio del empleo de esta partícula. La oración meta "¿Qué fue esa basura?" transmite funcionalmente el sentido general de la intervención, pero no ha incorporado modificaciones que aumenten la intensidad expresiva de la pregunta y transmite de una forma neutra los datos necesarios para descodificar este extracto. Esto es contrario a los objetivos del autor de la novela original y, además, de nuevo se ven posibilidades de reescritura para aumentar la naturalidad de este pasaje y la coherencia con el resto de la narración, aunque esta no es la meta primordial de este análisis. Por ello, la funcionalidad de esta opción es baja.

Bing Microsoft Translator, por su parte, también refleja de una manera superficial el tono de la expresión del personaje en la novela original, el cual no puede asimilarse totalmente por medio de la pregunta meta: "¿Qué tipo de basura era esa?". La indignación del personaje únicamente puede detectarse de manera contextual en la lengua española, por lo que la capa pragmática de esta intervención alcanza la cultura de destino muy debilitada. Esto causa que la funcionalidad de esta opción también sea baja, aunque (al igual que en los casos anteriores) la información referencial se haya trasladado de manera íntegra.

Esta oración podría haberse intensificado por medio de diferentes recursos para transmitir a los destinatarios meta el tono intenso de dicha pregunta en la novela original. Podrían haberse empleado equivalentes como "Vamos a ver, ¿qué era esa basura?", "Pero… y esa basura, ¿qué era?", de registro claramente coloquial. En ellos se ven adiciones a los datos fundamentales que permiten a los lectores comprender la actitud del personaje ante los acontecimientos que está viviendo, claramente descrita gracias a *denn*.

El segundo de los fragmentos en los que se detecta el empleo de la partícula se reproduce a continuación en la Tabla 2:

Tabla 2. Segundo ejemplo de la traducción de la partícula *denn*

<table>
<tr><td>Código
PAUT2</td><td>Segmento original
»Was denn?« fragte der Dicke lauernd. »Was sagt es dir denn?« »Na ja«, antwortete der Kleine, »Auge im Singular, damit kann ich mich schon mal identifizieren.« Die Kerlchen sahen nicht so aus, als könnten sie mir gefährlich werden.</td><td>Pasaje
302</td></tr>
<tr><td colspan="2">Segmento traducido por DeepL
"¿Qué?", preguntó acechante el gordo. "¿Qué te dice?" "Bueno", respondió el pequeñajo, "ojo en singular, ya me identifico con eso". Los tipos pequeños no parecían peligrosos para mí.</td><td>Funcionalidad
Baja</td></tr>
<tr><td colspan="2">Segmento traducido por Google Traductor
"¿Qué?", preguntó el hombre gordo, al acecho. "¿Qué te dice?" "Bueno", respondió el pequeño, "ojo en singular, puedo identificarme con eso." Los chicos no parecían que pudieran ser peligrosos para mí.</td><td>Funcionalidad
Baja</td></tr>
<tr><td colspan="2">Segmento traducido por Bing Translator
"¿Qué?", preguntó el gordo, al acecho. —¿Qué te dice? "Bueno", respondió el pequeño, "el ojo singular, me identifico con eso". Los chicos no parecían ser peligrosos para mí.</td><td>Funcionalidad
Baja</td></tr>
</table>

En el extracto reproducido, el autor utiliza la partícula *denn* en dos ocasiones y en ambas su propósito es aumentar la intensidad de la intervención de un personaje, que carecería de la misma fuerza expresiva sin este recurso lingüístico en alemán. Puede detectarse en los fragmentos *Was denn?* y *Was sagt es dir denn?*, donde se usa *denn* para transmitir nerviosismo e impaciencia.

Los tres motores de traducción automática han ofrecido la misma versión para las dos oraciones: "¿Qué?" y "¿Qué te dice?". En los tres casos, es perceptible que el propósito enfático que Moers les confirió a estas oraciones se ha perdido por completo, puesto que no se ha incorporado ninguna clase de estrategia para intensificar la potencia expresiva en español, por lo que la capa pragmática que se introduce a través de la partícula desaparece en la lengua española. Esto causa que la funcionalidad de todas las propuestas sea baja.

Este detalle expresivo de la novela original podría haberse trasladado a la lengua española de múltiples maneras y pueden proponerse opciones de muestra para estas oraciones en español: "¿Y qué?" o "Pero ¿y qué?" en el caso de *Was denn?* y "¿Y qué te dice?" o "Pero ¿qué es lo que te dice?" para *Was sagt es dir denn?*

Asimismo, es posible detectar cuestiones adicionales que causan que la funcionalidad de estas opciones sea baja para su inclusión en una obra susceptible de publicación. En primer lugar, como ocurre en la mayoría de los ejemplos que se analizan subsiguientemente en este trabajo, no se respetan las convenciones de la reproducción de diálogos en la lengua española y se mantienen las propias del alemán. Esto es visible tanto en el uso de comillas para introducir las intervenciones directas de los personajes y no de rayas (con sus correspondientes reglas ortotipográficas en español) como en el hecho de que no se incluyen dichas intervenciones en párrafo aparte, como es propio de los diálogos en el contexto hispanohablante. Por añadidura, no se respetan otras convenciones ortotipográficas del español, como la necesidad de no incluir signos de puntuación que cierran incisos o aclaraciones incluidos entre comillas dentro de estas ni el hecho de que deben usarse comillas simples dentro de fragmentos marcados con comillas inglesas, como puede verse en esta opción proporcionada por Google Traductor: "'[…] ojo en singular, puedo identificarme con eso.'".

3.2. Análisis de la traducción de la partícula *ja*

En esta sección se analiza la traducción automática de la partícula *ja* en segmentos procedentes de *Die Stadt der Träumenden Bücher* de Moers (2019). El primero de ellos reza así (Tabla 3):

Tabla 3. Primer ejemplo de traducción de la partícula *ja*

<table>
<tr><td>Código
PAUT3</td><td>Segmento original
Das lag ja anscheinend in der Familie. Auch in Hagob Salbadian Smeiks Augen hatte der Irrsinn gebrannt. »Können Sie sich vorstellen, wie klar unser Denken werden kann, wenn wir es von der Kunst befreien« fragte Smeik.</td><td>Pasaje
184</td></tr>
<tr><td colspan="2">Segmento traducido por DeepL
"Era cosa de familia, por supuesto. La locura también había ardido en los ojos de Hagob Salbadian Smeik. '¿Te imaginas lo claro que puede llegar a ser nuestro pensamiento cuando lo liberamos del arte?', preguntó Smeik".</td><td>Funcionalidad
Alta</td></tr>
<tr><td colspan="2">Segmento traducido por Google Traductor
"Eso venía de familia. La locura también ardía en los ojos de Hagob Salbadian Smeik. '¿Te imaginas lo claro que puede llegar a ser nuestro pensamiento si lo liberamos del arte?', preguntó Smeik".</td><td>Funcionalidad
Baja</td></tr>
<tr><td colspan="2">Segmento traducido por Bing Translator
"Corría en la familia. Los ojos de Hagob Salbadian Smeik también estaban quemados de locura. '¿Te imaginas lo claro que puede llegar a ser nuestro pensamiento cuando lo liberamos del arte?', preguntó Smeik".</td><td>Funcionalidad
Baja</td></tr>
</table>

El extracto original de la novela muestra el uso de la partícula *ja* con un destacado objetivo enfatizador (concretamente del adverbio *anscheinend*), mediante el que se pretende otorgar una mayor intensidad al dato expresado, que el hablante considera evidente o incontestable. Los tres motores de traducción automática estudiados ofrecen versiones dispares de este pasaje en español.

En primer lugar, DeepL sí demuestra que los algoritmos han captado el matiz especial que transmite *ja* en este pasaje, lo que se evidencia por medio de la inclusión de "por supuesto", que resulta más potente que otras posibles opciones de traducción de *anscheinend*, como "por lo visto" o "aparentemente". Esta locución adverbial en español refuerza el argumento "era cosa de familia", que habría mostrado una intensidad pragmática limitada si se hubiera plasmado de esta manera en la versión traducida de este extracto. Asimismo, la ubicación de la locución resulta natural en la lengua española, pudiendo colocarse al principio de la intervención, por ejemplo ("Por supuesto, era cosa de familia"). La funcionalidad, por tanto, de esta opción es alta.

No obstante, esta opción (como ocurre con el resto de ejemplos) no es adecuada para su inclusión en un texto literario. De nuevo, no se identifican las secciones dialógicas y no se colocan en párrafo aparte las intervenciones de cada personaje y no se destacan mediante rayas, sino que se trasladan las comillas propias de los diálogos en alemán a la lengua española.

La opción proporcionada por Google Traductor muestra una funcionalidad baja por las siguientes razones: las modificaciones pragmáticas introducidas con la partícula *ja* no son detectables en español debido a que no se ha empleado ningún recurso para trasladar el tono específico con el que el personaje traslada este mensaje a su interlocutor, además que no aparece el sentido transmitido por *anscheinend*. La opción "eso venía de familia" tiene una naturaleza neutra y no permite a los lectores comprender las intenciones del personaje al elegir esa formulación concreta. No obstante, la redacción de esta versión de la oración en española resulta natural, aunque poco eficiente a nivel semántico y pragmático.

En el caso de la opción presentada por Bing Microsoft Translator, de nuevo se ve que el matiz mediante el que el autor pretendía reforzar no aparece en la versión española. Por ello, ocurre lo mismo que en la opción del Google Traductor, la capa pragmática y semántica adicional que Moers le aportó a esta oración con *ja anscheinend* desaparece en la manifestación meta. Esto causa que la funcionalidad de esta propuesta sea baja y no respete la función de esta oración ni transmitan los efectos diseñados por el autor de la novela. Además, la redacción de la oración no es natural, ya que el uso del verbo "correr" en este contexto, por lo menos en la variante peninsular del español, no transfiere funcionalmente el sentido a los lectores meta, algo que no ocurre en las opciones de DeepL y de Google Traductor.

La funcionalidad total del pasaje oscila entre un nivel bajo-alto en los tres casos, pues no serían adecuados para un contexto literario debido otra vez a un factor esencial: los motores automáticos no han identificado que este segmento pertenece a una sección dialógica. Asimismo, no solo no se han detectado en ocasiones las modificaciones introducidas por la partícula en esta oración, sino que ni siquiera se han trasladado los matices aportados por un adverbio, por lo que estas opciones no serían aptas en su inclusión en la versión final de una traducción. Se podrían proponer versiones alternativas, como "Eso es claramente cosa de familia" o "Absolutamente todos en esta familia son así".

En la Tabla 4 se presenta la traducción de la partícula en otro extracto de la novela de Moers:

Tabla 4. Segundo ejemplo de traducción de la partícula *ja*

<table>
<tr><td>Código
PAUT4</td><td>Segmento original
»Als Bewohner Buchhaims durfte ich kostenlos an der Buchhaimer Universität studieren, also belegte ich Zamonische Literatur, Antiquarismus und Schriftkunde, denn womit man in dieser Stadt Geld machen konnte, das lag ja auf der Hand. «</td><td>Pasaje
237</td></tr>
<tr><td colspan="2">Segmento traducido por DeepL
"Como residente de Buchhaim, se me permitió estudiar gratis en la Universidad de Buchhaim, así que estudié literatura zamónica, anticuariado y escribanía, porque era la forma obvia de ganar dinero en esta ciudad."</td><td>Funcionalidad
Baja</td></tr>
<tr><td colspan="2">Segmento traducido por Google Traductor
»Como residente de Buchhaim, me permitieron estudiar gratis en la Universidad de Buchhaim, así que estudié literatura, antigüedades y escritura de Zamon, porque era obvio cómo se podía ganar dinero en esta ciudad.«</td><td>Funcionalidad
Baja</td></tr>
<tr><td colspan="2">Segmento traducido por Bing Translator
"Como residente de Buchhaim, se me permitió estudiar en la Universidad de Buchhaim de forma gratuita, así que tomé literatura zamónica, anticuario y escritura, porque era obvio con qué se podía ganar dinero en esta ciudad.«</td><td>Funcionalidad
Baja</td></tr>
</table>

En este extracto, se puede ver el empleo de la partícula *ja* para reforzar la información incorporada a la siguiente sección: *[...] denn womit man in dieser Stadt Geld machen konnte, das lag ja auf der Hand.* Se usa para fortalecer el carácter evidente de los datos que está proporcionando el personaje que enuncia dicha intervención en la novela, transmitido por Moers a través de la expresión idiomática *auf der Hand liegen*, que se puede traducir por "ser obvio" o "ser evidente". Por ello, el factor enfático debería estar presente en español para transmitir la naturaleza pragmática de este recurso original a través de adverbios o adjetivos adicionales, por ejemplo.

En la opción proporcionada por DeepL, se detecta la traducción "[...] porque era la forma obvia de ganar dinero en esta ciudad". No se puede localizar ningún recurso en esta versión que pretenda fortalecer la potencia expresiva de *auf der Hand liegen*, por lo que se concluye que el sistema automático no ha detectado este matiz o no ha sido capaz de plantear una oración meta que lo refleje en español y que su funcionalidad es baja.

La versión proporcionada por el Google Traductor adopta la siguiente forma: "[...] porque era obvio cómo se podía ganar dinero en esta ciudad". De nuevo, no se identifica ninguna estrategia que tienda a aumentar la fuerza expresiva de la expresión idiomática empleada por Moers, lo que causa que la funcionalidad de este segmento meta sea baja. Asimismo, en este caso se ha asociado el adjetivo *Zamonische* a los tres sustantivos que se incluyen tras él en alemán (*Literatur*, *Antiquarismus* y *Schriftkunde*), algo que no ocurre en las versiones de DeepL y Bing Microsoft Translator. Este hecho puede causar dificultades en la interpretación de los conceptos utilizados originalmente por el autor, ya que en esta oración únicamente se debería asociar este adjetivo a *Literatur*, opción que sí estaría acorde con el resto de la historia. Es más, en la oración traducida se visualiza el equivalente "Zamon" para *Zamonische*, adjetivo que deriva de la denominación de la tierra ficticia en la que ocurren muchas de las aventuras de Moers, *Zamonien*. Este equivalente es inadecuado en este contexto, pues ya dispone de una versión acuñada en español en las novelas y relatos traducidos de Moers, que es "Zamonia". Todos estos factores disminuyen la funcionalidad de este pasaje traducido.

En el caso de Bing Microsoft Translator, este fragmento se traduce como "[...] porque era obvio con qué se podía ganar dinero en esta ciudad". De nuevo, las modificaciones son mínimas con respecto a las versiones producidas por DeepL y Google Traductor y las alteraciones introducidas en el discurso original por la partícula *ja* son inexistentes. La potencia pragmática de la fracción final del párrafo es menor si se compara con el fragmento original, lo que causa que la funcionalidad de esta opción sea también baja.

La cuestión de las comillas y de los signos de puntuación sigue sin resolverse en el presente ejemplo sometido a motores de traducción automática, lo que causa que la viabilidad de publicación de estas opciones de traducción sea nula. Además, existe otro factor en estas versiones que causa que su funcionalidad sea baja de cara a su inclusión en una publicación destinada a lectores del ámbito hispanohablante. La denominación de la ciudad ficticia de la que habla Moers en este pasaje (*Buchhaim*) representa un término con carga semántica traducible, pues se trata de un derivado del sustantivo alemán *Buch* ("libro") al que se le ha dado la forma del nombre de una región en esta novela y está íntimamente relacionado con la trama de *Die Stadt der Träumenden Bücher*. Los traductores deberían reflexionar acerca de la posibilidad de explicitar esta información en el contexto meta para que los lectores de destino no reciban una imagen fragmentada del mundo ficticio descrito en esta obra, que causaría un perjuicio mayúsculo a la recepción de la producción de Moers en su conjunto (Szymyślik, 2020: 70–79).

3.3. Análisis de la traducción de la partícula *doch*

En esta última sección del análisis se observa la funcionalidad de las opciones proporcionadas por los motores automáticos en el caso de la partícula *doch* empleada por Moers (Tabla 5):

Tabla 5. Primer ejemplo de traducción de la partícula *doch*

<table>
<tr><td>Código
PAUT5</td><td>Segmento original
»Willst du mich jetzt doch lieber umbringen?«. »Du hast gerade die gesamte Bibliothek der Weinenden Schatten gelesen«, sagte er. »Eine Tanzstunde der ganz besonderen Art.« »Was sollte das?«, fragte ich, während ich mich ächzend erhob.</td><td>Pasaje
423</td></tr>
<tr><td colspan="2">Segmento traducido por DeepL
"'¿Prefieres matarme ahora?'. 'Acabas de leer toda la Biblioteca de las Sombras Llorosas', dijo. 'Una clase de baile muy especial'. '¿De qué iba eso?', pregunté, gimiendo mientras me levantaba".</td><td>Funcionalidad
Baja</td></tr>
<tr><td colspan="2">Segmento traducido por Google Traductor
"'¿Preferirías matarme ahora?' 'Acabas de leer toda la Biblioteca de las Sombras Lloronas', dijo. 'Un tipo de lección de baile muy especial.' '¿De qué se trató eso?', pregunté mientras me levantaba con un gemido".</td><td>Funcionalidad
Baja</td></tr>
<tr><td colspan="2">Segmento traducido por Bing Translator
"'¿Preferirías matarme ahora?' 'Acabas de leer toda la biblioteca de Weeping Shadows', dijo. »Una clase de baile de un tipo muy especial.« '¿Qué es eso?', pregunté, levantándome gimiendo".</td><td>Funcionalidad
Baja</td></tr>
</table>

En el primer ejemplo de traducción automática de un segmento en el que se utiliza la partícula *doch*, DeepL proporciona la versión "¿Prefieres matarme ahora?". Es este caso, la partícula *doch* modifica el adverbio *lieber*, que ha sido funcionalmente recogido en esta opción. No obstante, no es posible detectar el refuerzo de dicho adverbio que Moers pretendió incorporar a la oración original, causando el fortalecimiento de la intervención de este personaje. Esto ocasiona que la funcionalidad de esta opción sea baja. Sin embargo, la formulación es funcional, pues es posible (en función del tono y los matices que los traductores quisieran darle a esta oración) traducir al español la construcción *willst du mich lieber umbringen?* (omitiendo las modificaciones aplicadas por la partícula) como "¿prefieres matarme?" o "¿preferirías matarme?".

Google Traductor y el Bing Microsoft Translate aportan la misma versión de esta oración en español: "¿Preferirías matarme ahora?". Esta opción muestra los mismos problemas de funcionalidad que la proporcionada por DeepL: la formulación de la oración es efectiva, pero de nuevo se acusa la ausencia de matices en español que permitan comprender las alteraciones semánticas y pragmáticas que el autor de la novela quería mostrar a través de la partícula *doch*, esto es, un refuerzo de la potencia expresiva de la pregunta que plantea uno de los personajes. De esta manera, se aumentaría su carga dramática notablemente, lo cual no es perceptible a través de esta propuesta de traducción. Es necesario concluir que la funcionalidad de ambas opciones es baja.

De forma adicional, la versión del Bing Microsoft Translator muestra determinados rasgos que no son aptos para su inclusión en un texto literario redactado en la lengua española. En primer lugar, uno de los conceptos ideados por Moers en su novela (*Bibliothek der Weinenden Schatten*, que puede traducirse como "la Biblioteca de las Sombras Lloronas", una opción funcional que sí proporciona Google Traductor), por razones desconocidas, se ha traducido parcialmente al inglés ("biblioteca de Weeping Shadows") en lugar de al español, a pesar de haber incorporado al sistema la misma versión original que en el caso de los otros motores. Además, las comillas se han trasladado al español siguiendo las convenciones alemanas, lo que no pasó en las otras versiones.

La naturaleza dialógica de este pasaje, como ocurrió en las versiones anteriores, no se ha trasladado siguiendo las convenciones del español, por lo que de todas maneras estas propuestas no serían publicables. Unas posibles alternativas a estas opciones, en las que sí se transfiere a la lengua meta los matices de la partícula *doch* podrían ser "¿Es que preferirías matarme ahora?" o "¿Acaso prefieres matarme ahora?", en las que se incorporan locuciones y adverbios para intensificar el dramatismo de esta intervención específica.

El segundo análisis del uso de la partícula *doch* por Moers se centra en el siguiente extracto:

Tabla 6. Segundo ejemplo de traducción de la partícula *doch*

Código PAUT6	**Segmento original** *»Und der Kerl da neben dir, das hässliche Ungeheuer – das kann **doch** nur der Schattenkönig sein. Schön, dass man dich mal von Angesicht zu Angesicht sieht. Bisher sind wir uns nur im Dunkeln begegnet. Was für eine Fratze!« »Ich hätte ihn **doch** besser töten sollen [...].«*	**Pasaje** 390
Segmento traducido por DeepL "Y el tipo a tu lado, el monstruo feo – que sólo puede ser el Rey Sombra. Es agradable verte cara a cara por una vez. Hasta ahora sólo nos habíamos visto en la oscuridad. ¡Qué mueca!" "Debería haberle matado mejor [...]".		**Funcionalidad** Baja
Segmento traducido por Google Traductor "Y ese tipo a tu lado, ese monstruo feo, solo puede ser el Rey de las Sombras. Es agradable verte cara a cara. Hasta ahora sólo nos hemos encontrado en la oscuridad. ¡Qué mueca!" "Debería haberlo matado mejor [...]".		**Funcionalidad** Baja
Segmento traducido por Bing Translator "Y ese tipo a tu lado, el monstruo feo, solo puede ser el Rey de las Sombras. Es agradable verte cara a cara. Hasta ahora, solo nos hemos conocido en la oscuridad. ¡Qué mueca!". "Debí haberlo matado mejor [...]".		**Funcionalidad** Baja

En el pasaje reproducido en la Tabla 6, pueden verse dos ejemplos de uso de la partícula *doch* para modificar pragmáticamente el discurso: *[...] das kann doch nur der Schattenkönig sein* y *Ich hätte ihn doch besser töten sollen [...]*. En ambos casos, se quiere reforzar la expresividad de las intervenciones de los personajes en cuestión, factor que se ha trasladado de la siguiente forma a la lengua española: DeepL produce la opción "que solo puede ser el rey sombra", que muestra la información completa del primer fragmento, pero no hay rastro de ningún intento de fortalecer la expresividad de esta secuencia de diálogo. En la segunda oración ("debería haberle matado mejor [...]"), tampoco se detectan recursos para reforzar la capa pragmática de este fragmento y, además (como ocurre con las opciones proporcionados por los demás motores) la formulación de la oración causa que resulte difícil comprender con exactitud lo que Moers quería transmitir mediante este segmento.

Las opciones propuestas por Google Traductor adolecen de las mismas carencias que las de DeepL, pues las oraciones meta "[...] que sólo puede ser el Rey Sombra" y "debería haberlo matado mejor [...]" muestran una estructura semejante con diferencias mínimas (como el uso de "haberlo matado" en vez de "haberle matado") y de nuevo la falta de recursos para intensificar el dramatismo de esta secuencia dialógica. Todo ello causa que estas versiones no sean funcionales para su inclusión en una traducción publicable.

Por último, Bing Microsoft Translator muestra las oraciones "[…] solo puede ser el Rey de las Sombras" y "debí haberlo matado mejor […]". Ocurre lo mismo que en los demás casos: no se hallan estrategias tendentes al fortalecimiento de las expresiones empleadas por los personajes en este extracto, lo que causa que la potencia pragmática de estas partes de la novela no tenga el mismo nivel de intensidad que en la obra original, lo que ocasiona que la funcionalidad de estas versiones sea baja y no apta para su publicación.

Estas oraciones podrían haberse fortalecido mediante el uso de equivalente como, por ejemplo, "la única opción es que sea el Rey de las Sombras" o "si es que debería haberlo matado…". En ellas puede verse que se ha modificado la redacción con respecto a las opciones producidas por los motores automáticos para reflejar el dramatismo que Moers introdujo en su diálogo a través de la partícula *doch*, un factor que es especialmente relevante en contextos creativos como la literatura.

4. Conclusiones

Las conclusiones que arroja este estudio pueden encuadrarse en diferentes prismas, tanto teóricos como prácticos. Desde el punto de vista teórico, se ha podido percibir que es posible aplicar las nociones de "problema de traducción" y "unidad de traducción" al análisis funcional de la transferencia de las diferentes variantes de partículas entre el alemán y el español. Asimismo, en su vertiente práctica, se ha comprobado en este estudio que es posible, en primer lugar, utilizar motores de traducción automática para llevar a cabo estudios cualitativos funcionales para, en segundo lugar, comprobar la eficacia de tales sistemas para el traslado de partículas situadas en contextos concretos entre la lengua alemana y la española.

Respecto a la valoración de la funcionalidad de las opciones de traducción proporcionadas por los motores automáticos, es posible ofrecer los siguientes datos: en primer lugar, al tratarse de pasajes con una redacción clara y concisa, las variaciones de interpretación al margen del uso de partículas eran muy limitadas y, por tanto, es posible aseverar que los motores automáticos han transferido la información puramente referencial con un alto grado de acierto de manera general.

Si se centra la atención específicamente en la traducción de partículas, la situación cambia de manera radical: los motores automáticos muestran un grado de acierto o error diferente si se analiza cada una de las partículas, lo que demostraría que los matices pragmáticos que añaden a los discursos varían en su nivel de complejidad. En el caso de *denn*, solo uno de los motores (DeepL) detecta adecuadamente las modificaciones que introduce en las oraciones en las que se utiliza con un propósito enfático (aunque únicamente en un caso de tres diferentes analizados en este estudio), mientras que los demás no muestran indicios de haber identificado este elemento pragmático en absoluto. No obstante, debido a determinados factores que causan que las opciones de DeepL no alcancen elevados niveles de refinamiento, la eficacia de estas versiones oscila entre la funcionalidad baja y media.

En el caso de la partícula *ja*, los datos ofrecidos por el análisis muestran que, como ocurrió con *denn*, el único motor que fue capaz de captar el matiz enfático de esta partícula y de proporcionar opciones con elevados niveles de funcionalidad fue DeepL, aunque de nuevo en un solo caso. Por su parte, ni Google Traductor ni Bing Translator expusieron equivalentes para este componente.

El análisis de la última partícula (*doch*) expone los resultados más interesantes: puede concluirse que, en el marco de este estudio, esta fue la partícula que planteó un mayor número de dificultades a los motores automáticos, pues ninguno fue capaz de identificar las alteraciones semánticas que introdujo Moers a través de ella en su novela. Todas las opciones trasladan la información del alemán al español con grados variables de eficacia, pero, por lo que respecta a las partículas, no introdujeron ningún tipo de componente para transferir su sentido, por lo que la funcionalidad de todas las opciones propuestas es baja.

Esta clase de análisis demuestra que el empleo de motores automáticos para llevar a cabo traducciones en cualquier modalidad dispone de pros y contras: determinados elementos de los discursos origen, tales como los pasajes que muestren un grado elevado de univocidad y el empleo de estructuras sintácticas sencillas y una selección léxica caracterizada predominantemente por la monosemia pueden trasladarse con un elevado grado de funcionalidad a las culturas de destino. No obstante, aquellos discursos que opten por un carácter evocativo o ampliamente interpretable (como es el caso de las obras literarias, por ejemplo) plantearán mayores complicaciones para dichos sistemas.

Es necesario ampliar esta investigación con trabajos subsiguientes para obtener datos más completos desde el prisma cuantitativo y cualitativo y que permitan observar una muestra más representativa de traducciones de partículas no solo en textos literarios, sino en más modalidades. Sin embargo, aquí se establece un punto de partida provechoso para comprender las necesidades de esta clase de investigación, la metodología que puede emplearse para llevar a cabo estudios teórico-prácticos como este y las necesidades de evolución que posee esta propuesta.

Por ello, es posible aseverar que todavía se requiere la intervención humana para garantizar que las traducciones (específicamente en el caso concreto estudiado en este trabajo) muestren altos niveles de funcionalidad que permitan a los discursos de llegada desencadenar los efectos y las funciones que los autores originales pretendían que cumplieran en los nuevos contextos, una tarea que todavía no puede encomendarse por completo a los motores de traducción automática.

Bibliografía

Adler, H. G. (1964). Füllwörter. *Muttersprache*, 74, 52–55.

Buthmann, S. (2011). *Las partículas modales* doch, ja, eben *y* halt, *problemas de traducción alemán-español y español-alemán*. Tesis doctoral, Universidad de Málaga.

Bruti, S. (2019). Speech Acts and Translation. En R. Tipton y L. Desilla (Eds.), *The Routledge Handbook of Translation and Pragmatics* (pp. 13–26). Londres y Nueva York: Routledge.

Calvo Encinas, E. y De la Cova Morillo-Velarde, E. (2023). *Spotlighting Translation Problems: A Qualitative Approach to Translation Studies*. Londres y Nueva York: Routledge.

Castillo Bernal, P. (2022). La traducción literaria asistida por ordenador aplicada a la novela histórica (alemán-español): entrenamiento y comparación de sistemas de traducción automática. *Quaderns de Filologia: Estudis Lingüístics*, XXVII, 71–85.

Contreras-Fernández, J. (2012). ¿Hay diferencias en las estrategias de atenuación utilizadas en los correos electrónicos españoles y alemanes? En J. Escamilla Morales y G. Henry Vega (Eds.), *Miradas multidisciplinares a los fenómenos de cortesía y descortesía en el mundo hispánico* (pp. 451–472). Madrid: Programa EDICE.

De la Cova Morillo-Velarde, E. (2017). *La localización de la ayuda online. Categorización de problemas para la traducción*. Tesis doctoral, Universidad de Sevilla.

Eggette, B. (2020). *Gramática alemana*. Salamanca: Ediciones de la Universidad de Salamanca.

Giráldez Sánchez, O. (2002). *Valor ilocutivo de las partículas modales alemanas y su aplicación a la didáctica del alemán como lengua extranjera: una propuesta metodológica.* Tesis doctoral, Universidad de Sevilla.

Gornik-Gerhardt, H. (1978). *Zu den Funktionen der Modalpartikeln ‚schon' und einiger ihrer Substituentia.* Tesis doctoral, Johannes-Gutenberg Universität Mainz.

Hurtado Albir, A. (2004). *Traducción y Traductología: Introducción a la Traductología.* Madrid: Cátedra.

Illig, C., Slabý, R. y Grossman, R. (2002). *Diccionario de las lenguas española y alemana, Tomo II: Alemán-Español.* Múnich: Herder.

Kafka, F. (1997). *Die Verwandlung.* Berlín: Deutscher Taschenbuch Verlag.

Kiraly, D. (1995). *Pathways to Translation: Pedagogy and Process.* Kent: Kent State University Press.

Kubin, A. (2009). *Die andere Seite: ein phantastischer Roman.* Berlín: Suhrkamp.

Mayoral Asensio, R. (2001). *Aspectos epistemológicos de la traducción.* Castellón de la Plana: Publicaciones de la Universitat Jaume I.

Moers, W. (2019). *Die Stadt der Träumenden Bücher.* Múnich: Random House GmbH.

Nord, C. (2018). *Translation as a Purposeful Activity. Functionalist Approaches Explained.* Londres y Nueva York: Routledge.

Reiners, L. (1943). *Stilkunst. Ein Lehrbuch deutscher Prosa.* Múnich: Beck.

Reiss, K. y Vermeer, H. J. (1984). *Grundlegung einer allgemeinen Translationstheorie.* Tubinga: Niemeyer.

Sirén, S. y Hakkarainen, K. (2002). Expertise in Translation. *Across Languages and Cultures*, 3(1), 71–82.

Szymyślik, R. (2019). *Estudio de los problemas de traducción vinculados a mundos ficticios:* Fahrenheit 451 *de Ray Bradbury.* Tesis doctoral, Universidad Pablo de Olavide.

Szymyślik, R. (2020). La traducción de mundos ficticios en la literatura entre el alemán y el español: el caso de *Die andere Seite: ein phantastischer Roman* de Alfred Kubin. *mAGAzin*, 28, 69–82.

Szymyślik, R. (2023). Estudio de los problemas de traducción vinculados al mundo ficticio del videojuego *BioShock Infinite. Sendebar: Revista de Traducción e Interpretación*, 34, 217–218.

Thiel, G. (1975). Von der übersetzungsbezogene Analyse von Texten zur Bestimmung ihres Schwierigkeitsgrades für die Übersetzung. Probleme des metodischen Weges. En W. Wills (Ed.), *Übersetzungswissenschaft. Kongressbericht der 6. Jahrestagung der GAL* (pp. 24–38). Londres: Groos.

Thiel, R. (1962). Würzwörter. *Sprachpflege*, 4, 71–73.

Thurmair, M. (1989). *Modalpartikeln und ihre Kombinationen.* Tubinga: Niemeyer.

Torregrosa Azor, J. (2010). *Análisis multisistémico de las partículas modales del alemán.* Tesis doctoral, Universitat de Barcelona.

Toury, G. (1980). *In Search of a Theory of Translation.* Tel Aviv: The Porter Institute for Poetics.

Valero Garcés, C. (2007). *Modelo de evaluación de obras literarias traducidas.* Berna: Peter Lang.

Wahrig-Buhrfeind, R. (2012). *Wahrig: Wörterbuch der deutschen Sprache.* Múnich: Dt. Taschenbuch-Verlag.

Motores de traducción automática

DeepL SE (2023). *DeepL Translate.* Disponible en: <https://www.deepl.com/translator>.

Google LLC (2023). *Google Translate.* Disponible en: <https://translate.google.com>.

Microsoft Corporation (2023). *Bing Microsoft Translator.* Disponible en: <https://www.bing.com/Translator>.

Guiomar Topf Monge

(Universidad de Sevilla)

Errores que comete DeepL al traducir construcciones impersonales

Resumen: Tanto en alemán como en español hay una gran variedad de construcciones que presentan un sujeto semántico y, sin embargo, no especifican a qué actor humano se refieren concretamente (*Agensausblendung*). Para evaluar los errores que comete DeepL al traducir este tipo de impersonales semánticas se trabaja con un corpus bilingüe alemán-español, extraído de PaGes, al que se añade una segunda traducción del TO realizada con DeepL. Este método permite evaluar el rendimiento de DeepL comparándolo con la traducción humana. Los resultados se pueden dividir en cuatro niveles de calidad: (a) apenas presentan errores las construcciones con el *du* impersonal y con los verbos de percepciones sensoriales; (b) el índice de errores no rebasa el 10 % en las pasivas impersonales, las construcciones con *sich* y con *sein/bleiben* + *zu* + infinitivo; (c) se documentan errores en un 13 % de los adjetivos en *-bar* y *-lich*; y (d) las traducciones que DeepL hace de estructuras con *man* y con *gehören* + participio II presentan un 25 % y un 42 % de errores respectivamente. Se observan problemas estilísticos, falsos sentidos y errores gramaticales, frecuentemente originados por calcos sintácticos.

Palabras clave: evaluación de DeepL, construcciones impersonales, *Agensausblendung*, corpus bilingüe, error gramatical

0. Introducción: Actores que no están

Se consideran impersonales aquellas oraciones en las que hay una acción verbal pero no se dice quién la lleva a cabo. Independientemente de que la oración tenga o no sujeto sintáctico, carece de sujeto semántico o, al menos, este no tiene un referente definido. Esto último ocurre cuando la oración tiene un verbo para el que está previsto un rol agente, pero el actor que desempeña ese rol no está, como en (1), donde el referente puede ser cualquier persona, en general, o en (2), donde se hace referencia a ciertas personas sin nombrarlas, ya sea porque el emisor desconoce quiénes son o no lo quiere decir.

(1a) Man lebt nur einmal.
(1b) Solo se vive una vez.
(2a) Es klingelt an der Tür.
(2b) Están llamando a la puerta.

A la hora de definir la impersonalidad resulta útil la distinción entre dos tipos de construcciones impersonales, las semánticas y las sintácticas (Siewierska, 1984; Gómez Torrego, 1998): cuando el predicado atribuye una función semántica plena, como es el caso de *vivir* (1) y *llamar* (2), pero carece de un sujeto referencial identificable se trata de una impersonal semántica. Las impersonales sintácticas, por el contrario, carecen de sujeto sintáctico porque están formadas a partir de verbos que designan fenómenos meteorológicos (también llamados atmosféricos o de la naturaleza) y de tiempo (3).

(3a) Es regnet / Der Morgen graut / Es ist kalt / Es ist spät.
(3b) Está lloviendo / Amanece / Hace frío / Es tarde.

Desde el punto de vista traductológico, hay una gran diferencia entre las impersonales semánticas (1 y 2) y las sintácticas (3), pues la traducción de estas últimas apenas suele presentar problemas, en todo caso pueden surgir cuestiones idiomáticas relacionadas con el léxico del tiempo y la meteorología. La traducción de las impersonales semánticas, por el contrario, suele resultar más difícil, porque hay que dar cuenta de la tensión que se genera entre la ausencia y la presencia de actores humanos y, por esta razón, este estudio únicamente se ocupa de este tipo de impersonales.

Debido a su carácter universal, la impersonalidad, en general, y la impersonalidad de actores humanos, en especial, puede ser de gran utilidad si se emplea como *tertium comparationis* para el estudio contrastivo entre distintas lenguas. En el caso del par de lenguas alemán y español, Cartagena y Gauger (1989) lo han estudiado bajo el nombre de *Agensausblendung*, comparando así distintos procedimientos sintácticos que cumplen la misma función: hacen desaparecer al actor y centran la atención en la acción verbal en sí o en el objeto sobre el que recae la acción. Sin embargo, utilizar este concepto de *Agensausblendung* en un estudio onomasiológico tiene la desventaja de que no solo abarca las construcciones impersonales propiamente dichas, sino también las pasivas, porque en ambas el foco se desvía del agente. La diferencia radica en que con un complemento agente se puede añadir esta información a las oraciones pasivas, pero no a las impersonales. Por lo tanto, en el presente estudio vamos a utilizar la impersonalidad como *tertium comparationis*, pero vamos a acotar el objeto de estudio, excluyendo las construcciones pasivas (véase el capítulo de Limbach en este volumen).

Merece destacar que el uso de construcciones impersonales como estrategia pragmática se denomina *impersonalización* o *despersonalización*. Es recurrente en el discurso político (cf. Truan 2018 para el pronombre indefinido alemán *man* y Gelabert-Desnoyer 2008 para el español *uno/una*), así como en el lenguaje científico, donde forma parte de las convenciones académicas (cf. Schwanzer 1981 y Brommer 2018 para el alemán; Ciapuscio 1992 y García Negroni 2008 para el español; Contreras Fernández 2021 para un estudio contrastivo alemán-español).

En los textos literarios, la impersonalidad constituye un recurso retórico que puede cumplir distintas funciones en relación con la voz narrativa y el lenguaje reproducido en los diálogos, por lo que su traducción se enfrenta a problemas pragmáticos (Contreras Fernández, 2018) y narratológicos (Fludernik, 1995; Topf Monge, 2020). En los textos literarios aumenta la variedad de construcciones impersonales en comparación con otras tipologías textuales (Fernández, 2009), por lo que constituyen un objeto de estudio privilegiado.

1. La impersonalidad en alemán

Una vez descartados la pasiva y los verbos meteorológicos y de tiempo, nos centramos en aquellas construcciones impersonales que en alemán también se conocen como *Passiversatz*. Esta nomenclatura hace alusión a su capacidad de expresar lo mismo que una pasiva perifrástica con *werden* o *sein*. No hay consenso sobre cuántos tipos de *Passiversatzformen* existen. Según Cartagena y Gauger (1989) son diez, mientras Castell (1997) enumera doce y en la gramática del Duden (2016) aparecen nueve.

En aras de la claridad, he seleccionado siete tipos que me parecen los más característicos, haciendo mención de alguno de los demás en calidad de subtipo o variación: (1) el pronombre indefinido *man*, (2) *sein/bleiben* + *zu* + infinitivo, (3) *gehören* + participio II, (4) construcciones impersonales con *es*, como la voz pasiva impersonal y los verbos de percepción sensorial, (5) adjetivos terminados en *-bar* y *-lich*, (6) construcciones con *mediales sich* y (7) el uso impersonal de *du*.

1.1 El pronombre indefinido *man*

El pronombre *man* puede referirse a un número indefinido de personas. Se trata de una forma única que solo existe en nominativo y desempeña la función de sujeto pronominal. En el ejemplo (4a) se observa que concuerda con el predicado en tercera persona del singular.

(4a) Kann man das nicht ändern?
(4b) ¿No se puede cambiar esto? (Ej. de Castell, 1997: 143).

También puede funcionar como complemento en acusativo o dativo, pero en estos casos hay que recurrir a las formas supletivas *einen* o *einem* respectivamente

(*Man ist schon zufrieden, wenn der Chef einen in Ruhe lässt. / Man sagt einfach, was einem so einfällt.* Ej. de Weinrich, 1993: 99). No es posible declinarlo en genitivo. Si un posesivo retoma anafóricamente el pronombre *man*, se declina en masculino, en coherencia con sus formas masculinas en acusativo y dativo (*Es ist so laut, dass man sein eigenes Wort nicht versteht*).

Etimológicamente procede de *homo* > *mann* > *man* y aún en su forma actual, como pronombre indefinido, siempre hace referencia a seres humanos, concretamente, a un grupo de personas no específicas (entre otros, cf. Helbig, 1997: 84). Para definir con más precisión cómo se delimita el conjunto de seres humanos al que hace referencia *man* hay distintos modelos.

Según Weinrich (1993: 98), *man* neutraliza la primera, segunda y tercera persona, pues puede referirse a cualquiera o a todos a la vez. En su gramática textual, Weinrich (1993) pone de relieve la función comunicativa de emisor, receptor y referente. No habla de personas del verbo sino de *Gesprächsrollen* o roles conversacionales. Al neutralizar estos roles, el pronombre *man* se presta especialmente para expresar convenciones (como las de Knigge) o formular proverbios (Weinrich, 1993: 100–102).

Zifonun (2000, 2001, 2017) establece una distinción entre la interpretación genérica y la episódica de *man*, que resulta muy útil para el contraste con el español. El *man* genérico (véase los ejemplos 1 y 4) se refiere a toda la humanidad o, al menos, a lo que haría cualquier persona en una situación determinada. Por esta razón se utiliza para hacer afirmaciones generales en presente gnómico y, por supuesto, suele incluir al emisor. El *man* episódico (véase ejemplo 2) hace referencia a alguien concreto pero indefinido, por lo que no puede incluir al emisor. Según Zifonun (2001), solo un 18 % de las construcciones con *man* son de interpretación episódica.

1.2 *sein/bleiben* + *zu* + infinitivo

Aunque esta construcción normalmente se forma con el verbo *sein* o el verbo *bleiben*, también existe la posibilidad de utilizar los verbos *stehen, geben, gehen* (Cartagena & Gauger, 1989, vol. 2: 411–412). La proximidad con la voz pasiva se nota en el hecho de que, igual que la pasiva perifrástica, solo funciona con verbos transitivos, como *überzeugen* en (5a).

(5a) Nur fünf Leute waren zu überzeugen. Die anderen haben unseren Vorschlag abgelehnt.

(5b) Solo se pudo convencer a cinco personas. Las otras rechazaron nuestra propuesta (Ej. de Castell 1997: 163).

Como se observa en (5b), el significado equivale a una oración pasiva con el verbo modal *können* (*Nur fünf Leute konnten überzeugt werden*). Según el contexto, la construcción *sein/bleiben* + *zu* + infinitivo se corresponde con el valor modal de posibilidad (*können*) o con el de necesidad (*müssen*) o prohibición (*dürfen*). Para traducir adecuadamente estas construcciones hay que interpretar el TO conforme al significado modal implícito (*implizierte Modalbedeutung*) (cf. Cartagena & Gauger, 1989, vol. 1: 423).

1.3 *gehören* + participio II

Esta construcción se parece a la anterior porque también tiene un significado modal vinculado a la *Valenzumkehrung* entre sujeto y objeto. Solo se puede formar con verbos transitivos y el significado depende únicamente del verbo principal (participio II).

(6) Das gehört gehört [Werbung für einen Radiosender] (Ej. de Duden, 2016: 427).

Del ejemplo (6) se desprende que el significado modal es de necesidad u obligación (*Hay que escuchar esto*), aparte de que hace un juego de palabras con *gehören* y el participio de *hören*. Las construcciones impersonales con *gehören* siempre se corresponden con el aspecto modal de obligación *müssen* o *sollen* (*Das muss/sollte gehört werden*).

1.4 Construcciones impersonales con *es*

1.4.1 La pasiva impersonal

Esta construcción se sirve del auxiliar *werden*, pero, a diferencia de la pasiva perifrástica al uso, la pasiva impersonal carece de sujeto sintáctico y, por lo tanto, el auxiliar siempre aparece en tercera persona del singular. Se forma con verbos intransitivos o a partir de estructuras activas en las que el predicado se usa de forma intransitiva, es decir, que no tienen un objeto directo que pueda convertirse en el sujeto sintáctico de la oración pasiva (cf. Cartagena & Gauger, 1989, vol. 1: 304; Castell, 1997: 142).

(7a) Es wurde viel getanzt.

(7b) Bailaron mucho/ Se bailó mucho (Ej. de Cartagena & Gauger, 1989, vol. 1: 421).

El pronombre *es* cumple la función de *Platzhalter* en este tipo de construcciones, puesto que ocupa la primera posición de la oración y desaparece en cuanto se añade otro elemento en esa posición (*Hier/ Gestern wurde viel getanzt*).

Por un lado, puede haber pasivas impersonales con el auxiliar *sein*, aunque son menos frecuentes. Se trata de una especie de *Zustandspassiv* impersonal con verbos intransitivos como *sprechen*, *denken* o *helfen* (*Es ist dem Freund damit geholfen/ Dem Freund ist damit geholfen*) (Ej. de Cartagena y Gauger, 1989, vol. 1: 306). Por otro lado, está estrictamente restringido a acciones humanas, por lo que *Da wurde laut gequietscht* no podría nunca interpretarse como *Da quietschte die Tür* (Ej. de Duden, 2016: 547).

Resumiendo, en alemán hay un tipo de construcciones impersonales pasivas que pueden presentar un pronombre *es* con la mera función de *Platzhalter*. Están más cerca de las impersonales que de las pasivas porque no suele ser posible añadirles un complemento agente (**Es wurde von uns viel getanzt/ *Es ist dem Freund damit von seiner Familie geholfen*).

En cuanto a la frecuencia de esta estructura, Cartagena y Gauger (1989, vol.1: 420) citan estudios, según los cuales la pasiva impersonal con *werden* en alemán solo constituye un 3 % de todas las pasivas.

1.4.2 Verbos de percepciones sensoriales

Se trata de construcciones impersonales con verbos que hacen referencia a los sentidos del olfato, gusto, oído o similar *(riechen, stinken, schmecken, rauschen, rascheln, klopfen, klingeln, läuten, jucken*, etc.). Se conjugan en tercera persona singular con *es* como sujeto sintáctico.

Cartagena y Gauger (1989, vol. 1: 420) distinguen entre aquellos verbos que describen una percepción sensorial que no ha sido provocada por una persona (*Es rauscht, Es schmeckt*), y aquellos que, además de un receptor humano, tienen un rol agente (*Es klopft, Es klingelt*). Aunque para ellos se trate de una anomalía idiomática, he decidido centrarme justamente en estos últimos porque son lo que más claramente se ajustan a la definición de impersonalidad que manejo (véase el ejemplo 2).

1.5 Adjetivos terminados en *-bar* y *-lich*

Se trata de adjetivos derivados de verbos transitivos. Se les añade el sufijo *-bar* o *-lich*, como en (8a).

(8a) Ist die Schrift leserlich?
(8b) ¿Es legible la letra? (Ej. de Castell, 1997: 144).

Su significado se corresponde con el verbo modal *können* (*Kann die Schrift gelesen werden?*).

1.6 Construcciones con *mediales sich*

Hay un tipo de construcciones impersonales muy peculiares que se forman con el pronombre *sich*. No se trata del *sich* reflexivo, sino de un *sich* que algunas gramáticas denominan *medio* (*mediales sich*, cf. Pittner y Berman, 2004: 134) porque no forma parte del paradigma verbal (como en *sich verabreden*, por ejemplo). Tampoco cumple la función de objeto directo (*Man gönnt sich ja sonst nichts*) ni indica reciprocidad (*Meine Eltern lieben sich*). Una vez descartadas estas clases de *sich*, podemos tener certeza de que estamos ante un *sich* medio y que, por lo tanto, se trata de una oración impersonal. Otra característica es que suele llevar algún complemento adverbial (como *schwer* o *gut*, en el ejemplo 9).

(9) Der Text liest sich schwer/Hier lebt es sich gut (Ej. de Pittner & Berman, 2004: 134).

Según Castell (1997), estas construcciones se subdividen en tres tipos: con el verbo *lassen* (*Diese Maschinen lassen sich gut verkaufen* – *Estas máquinas se venden bien*), sin el verbo *lassen* (*Diese Maschinen verkaufen sich gut* – *Estas máquinas se venden bien*) y con verbos intransitivos y pronombre *es* (*Mit dieser Maschine lässt es sich besser arbeiten/ Mit dieser Maschine arbeitet es sich besser* – *Con esta máquina se trabaja mejor*).

1.7 El uso impersonal de la segunda persona del singular

El pronombre personal *du* se puede usar de forma impersonal o genérica (*verallgemeinernd*), dependiendo de la interpretación que se dé al enunciado.

(10) In Köln kannst du dich prima amüsieren (Ej. de Duden, 2016: 265).

El ejemplo (10) se puede interpretar de dos maneras: *du* puede referirse al receptor (personal) o a todas las personas que pretenden divertirse en Colonia (impersonal). La gramática del Duden (2016: 265) recoge el uso impersonal y explica que su significado se asemeja al del indefinido *man*. Según Weinrich (1993: 98), es incluso más efectivo que *man* a la hora de favorecer un acercamiento al interlocutor.

2. La impersonalidad en español

Aparte de la pasiva perifrástica, el español tiene otros mecanismos para expresar impersonalidad. Han sido analizados en profundidad por Gómez Torrego

(1998) y, por supuesto, están presentes en las gramáticas de referencia, como son la GDLE (1999), la RAE (2009) y la ELH (2016). Utilizaré la tipología que establece la ELH (2016) porque ofrece una síntesis actualizada de las cinco construcciones más características. Únicamente voy a introducir un cambio e incluir la pasiva refleja en la nómina de las construcciones impersonales. Considerar que existen tres tipos de pasiva, la pasiva perifrástica (con *ser*), la pasiva adjetival (con *estar*) y la pasiva refleja (con *se*), entronca con la tradición hispánica, pero lleva a equívocos a la hora de contrastar el uso de la pasiva en español y en alemán. Este debate se remonta a una afirmación de Gili y Gaya (cit. *apud* Cartagena & Gauger, 1989, vol. 2: 418) de que el español tiene "preferencia" por la voz activa y que al traducir es importante tener en cuenta este hecho "para no cometer faltas de estilo, y aun errores de expresión". No obstante, cuando los estudios contrastivos comparan el uso de la voz activa y pasiva en ambas lenguas, no se observa tal preferencia, pues la pasiva refleja es la opción preferente para traducir la pasiva alemana, mientras que la pasiva perifrástica es muy poco frecuente en español (Sánchez-Nieto, 2017; Contreras Fernández, 2021). Por lo tanto, parece que la pasiva refleja es una pasiva menos característica que la pasiva propiamente dicha (aunque no está claro a cuál de ellas Gili y Gaya se refería) y en este estudio va a figurar (a pesar de lo que su nombre indica) en la taxonomía de las principales construcciones impersonales en español, a saber: (2.1) la pasiva refleja, (2.2) los predicados impersonales, (2.3) el pronombre indefinido *uno/una*, (2.4) la tercera persona del plural, (2.5) la segunda persona del singular.

2.1 La pasiva refleja

La pasiva refleja se forma con verbos transitivos y el pronombre clítico *se*. El verbo concuerda con el sujeto sintáctico, que semánticamente desempeña el rol paciente, ya sea en tercera persona del singular o del plural. A pesar de que esta conversión del objeto directo en sujeto es típica de la diátesis, hay una característica de la pasiva refleja que la diferencia claramente de la pasiva perifrástica: su resistencia a aceptar complementos agentes.

(11a) *Se pasaron los trabajos a ordenador por Sandra.
(11b) Se pasaron los trabajos a ordenador. Los pasó Sandra (Ej. de GDLE, 1999: 1637).

Como apuntábamos en el apartado anterior, la pasiva refleja es una construcción de uso muy frecuente en español, tanto en el registro oral como en el escrito (GDLE. 1999: 1635). Se utiliza sobre todo con sujetos sintácticos inanimados, como en (11b). Los sujetos únicamente pueden ser animados si se trata de sintagmas nominales indefinidos (*Se escogen (las) flores rojas / ?Se escogen candidatos idóneos*). Si el sujeto sintáctico lleva un artículo definido es incompatible con la pasiva refleja (12a): la alternativa sería utilizar la impersonal con *se* (12b) (véase el siguiente apartado 2.2 sobre los predicados impersonales).

(12a) *Se escogen los candidatos idóneos.
(12b) Se escoge a los candidatos idóneos.

También puede haber problemas con ciertos verbos porque la pasiva refleja resultante se interpretaría como *anticausativa*, es decir, como una acción espontánea (ocurrida por sí sola) sin que interviniera ningún agente o sin que hubiera nada que causara la acción verbal (13b).

(13a) El año pasado se construyó/pintó/limpió un puente sobre el río Guadalix.
(13b) ?El puente se construyó/pintó/limpió [por sí solo] (Ej. de GDLE, 1999: 1655).

Para que las construcciones del tipo (13b) funcionen necesitan alguna especificación (*el año pasado*) o estar insertos en una estructura compleja (cf. GDLE, 1999: 1645). Este problema ocurre sobre todo con el sujeto definido antepuesto (**La historia de España se sabe de memoria/*Las acelgas se detestan* frente a *Si no se sabe la historia de España, no se aprueba / Cuando se detestan las acelgas, se aborrecen también las espinacas*, ej. de GDLE, 1999: 1656). Si el sujeto es indefinido siempre debe ir pospuesto, como en (13a).

2.2 Los predicados impersonales

Se trata de predicados que siempre aparecen en tercera persona del singular, aunque sí pueden conjugarse en distintos tiempos verbales. Sirva de ejemplo el *haber* existencial que no debe concordar con el objeto directo (como ocurre en el ejemplo 14), sino utilizarse siempre en singular *hay* (*había, habrá, hubo*).

(14) *Siempre habían muchos choques/*Los analistas advierten que habrán muchos criterios encontrados/*Hubieron muchos escritores... (Ej. de ELH, 2016: 779).

Hay construcciones que pueden ser impersonales y otras que siempre lo son. Siempre son impersonales los predicados formados con *haber que* (*Hay que hacerlo*) y *tratarse de* (*De eso se trata*). Ejemplos de verbos impersonales que alternan este uso con el personal son *parecer* (*Parece que va a venir*), *resultar*

(*Resulta que no vino*), *bastar* (*Bastó con decirlo*), aparte de *ser* acompañado de adjetivos como *necesario, importante, fundamental, fácil, difícil* y similares (*Era necesario que lo dijera*) y la construcción *ser de* + infinitivo (*Era de esperar que no le creyeran*).

En esta categoría ocupa un lugar especial la construcción impersonal con *se*. A diferencia de la pasiva refleja siempre se combina con el verbo en tercera persona del singular y no solo es compatible con verbos transitivos (véase el ejemplo 5b), sino también con intransitivos (7b). Como se forma con el pronombre *se*, es incompatible con verbos pronominales, "pues nuestro sistema no admite dos *se* para el mismo verbo" (Gómez Torrego, 1998: 15). Por ejemplo, no sería posible con el verbo *ahogarse* (**Se se ahoga*) (Ej. de GDLE, 1999: 1702).

2.3 El pronombre indefinido *uno/una*

Este pronombre concuerda con el verbo en tercera persona del singular y se utiliza preferentemente con verbos pronominales, ya que no es posible la construcción con *se* (*Uno/una se ahoga en un vaso de agua*). Sirve para hacer afirmaciones generales desde una perspectiva personal, pues quien habla también puede usar el pronombre indefinido como un *yo encubierto* (Gómez Torrego 1998: 13) y hacer referencia a sí mismo (*uno*) o a sí misma (*una*). Incluso existe la posibilidad de utilizar esta construcción como una estrategia pragmática para referirse al interlocutor, por ejemplo, en el discurso político (Gelabert-Desnoyer, 2008).

2.4 La tercera persona del plural

Para que un verbo en tercera persona del plural funcione como construcción impersonal, no puede tener sujeto sintáctico explícito, ni siquiera el pronombre *ellos/ellas*, pues esto impediría la lectura indefinida (RAE 2009: 1175). El sujeto tácito sí puede aludir a personas indefinidas (*alguien*) y, por lo tanto, excluir al emisor y al receptor (véase el ejemplo 2b). Funciona con todos los tiempos verbales, pero es incompatible con la pasiva perifrástica y los verbos inacusativos, porque forzaría una lectura definida (GDLE 1999: 1740), como se observa en (15b).

(15a) Cuando uno es despedido, se siente fatal.

(15b) Cuando son despedidos, se sienten fatal (*INDEF/DEF) (Ej. de ELH, 2016: 782).

2.5 La segunda persona del singular

Para que la segunda persona del singular pueda ser interpretada de manera general o genérica, debe cumplir dos requisitos: en primer lugar, debe formarse con tiempos verbales imperfectivos, es decir, presente, imperfecto o futuro. Así se evita la referencia a eventos o situaciones específicas (GDLE 1999: 1735). En segundo lugar, requiere algún tipo de activador de genericidad, como lo pueden ser adverbios de frecuencia (*normalmente, generalmente, a menudo, a veces*), como en (16a), complementos circunstanciales que proporcionen un marco de referencia general (*en verano, en estas circunstancias, en Europa, siempre, nunca*), como en (16b), o cláusulas condicionales, temporales o concesivas, que establezcan un implicación con la oración principal (*siempre que, si, cuando, a menos que*), como en (16c) y (16d).

(16a) Normalmente/A veces te enamoras de quien no debes.
(16b) En verano/En la playa duermes mejor.
(16c) Si bebes, no debes conducir.
(16d) Cuando eres despedido, te sientes fatal (Ej. de ELH 2016: 781–782).

Nótese que la interpretación personal o definida sigue siendo posible en todos los ejemplos (16). Dependiendo del contexto se optará por una u otra lectura.

3. Problemas en la traducción del alemán al español

Cartagena y Gauger (1989) han intentado emparejar las construcciones impersonales alemanas con equivalentes españoles que fueran parecidos formal o sintácticamente, como el pronombre *man* y el indefinido *uno/una*, llegando a afirmar que la impersonalidad es un fenómeno bastante parecido en alemán y en español (1989, vol. 1: 415–416). Ofrecen un resumen de las principales equivalencias semasiológicas, que reproduzco en la Tabla 1.

Tabla 1: Equivalencias de las construcciones impersonales, según Cartagena y Gauger (1989, vol. 2: 421)

ALEMÁN	ESPAÑOL
man	*se* impersonal, *uno/una, hallarse/ encontrarse* + participio
es + verbos sensoriales	-
pasiva impersonal	-

(*continúa*)

Tabla 1: Continúa

ALEMÁN	ESPAÑOL
mediales sich	pasiva refleja
pasiva con *bekommen/kriegen*	-
pasiva con *kommen/gelangen/geraten*	-
gehören + participio II	
sein + *zu* + infinitivo	
lassen	
-	tercera persona del plural
-	*uno/una*
-	segunda persona del singular

No obstante, estos mismos lingüistas se decantan por un enfoque onomasiológico porque reconocen que las supuestas equivalencias formales no pueden llevar a la estipulación de traducciones estandarizadas, sino que existe un abanico de posibilidades del que hay que escoger una, respetando las restricciones gramaticales que existen en cada caso.

(17a) Ein Institut, das man gründen wird / das zu gründen ist / das zur Gründung kommt / *das sich gründet / *das gründbar ist.
(17b) Un instituto que se va a crear / que van a crear / que está por crear / *que uno va a crear (Ej. adaptado de Cartagena & Gauger, 1989, vol. 2: 421).

Ante todo, se trata de evitar los calcos morfosintácticos, principalmente en el caso de la impersonal pasiva (18a), inexistente en español.

(18a) Es wird getanzt und gesungen.
(18b) * Es bailado y cantado (Ej. de Cartagena & Gauger, 1989, vol. 1: 420).

El error (18b) se debe al hecho de que las impersonales pasivas en alemán se forman con verbos intransitivos o que están siendo utilizados con un objeto directo implícito, como en (18a) y si el equivalente en español se usa del mismo modo, como suele ser el caso, es incompatible con la pasiva.

En general, es poco recomendable utilizar la pasiva perifrástica en el texto meta español, incluso cuando el verbo es transitivo. Pues, aunque la pasiva sin complemento agente sea una opción gramaticalmente válida para la traducción de muchas *Passiversatzformen*, hay que tener en cuenta que, como mencioné en el apartado 2, la pasiva perifrástica en español es mucho menos frecuente que en alemán y su uso en una traducción puede ser problemático (Cartagena & Gauger 1989, vol. 2: 418). La pasiva refleja, por el contrario, es tan frecuente que todas las gramáticas coinciden en señalarla como la construcción impersonal más recurrente en el español.

(19a) Hier spricht man nur Deutsch / Hier tanzt es sich gut / Das ist nicht zu ändern.
(19b) Aquí solo se habla alemán / Aquí se puede bailar bien / Esto no se puede cambiar (Ej. de Castell, 1997: 143).

Viendo estos ejemplos, se vislumbra un problema de monotonía estilística si la traducción se acoge indistintamente al *se* español y no hace uso de las demás formas impersonales que la lengua meta ofrece.

En resumen, la dificultad reside en escoger una construcción española equivalente que sea gramaticalmente correcta, idiomáticamente viable y que, según las necesidades, pueda reproducir distintas estructuras impersonales en el TM.

4. Metodología del estudio

El objetivo del estudio consiste en evaluar la traducción automática (alemán > español) de construcciones impersonales y en detectar y describir los errores que comete un motor de TAN (traducción automática neuronal) tan avanzado y popular como DeepL. Para alcanzar este objetivo es necesario evaluar la calidad de sus traducciones de forma objetiva y estandarizada, es decir, con base en un criterio preestablecido y de forma que el resultado de la evaluación pueda ser comprobado y verificado en cualquier momento. El método que cumple estos requisitos es el que se usa en los sistemas de evaluación BLEU y MQM. Consiste en evaluar la calidad de los motores de traducción automática comparando sus resultados con los de la traducción humana profesional y midiendo la desviación que presentan (véase, entre otros, Freitag *et al.*, 2021).

El corpus se elaboró a partir de un corpus bilingüe, extraído de PaGes, donde los segmentos alemanes proceden de textos originales que en su mayoría son literarios, pero también periodísticos (Doval y Sánchez Nieto, 2022). Cada segmento está alineado con su traducción al español, elaborada por un traductor o una traductora editorial. Esta traducción profesional humana es la que constituye el TM estándar con el que se comparó la traducción de DeepL. La traducción automática se obtuvo introduciendo los segmentos del TO alemán en la versión web gratuita de DeepL, con lo cual el corpus confeccionado *ad hoc* para el estudio consta de tres columnas: el TO alemán (PaGes), el TM español de traducción humana (PaGes), el TM español de traducción automática (DeepL).

Volviendo al segundo criterio que una evaluación de calidad debe cumplir, la estandarización, he trabajado con un catálogo preestablecido de posibles errores, concretamente, con el de MQM (Multidimensional Quality Metrics). Se trata de un catálogo estandarizado que parte de la premisa de que "any scoring or ranking of translations is implicitly based on an identification of errors and other imperfections" (Freitag *et al.*, 2021: 1460). Al contrario de lo que ocurre en la evaluación pedagógica, la calidad de las traducciones no se mide por los logros, sino *ex negativo* a partir de la identificación de errores e imperfecciones. La tipología de errores de MQM es muy amplia y propone distintas categorías, de las que hay que seleccionar un catálogo acorde con las necesidades de cada investigación. Los tipos de errores que son relevantes para este estudio se concentran en las categorías *Accuracy* (adecuación), *Linguistic Conventions* (convenciones lingüísticas) y *Style* (estilo), con sus respectivas subcategorías (Tabla 2).

Tabla 2: Catálogo de errores utilizado en el estudio

Tipo de error		**Descripción**
Adecuación	Adición	El TM añade información inexistente en el TO
	Supresión	El TM omite información del TO
	Falso sentido	El TM transmite información distinta a la del TO
Convenciones lingüísticas	Gramática	Morfosintaxis incorrecta
Estilo	No idiomático	El TM es aceptable gramaticalmente, pero presenta problemas estilísticos

Con la intención de poder hacer afirmaciones sobre cada una de las construcciones impersonales por separado, y no solo sobre la impersonalidad como fenómeno general, confeccioné un subcorpus por cada una de las siete estructuras presentadas en el apartado 1. Estipulé un mínimo de 50 ocurrencias por cada construcción para poder llevar a cabo una investigación concluyente y un máximo de 100 para que la labor manual que conlleva preparar el corpus se mantuviera dentro de unos límites razonables. Para seis de estas construcciones obtuve un número de segmentos suficientes, sin embargo, fue difícil conformar corpus para la segunda persona (*du*) porque la gran mayoría de las ocurrencias del pronombre *du/dir/dich* en PaGes forman parte de diálogos de oralidad fingida y tienen como referente al interlocutor. El uso impersonal del *du* probablemente haya que buscarlo en un corpus oral, donde esta *Passiversatzform* de registro informal tenga más presencia.

Tras lanzar la búsqueda de cada una de las construcciones impersonales alemanas en PaGes, hay que activar la función que mezcla los resultados de forma aleatoria. Posteriormente se eliminan manualmente aquellos fragmentos que son *ruido*, porque no se ajustan a la construcción buscada, y se hace una selección de los primeros 100 resultados válidos. Junto con sus traducciones se vierten en una tabla en Excel y, una vez traducida la primera columna con ayuda de DeepL, se añade la tercera columna. Posteriormente, se marcan las diferencias entre la traducción humana y la automática, etiquetando manualmente los errores según la tipología de la Tabla 2.

5. Análisis de los resultados

5.1 El pronombre indefinido *man*

Para el token *man* PaGes ofrece casi 17 000 resultados, de los que se han seleccionado 100 para el corpus[1]. En la mayor parte de las ocurrencias (75/100) la calidad de la traducción automática es comparable a la traducción humana. Los resultados menos satisfactorios se deben a falsos sentidos (7/100), errores gramaticales (7/100), problemas de estilo (6/100), así como omisiones y adiciones (5/100).

Dada la gran variedad de errores, resulta útil distinguir aquellos que son fácilmente detectables en una fase de posedición y aquellos otros que pueden pasar desapercibidos porque no son gramaticalmente incorrectos *per se*. Lo primero se observa en los ejemplos de la Tabla 3, donde DeepL usa verbos transitivos (*adivinar*, *golpear*) sin complemento directo, produciendo oraciones agramaticales.

1 A diferencia de los demás subcorpus de este estudio, confeccionados en 2023, elaboré el corpus de *man* en 2022 y lo presenté *online* en el simposio internacional Nuevas Perspectivas de la Investigación en Lingüística, celebrado en la Universitat de València, del 30 de noviembre al 2 de diciembre de 2022 (Topf Monge, en prensa).

Tabla 3: Errores gramaticales en la traducción automática de *man*

Original	**Traducción humana**	**DeepL**
»Er wollte nicht sagen, wer, aber die Landwirtschaft hier mit den Ziegen und Schweinen und Kühen ist wahrscheinlich eine seiner Haupteinnahmequellen, wenn du mich fragst, und dann kann **man** es sich eigentlich denken.«[0012, 3, 19]	No ha querido decir quién, pero este sitio, con sus cabras, sus cerdos y sus gallinas, probablemente sea una de sus principales fuentes de ingresos, opino yo, y así **se explica** todo. [0012, 3, 19]	No quiso decir quién, pero la agricultura aquí con las cabras y los cerdos y las vacas es probablemente una de sus principales fuentes de ingresos, si me preguntas, y entonces sí que **puedes adivinar**".
»Das Schaf vom Grunde kann **man** nicht befreien«, sagte Othello. »**Man** kann es nur treffen.« [0012, 2, 16]	—A la oveja del fondo de los charcos no **se la puede liberar** —repuso Othello—. Sólo **se la puede encontrar**. [0012, 2, 16]	No **se puede liberar** a las ovejas desde el fondo, dijo Otelo. "Sólo **se puede golpear**.

Los errores estilísticos no son tan obvios, pero también llaman la atención en una lectura atenta del TM. Como ejemplo reproduzco en la Tabla 4 dos segmentos en los que DeepL usa la pasiva perifrástica con *ser*. La traducción humana lo evita utilizando la tercera persona del plural, en el primer ejemplo, y la pasiva refleja, en el segundo.

Tabla 4: Errores de estilo en la traducción automática de *man*

Original	**Traducción humana**	**DeepL**
Zuerst die beiden Spaziergänger, die sich gegenseitig die Nasen blutig geschlagen hatten, später den Häher mit einer Binde um den Kopf, die Plin und zwei Tage später Eric, den **man** im See gefunden hatte, bleich und ausgesprochen steif. [0012, 3, 25]	Primero a los dos paseantes, que se habían liado a golpes entre sí y tenían la nariz ensangrentada; después al Arrendajo, con una venda en la cabeza, a Plin y, dos días después, a Eric, a quien **encontraron** en el lago, blanco y muy tieso. [0012, 3, 25]	Primero los dos caminantes que se habían ensangrentado la nariz, después el arrendajo con una venda alrededor de la cabeza, el Plin y dos días más tarde Eric, que **había sido encontrado** en el lago, pálido y decididamente rígido.

Tabla 4: Continúa

Original	Traducción humana	DeepL
Auch den Garou musste **man** in seinem Menschenversteck erahnen können. [0012, 2, 13]	También **se debía de poder intuir** la presencia del Garou en su escondite humano. [0012, 2,13]	Incluso el Garou **tuvo que ser adivinado** en su escondite humano.

Son especialmente interesantes aquellos casos en los que hay problemas con las pasivas reflejas. A veces redundan en errores gramaticales, como cuando DeepL utiliza un verbo pronominal (*ducharse*), incompatible con otro *se*. En el primer ejemplo de la Tabla 5, este error provoca una lectura personal del enunciado: *(él/ella) no se podía duchar en el bosque*. Otras veces son errores estilísticos, como el segundo ejemplo, que se origina porque DeepL emplea el verbo *oler*, que normalmente es intransitivo (*huele bien*), en una construcción con *se*, forzando una interpretación transitiva (*alguien huele algo*). El resultado no es agramatical, pero idiomáticamente menos pertinente que la propuesta de la traducción humana (*huele a algo*).

Tabla 5: Problemas con la pasiva refleja en la traducción automática de *man*

Original	Traducción humana	DeepL
Sie hatten noch nie gesehen, wie es genau funktionierte, aber eines war sicher: Duschen konnte **man** nicht im Wald. [0012, 3, 17]	Ellas nunca habían visto cómo funcionaba exactamente, pero una cosa estaba clara: en el bosque **uno** no podía ducharse. [0012, 3, 17]	Nunca habían visto exactamente cómo funcionaba, pero una cosa era segura: no **se podía duchar** en el bosque.
»**Man** kann ja gar nichts riechen!«, sagte Maude. [0012, 3, 23]	—No **huele** a nada —se quejó Maude. [0012, 3, 23]	¡No **se huele** nada!, dijo Maude.

De aquellos errores que son difíciles de detectar si el TM no se coteja con el TO, destacan los falsos sentidos que se deben a un cambio en el marco referencial. Ocurren cuando DeepL traduce la construcción con *man* por estructuras que pueden tener una lectura personal o impersonal, es decir, la tercera persona del plural (primer ejemplo) o a la segunda persona del singular (segundo ejemplo). Cuando el contexto carece de activadores de genericidad y, además, en los enunciados contiguos se menciona a actores concretos (sir Ritchfield, el arrendajo), la interpretación impersonal se trunca. En los ejemplos de la Tabla 6 se observa que se establece un referente concreto (*ellos/ellas, tú*) para los predicados, mientras la traducción humana logra mantener la impersonalidad utilizando la pasiva refleja.

Tabla 6: Falsos sentidos en la traducción automática de *man*

Original	Traducción humana	DeepL
Sir Ritchfield, der trotz seines Alters noch gute Augen hatte, postierte sie auf dem Hügel. Von dort konnte **man** über die Hecken hinweg bis zur Asphaltstraße sehen. [0013, 3, Epilog]	A Sir Ritchfield, que pese a su edad aún tenía buena vista, lo apostó en lo alto de la loma, desde la cual **se divisaba** el camino que había más allá de los setos. [0013, 3, Epílogo]	Sir Ritchfield, que todavía tenía buenos ojos a pesar de su edad, los colocó en la colina. Desde allí **podían ver** por encima de los setos la carretera asfaltada.
»Der Turm«, sagte der Häher. »Kann **man** sich den auch ansehen?«, fragte Rebecca. »Nein«, sagte der Häher ungewöhnlich kurz. [0012, 2, 15]	—El torreón —contestó el Arrendajo. —¿**Se puede ver**? —No —dijo el Arrendajo, inusitadamente parco. [0012, 2, 15]	La torre, dijo el arrendajo. "¿**Puedes mirarlo tú** también?", preguntó Rebecca. "No", dijo el arrendajo con inusual brevedad.

El uso de la segunda persona del singular, que se observa en el último ejemplo, es una opción preferente de DeepL. De hecho, 25 de las 100 traducciones de *man* tienen esta construcción meta y casi siempre se constituye una opción válida construida de forma correcta. La traducción humana, por el contrario, no la emplea ni una vez en todo el corpus, sino que hace uso de todas las demás construcciones impersonales.

5.2 *sein/bleiben* + *zu* + infinitivo

Con 82 ocurrencias en PaGes, la construcción con *sein* es mucho más frecuente que con *bleiben* (8 ocurrencias). Hay ciertos verbos que se repiten en ambas construcciones, hasta tal punto que los verbos de percepción sensorial *sehen* y *hören* (*ist zu sehen/hören*) suman 45 de las 90 ocurrencias totales, y el infinitivo *tun* (*ist/bleibt zu tun*) aparece 18 veces. En el restante 30 % hay distintos verbos en la posición del infinitivo.

En expresiones que se basan en colocaciones recurrentes (*x war nicht mehr zu sehen/hören, was war zu tun?*), el rendimiento de DeepL suele aproximarse a la calidad humana. Cuando el segmento tiene una sintaxis más compleja o un léxico más rico, las divergencias entre la traducción humana y la automática aumentan. En el siguiente ejemplo (Tabla 7), en el que aparecen tres verbos seguidos (*scheuern*, *fegen*, *wischen*), se observa que DeepL no solo repite la misma estructura en los tres (*había que fregar, había que barrer y fregar*), sino que además repite dos veces el mismo verbo. La traducción humana, por el contrario, introduce variaciones (*fregó, tuvo que barrer y limpiar*) con el fin de evitar una sintaxis monótona y poco ágil, aparte de que decide anular la impersonalidad para poner de relieve al personaje Marie y su laboriosidad, sin dejar de reproducir la obligatoriedad (*tuvo que*) implícita en la construcción alemana que nos ocupa.

Tabla 7: Ejemplo de traducción de *sein* + *zu* + infinitivo

Original	**Traducción humana**	**DeepL**
Dann **waren** einige Backbleche **zu scheuern**, und nachdem der Baum nun in voller Schönheit und reich geschmückt in der Halle stand, **war** der Fußboden **zu fegen** und **zu wischen**. Seufzend betrachtete Marie nach Ende dieser Prozedur die glänzend sauberen Bodenkacheln – nachher würden die jungen Herrschaften von ihrem Winterausflugzurückkehren und unbesorgt mit nassen Stiefeln durch die Halle laufen. [0085, 2, 17]	Luego **fregó** varias bandejas de hornear y, en cuanto el árbol estuvo decorado y en todo su esplendor, **tuvo que barrer** y **limpiar** el vestíbulo. Cuando hubo terminado, Marie contempló con un suspiro las baldosas limpias y brillantes: más tarde, los jóvenes señores regresarían de su excursión invernal y se pasearían tranquilamente por el vestíbulo con las botas chorreando agua. [0085, 2, 17]	Luego **había que fregar** algunas bandejas de horno, y ahora que el árbol estaba en todo su esplendor y ricamente decorado en el vestíbulo, **había que barrer** y **fregar** el suelo. Suspirando, Marie contempló las baldosas del suelo relucientes y limpias una vez terminado este procedimiento; después, los jóvenes caballeros regresarían de su excursión invernal y pasearían por el vestíbulo con las botas mojadas sin ninguna preocupación.

Aunque 83 de los 90 segmentos con *sein/bleiben zu* + infinitivo son aceptables, como lo es también el ejemplo citado arriba, se han contabilizado cuatro errores de gramática (4/90), uno de estilo (concretamente, el uso de la pasiva perifrástica: *Marzio war nicht zu bewegen, ihn aufzumöbeln* > *Marzio no pudo ser persuadido para arreglarlo*), uno de omisión (*der Doktor war kaum zu bremsen* > *ya no había modo de frenarle* > *el médico apenas se contenía*) y uno de falso sentido. Este último se reproduce en la Tabla 8, donde se observa que el problema se origina en la elección de un verbo semánticamente inadecuado, pues si alguien *no se deja ver* no significa que no se le pueda ver, sino que voluntariamente se oculta o no se muestra, con lo cual no se corresponde con el significa de este TO.

Tabla 8: Falso sentido en la traducción automática de *sein* + *zu* + infinitivo

Original	Traducción humana	DeepL
Das paddelte, das kraulte, zog mit hastigen Schwimmstößen seine Bahn, manch einer tauchte kurz und suchte unter Wasser schneller voranzukommen, manch einer behinderte seinen schnelleren Nachbarn, indem er dessen Beine umklammerte oder sich auf seinen Rücken legte. Sonja **war nicht zu erkennen** in dem sprühenden, blasenwerfenden Feld. Stella wollte an diesem Wettschwimmen nicht teilnehmen, auf meine Ermunterung sagte sie nur: »Es wäre nicht fair, Christian.« [0070, 3, 10]	Nadaban a braza, a crol, en ocasiones se desplazaban con rápidas brazadas, alguno se sumergía a ratos e intentaba avanzar más rápido bajo el agua, a veces uno molestaba a su vecino más veloz agarrándolo de las piernas o poniéndose sobre su espalda. A Sonja **no se la distinguía** en ese centelleante y burbujeante campo. Stella no quiso participar en esa carrera, cuando la animé tan sólo me dijo: —No sería justo, Christian. [0070, 3, 10]	Los había que remaban, los había que se arrastraban, los había que trazaban su curso con apresuradas brazadas de natación, los había que se zambullían brevemente y trataban de avanzar más rápido bajo el agua, los había que entorpecían a su vecino más veloz agarrándose las piernas o tumbándose de espaldas. Sonja **no se dejaba ver** en el campo de pulverización y lanzamiento de burbujas. Stella no quería participar en esta competición de natación, ante mis ánimos sólo dijo: "No sería justo, Christian".

En lo que respecta a los cuatro errores gramaticales identificados en el corpus, dos de ellos son muy similares, pues se trata de la traducción de *nichts war zu sehen von x*. En ambos casos DeepL calca la estructura y la traduce como *no se vio/veía nada de x*. La solución de traducir esta colocación por la expresión *ni rastro* (*de x no se veía ni rastro*), que es lo que hace la traducción humana, es una opción que DeepL utiliza acertadamente en otros segmentos (*no había rastro de x*). No obstante, la misma colocación recibe una traducción errónea en los dos segmentos mencionados.

Los otros dos errores gramaticales se reproducen a continuación:

Tabla 9: Errores gramaticales en la traducción automática de *sein* + *zu* + infinitivo

Original	Traducción humana	DeepL
Der Schlitten tat einen kleinen Ruck, als die Pferde wieder anzogen, dann glitt das Gefährt sacht dahin, die Glöckchen rechts und links der Türen klingelten, das leise Schleifen der Kufen im verharschten Schnee **war** kaum **zu hören**. »Es ist, als ob man fliegt«, sagte das Fräulein Katharina. [0085, 2, 17]	El trineo dio un pequeño tirón cuando los caballos iniciaron de nuevo la marcha; acto seguido, el vehículo empezó a deslizarse con suavidad; los cascabeles situados a la derecha y a la izquierda de las portezuelas tintineaban y **apenas se oía** el roce de los cascos sobre la nieve endurecida. —Parece como si volara —comentó la señorita Katharina—. [0085, 2, 17]	El trineo dio una pequeña sacudida cuando los caballos volvieron a ponerse en marcha, luego el vehículo se deslizó suavemente, las campanillas a derecha e izquierda de las puertas tintinearon, el suave rechinar de los patines en la nieve nudosa **apenas audible**. "Es como volar", dijo la señorita Katharina. [0085, 2, 17]
Ach, was er da mit liebendem Eifer aufgezeichnet hatte, blieb kahl und leer; kein Sinn **war zu finden** in den Ereignissen, die er mit so viel Mühe zusammengetragen hatte. [0060, 3, 3]	Todo aquello que había anotado con tan amoroso celo le parecía pobre y vacío de contenido; **no había modo de encontrar** sentido a los acontecimientos que él había recopilado con tanto esfuerzo. [0060, 3, 3]	Desgraciadamente, lo que había registrado allí con amoroso celo permanecía desnudo y vacío; **no se encontraba** ningún sentido a los acontecimientos que había recogido con tanto trabajo. [0060, 3, 3]

Así como el primer segmento de la Tabla 9 es un caso claro de anacoluto debido a la falta de predicado, el segundo es algo más complejo, puesto que se trata de uno de los pocos casos en los que las construcciones con *se* no funcionan. La causa está en que *encontrar sentido a algo* expresa un estado cognitivo, como el verbo *saber*, y que con estos verbos es difícil formar pasivas reflejas (**La historia de España se sabe de memoria*), pues, según Mendikoetxea (GDLE, 1999, vol. 2: 1656), haría falta alguna especificación o modificación (*Si no se sabe la historia de España, no se aprueba la selectividad*). En la traducción de DeepL existe el problema añadido de que a la pasiva refleja fallida le sigue una subordinada con verbo finito, la cual retoma el sujeto sintáctico de la oración anterior. De esta forma el agente desaparecido reaparece y resulta imposible interpretar adecuadamente la construcción con *se*.

5.3 *gehören* + participio II

Para aislar la construcción *gehören* + participio II de otros usos del verbo *gehören*, se restringe la búsqueda a aquellos segmentos que no utilizan *gehören zu* y se obtienen 339 resultados para los participios terminados en *-t* ([SS] gehören *t NOT zu) y más de 500 para los participios en *-n* ([SS] gehören *n NOT zu). Tras eliminar el ruido únicamente nueve segmentos (ocho en *-t* y uno en *-n*) se corresponden con la construcción impersonal buscada. No obstante, en muchos segmentos se observa una elisión del participio combinada con un complemento preposicional en acusativo (*Meiner Meinung nach gehören die besten Leute in die Ermittlungen [eingeteilt]; diese Frage gehört durchaus in den Zusammenhang der modernen Wissenschaften [gestellt]; Gideon gehört ins Bett [gebracht]*). Aunque formalmente difieran de la estructura en cuestión, se pueden definir como impersonales porque expresan que un agente desconocido debería hacer algo (*Leute in die Ermittlungen einteilen; die Frage in den Zusammenhang stellen; Gideon ins Bett bringen*). Por lo tanto, se incorporaron al corpus 41 de estas construcciones (sumando 50 con las 9 formas canónicas arriba mencionadas) para observar su comportamiento en la traducción automática.

El número de errores se eleva a 21 sobre 50 (6/9 con participio y 15/41 sin participio), siendo que los más frecuentes son de estilo (2/9 y 10/41), seguidos de falsos sentidos (2/9 y 5/41), aparte de una omisión (1/9) y un error sintáctico (1/9)[2]. Gran parte de los errores se deben a que DeepL traduce literalmente *gehören* > *pertenecer*, tanto en estructuras con participio como en aquellas que no presentan participio.

2 Con respecto a los dos errores minoritarios, el error gramatical se produce en un segmento en el que se repite la construcción impersonal y DeepL no reconoce la segunda (*Kartoffeln … gehörten gedünstet, nicht gekocht > las patatas … debían hervirse no en agua sino en vapor > las patatas … debían cocerse al vapor, no hervidas*). El error de omisión ocurre cuando DeepL omite un participio que, según la traducción humana, es relevante (*ein Schnitzel gehöre flach geklopft > un escalope hay que golpearlo hasta que se ponga plano > un schnitzel debe estar plano*).

Tabla 10: Ejemplos de traducción automática de *gehören* + participio por *pertenecer*

Original	Traducción humana	DeepL
Ja, das **gehört ausgenützt**, wenn die Familie einmal außer Haus ist. [0040, 7]	Pues sí, **hay que aprovechar** que la familia está fuera. [0040, 7]	Sí, que **pertenece explotados** una vez que la familia está fuera de casa.
Er musste schlimme Schmerzen haben. »Sie **gehören ins Krankenhaus**«, sagte sie. »Warum sind Sie hier?« [0007, 4, Donnerstag…]	Debía de estar sufriendo unos dolores terribles. —**Tendría que estar en el hospital** —le dijo—. ¿Qué hace aquí? [0007, 4, Jueves, 10…]	Debe estar sufriendo mucho. "**Perteneces al hospital**", dijo ella, "¿Por qué estás aquí?"

Resulta interesante analizar este cruce entre dos acepciones distintas de *gehören* a la luz de los segmentos resueltos correctamente y donde *gehören* efectivamente se puede traducir por *pertenecer*. El contraste entre estos casos y los errores mencionados arriba muestran que DeepL no es capaz de distinguir cuándo es pertinente la traducción literal (como en el ejemplo abajo) y cuándo no. Es llamativo que en este corpus DeepL utiliza el verbo *pertenecer* en 33 de los 50 segmentos.

Tabla 11: Ejemplo de traducción correcta de *gehören* + participio por *pertenecer*

Original	Traducción humana	DeepL
Ich **gehörte nicht in dieses Haus**, in dieses Zimmer, dies war nicht mehr der Ort, auf den ich ein natürliches Anrecht hatte, der mir aufgrund meiner Geburt zustand. [0020, 3, Recha]	Yo **no pertenecía a esa casa**, a esta habitación, ese ya no era el lugar al que tenía derecho por razón de mi nacimiento. [0020, 3, Recha]	Yo **no pertenecía a esta casa**, a esta habitación, éste ya no era el lugar al que tenía un derecho natural, al que tenía derecho en virtud de mi nacimiento.

Otro problema, que ya hemos observado en las dos construcciones anteriores, es que DeepL recurre a la pasiva perifrástica, mientras la traducción profesional propone otras construcciones impersonales (*hay que*) o evita la literalidad con una traducción oblicua del predicado.

Tabla 12: Ejemplos de traducción automática de *gehören* + participio por pasiva

Original	Traducción humana	DeepL
»Nein, er meint, so **gehöre** Bach **gespielt**. [0029, Johann Sebastian Bach auf Rügen, 5]	—No, debe de creer que a Bach **hay que interpretarlo** así. [0029, J. S. Bach en Rügen, 5]	No, él piensa que esa es la forma en que Bach **debe ser tocado**.
Solch einem Medium **gehöre** das Handwerk **gelegt**, sagte Humboldt. [0014, 3, Die Geiste…]	Esa médium **merecía que se le impidiera** el ejercicio de su profesión, adujo Humboldt. [0014, 3, Los espíri…]	Un médium así **debería ser expulsado** del negocio, dijo Humboldt.

Aunque de los dos ejemplos de la Tabla 12 solo el primero está etiquetado como error, ilustran cómo DeepL utiliza de forma recurrente la voz pasiva para dar cuenta de esta estructura impersonal.

5.4 Construcciones impersonales con *es*

5.4.1 La pasiva impersonal

La búsqueda de *es wird/ es wurde* permite seleccionar 81 ocurrencias de pasivas impersonales, de las cuales ocho presentan errores al traducirlas con DeepL (8/81). Se trata de tres errores gramaticales, tres estilísticos y dos de adecuación. La mayoría son fácilmente detectables y, por lo tanto, se pueden considerar de menor gravedad: los tres problemas de estilo porque lastran la fluidez de la traducción y los dos falsos sentidos porque se trata de anacolutos. Los tres errores gramaticales, por el contrario, son de mayor envergadura y dos de ellos revisten un especial interés por tener su origen en las propiedades de los verbos utilizados.

Tabla 13: Ejemplos de traducción de pasiva impersonal

Original	Traducción humana	DeepL
Die Truppe leistete fast Geheimdienstarbeit und arbeitete völlig abgeschirmt. **Es wurde** legal und illegal abgehört, gefilmt und fotografiert, **beschattet**, Autos verwanzt oder mit Satellitenpositionsmeldern bestückt, Wohnungen heimlich durchsucht und, das war die eiserne Regel, lange Zeit niemand festgenommen. [0038, 5, Das Haar i…]	El grupo realizaba una labor similar a la del servicio secreto y trabajaba completamente en la sombra. Practicaban escuchas, filmaciones y fotografías legales o ilegales, **espiaban**, instalaban micrófonos ocultos en coches o los equipaban con artilugios de localización por satélite, registraban domicilios clandestinamente y, esto fue una regla férrea, no detuvieron a nadie durante mucho tiempo. [0038, 5, Un pelo en…]	El cuerpo realizaba un trabajo casi de servicio secreto y trabajaba completamente protegido. Había escuchas legales e ilegales, se filmaba y fotografiaba, **se seguía**, se ponían micrófonos en los coches o se les instalaban detectores de posición por satélite, se registraban pisos en secreto y, ésa era la regla de hierro, durante mucho tiempo no se detenía a nadie.
Aber es war eine große Geschichte, und **es wurde viel geredet**. Kein Mensch weiß genau, wer die Täter waren, weil man für diese schmutzigen Aufgaben natürlich Genossen aus anderen Orten einsetzte. [0037, 5, Schmutzige…]	Con todo, fue una historia muy sonada, y **se habló mucho de ella**. Nadie sabe con exactitud quiénes fueron los asesinos, puesto que para ese tipo de asuntos sucios se solía recurrir a camaradas de otros lugares, como es lógico. [0037, 5, Jueves suc…]	Pero fue una gran historia y **se habló mucho**. Nadie sabe exactamente quiénes fueron los autores, porque por supuesto utilizaron a camaradas de otros lugares para estos trabajos sucios.

El primer ejemplo de la Tabla 13 es claramente agramatical porque *seguir* es un verbo transitivo, mientras que el segundo es aceptable: *hablar* se emplea con un complemento que indica cantidad. Para activar o fortalecer la interpretación referente a la *historia* habría que añadir el complemento preposicional con *de*, como se ha hecho en la traducción humana.

Hay que recordar que la pasiva impersonal alemana funciona con verbos intransitivos (*reden*) o el uso intransitivo de verbos que suelen ser transitivos (*beschatten*). En español esto solo se puede solventar usando la tercera persona del plural u otra estructura gramatical, pues la pasiva impersonal con *se* no funciona en estos casos.

5.4.2 *Verbos de percepciones sensoriales*

El corpus se forma con las dos construcciones de percepción sensorial *es klingelt/ es klopft* que realmente son impersonales, según la definición de Cartagena y Gauger (1989), porque tanto *klingeln* como *klopfen* son acciones provocadas por un agente humano. A diferencia de *er klingelte* o *wir klopfen*, la construcción con *es* impide que este agente tenga un referente concreto.

Los resultados de DeepL son muy satisfactorios, pues en el corpus de 100 ocurrencias comete únicamente cuatro errores (4/100): tres de adecuación (un falso sentido, una adición y una supresión) y un desajuste estilístico. El error de estilo ocurre con el TO *es klopfte verhalten an der Tür*. La traducción humana interpreta que *verhalten* describe la actitud del agente desconocido que llamó a la puerta y lo traduce como *tímidamente*. DeepL, sin embargo, reproduce el sentido literal de *verhalten* > *contenido* y traduce *es klopfte* > *hubo un golpe*, con lo cual el resultado (*hubo un golpe contenido en la puerta*) está estilística e idiomáticamente muy poco logrado.

En cuanto a los problemas de adecuación está, por un lado, la adición improcedente. Se origina porque, en vez de traducir *es klingelte nochmal* como *volvieron a llamar*, DeepL añade *la campana*: *la campana volvió a sonar*. Esta adición es problemática, ya que no es un término adecuado para referirse al timbre de la puerta. Por otro lado, hay casos en los que hubiera sido necesario especificar si *es klingelte* significa que alguien llamó a la puerta o que alguien llamó por teléfono. En los dos ejemplos que aparecen en la Tabla 14 se observa que las propuestas de DeepL no tienen sentido. En el primero (supresión improcedente), *sonó* carece de sujeto y a partir del contexto es imposible deducir que se trata del teléfono, y en el segundo (falso sentido), se establece una relación anafórica entre el teléfono y los actos de *sonar* (correcto) y de *abrir* (incorrecto, pues se trata de la puerta).

Al valorar la calidad de estos errores, se puede afirmar que el falso sentido (*no contestó al teléfono ni lo abrió cuando sonó*) es el único que reviste gravedad. No obstante, tanto este como los otros dos errores de adecuación se podrían detectar fácilmente si se revisara el TM de DeepL sometiéndolo a una rápida lectura.

En términos generales, para indicar que alguna persona llama a la puerta (*es klingelt / es klopft*) o al teléfono (*es klingelt*), los TM utilizan la tercera persona del plural *llaman* (*a la puerta*) o *suena* (*el timbre / el teléfono*), tanto en la traducción humana como en la automática.

Tabla 14: Errores de adecuación en la traducción automática de *es klingelte*

Original	Traducción humana	DeepL
In den langen Jahren mit Laurenti hatte sie sich mit den Anrufen zu den unmöglichsten Zeiten abgefunden und ließ sich in ihrem Schlaf nicht mehr stören. **Es klingelte** lange und vergeblich, doch wenig später rief seine Frau zurück. [0023, Jahreszeiten, Morgens im...]	Después de tantos años de matrimonio, se había acostumbrado a que el comisario recibiera llamadas a las horas más intempestivas y ya no perturbaban su sueño. **El teléfono sonó** mucho rato y en vano, pero Laura no tardó en devolverle la llamada. [0023, Las estaciones del año, Al amanece...]	En los largos años con Laurenti, se había resignado a las llamadas a las horas más imposibles y ya no permitía que le perturbaran el sueño. **Sonó** largo rato y en vano, pero poco después volvió a llamar su mujer.
Er ging nicht ans Telefon und öffnete nicht, wenn **es klingelte**. Er sah fern, beobachtete die Schneeflocken, die an seinem Fenster vorbeitrieben, und redete sich ein, dass er krank war und deshalb unmöglich die Hartliebs im Hotel Sandwirth treffen konnte. [0083, 3, Armer, kra...]	No respondió al teléfono ni abrió la puerta cuando **llamó alguien**. Se dedicó a ver la televisión, observar los copos de nieve que se acumulaban en su ventana e intentaba convencerse de que estaba enfermo y que por eso no podía encontrarse con los Hartlieb en el Hotel Sandwirth. [0083, 3, El pobre V...]	No contestó al teléfono ni lo abrió cuando **sonó**. Vio la televisión, observó los copos de nieve que pasaban a la deriva junto a su ventana y se dijo a sí mismo que estaba enfermo y que, por lo tanto, era imposible que se reuniera con los Hartlieb en el Hotel Sandwirth.

5.5 Adjetivos terminados en *-bar* y *-lich*

La búsqueda de estos adjetivos en PaGes corrobora que se trata de un recurso muy frecuente, pues se obtienen 8005 resultados para adjetivos terminados en *-lich* ([SS] ist *lich) y 972 resultados para adjetivos en *-bar* ([SS] ist *bar). No obstante, hay que eliminar gran parte de los resultados porque se trata de ruido, ya sea por coincidencia ortográfica (*Minibar, Nachbar*), ya sea porque no son adjetivos formados a partir de verbos (*wunderbar, offenbar, glücklich, plötzlich, eigentlich*).

Se elabora un corpus con 100 adjetivos, 50 en *-bar* y 50 en *-lich*, de los cuales DeepL traduce 87 adecuadamente. Los doce errores muestran una gran homogeneidad porque se reparten prácticamente por igual entre ambos tipos de adjetivos (siete en adjetivos en *-bar* y cinco en adjetivos en *-lich*) y porque en su mayoría (11/13) son estilísticos.

Tabla 15: Errores de estilo en la traducción automática de adjetivos en *-bar* y *-lich*

Original	Traducción humana	DeepL
Natürlich war diese Erklärung **unauffindbar**, es kam zu einem Vergleich, und Stein erhielt Anteile an der Firma. [0007, 4, Dienstag, …]	Evidentemente, ese documento **había desaparecido**, de modo que llegaron a un acuerdo y Stein obtuvo participaciones de la empresa. [0007, 4, Martes, …]	Por supuesto, esta explicación era **inencontrable**, se llegó a un acuerdo, y Stein recibió acciones de la compañía.
Langsam ging mir ihr Tonfall auf die Nerven. »Die Geste ist **allgemeinverständlich**.« »Ist sie nicht, wie man sieht.« [0075, 3, 14]	Su tono estaba empezando a sacarme de quicio. —Ese gesto es **de significado claro**. —Pues no tanto, por lo que se ve. [0075, 3, 14]	Poco a poco su tono me fue poniendo de los nervios. “El gesto es universalmente **comprendido**”. “No lo es, como puedes ver”.

Los casos de traducciones poco idiomáticas se dan principalmente en aquellos segmentos en los que la traducción humana opta por una modulación (como en los ejemplos arriba: *unauffindbar > había desaparecido; allgemeinverständlich > de significado claro*). Cuando se trata de adjetivos para los que existe una traducción literal, como *undenkbar > impensable* o *tröstlich > reconfortante*, DeepL no tiene ningún problema en producir una traducción adecuada. Por lo tanto, no es de extrañar que los errores estilísticos se basen en un calco del TO, como también se puede observar en los dos ejemplos citados.

5.6 Construcciones con *mediales sich*

En PaGes se encuentran un total de 758 segmentos al buscar las distintas combinaciones de *(lassen) sich gut/schlecht/schwer.* Tras eliminar el ruido se forma un corpus con los primeros 50 segmentos en los que realmente se trata de construcciones impersonales con *sich*. Los resultados indican que DeepL suele traducir correctamente el *mediales sich*, pues apenas comete errores (3/50). Aunque estos tres errores son relativamente insignificantes desde el punto de vista cuantitativo, resulta esclarecedor que dos de ellos son falsos sentidos: uno se debe a la traducción literal de *gut* > *bueno* y un calco sintáctico (**caminar a una melodía*, en vez de: *caminar al son de una melodía*) y el otro, a una confusión léxica (*beleihen* como *tomar prestado* en vez de *dar en préstamo*). A continuación, en la Tabla 16, se reproducen estos dos errores:

Tabla 16: Falsos sentidos en la traducción automática de construcciones con *mediales sich*

Original	Traducción humana	DeepL
Er singt vor sich hin, das Lied vom Schnitter, der heißt Tod, hat Gewalt vom großen Gott, das hat eine Melodie, zu der **es sich gut auf dem Seil gehen lässt**, aber offenbar war er zu laut, denn auf einmal steht Agneta, seine Mutter, neben ihm und fragt, warum er nicht arbeitet. [0089, Herr der Luft, I]	Canta para sí, la canción de quien lleva la guadaña, es decir: la Muerte, que tiene poder sobre el gran Dios, y la melodía **cuadra muy bien con los pasos sobre la cuerda**, pero al parecer cantaba demasiado alto, porque de repente aparece Agneta, su madre, y le pregunta cómo es que no está trabajando. [0089, SEÑOR DEL AIRE, 1]	Canta para sí, la canción de la parca, que se llama Muerte, tiene poder del gran Dios, que tiene una melodía **a la que es bueno caminar por la cuerda**, pero al parecer estaba demasiado alto, porque de repente Agneta, su madre, se pone a su lado y le pregunta por qué no está trabajando.
Auch besaß er einige Bilder seines Onkels, Wassily Kandinsky, die **sich gut beleihen ließen**. Er studierte und promovierte bei Jaspers in Heidelberg und führte während all der Jahre ein philosophisches Tagebuch zum Thema »Philosophie des Nichtseienden«. [0077, 3, 20]	Poseía también algunos cuadros de su tío, Wassily Kandisnky, que **podían empeñarse con facilidad**. Estudió e hizo la tesis con Jaspers en Heidelberg; durante todos esos años hizo anotaciones en un diario filosófico sobre el tema: «Filosofía de lo que no es». [0077, 3, 20]	También poseía algunos cuadros de su tío, Wassily Kandinsky, que **era bueno tomar prestados**. Estudió y se doctoró con Jaspers en Heidelberg y durante todos esos años llevó un diario filosófico sobre el tema de la "filosofía de lo inexistente".

También el tercer error, que es de índole gramatical, redunda en una traducción literal del TO, pues propone **Los niños son mucho más difíciles de hacer ahorrar tiempo que el resto de la gente* como equivalente de *Kinder lassen sich sehr viel schwerer zum Zeisparen bringen als alle anderen Menschen*. En una revisión, este error no pasaría desapercibido, pues se trata de un enunciado agramatical.

5.7 El uso impersonal de la segunda persona del singular

La búsqueda del pronombre personal *du* en PaGes arroja más de 37 000 resultados, pero casi todos forman parte de diálogos en obras literarias, es decir, de oralidad fingida, en los que la segunda persona refiere deícticamente al interlocutor. Tuve que revisar más de 1000 segmentos hasta poder seleccionar 50 que claramente son construcciones impersonales y servían para conformar el corpus.

Al valorar las traducciones humanas y automáticas, se observa que DeepL casi siempre opta por el equivalente directo *tú* (49/50), siendo que el único resultado divergente contiene un error: cambia de sujeto y, por lo tanto, de referente sin que este cambio esté motivado.

Tabla 17: Problema de adecuación en la traducción automática de *du*

Original	Traducción humana	DeepL
Doch sie wissen es besser: Wenn **du** in Europa bist, wirst **du** dich über das Schlaraffenland wundern. [0068, 3, 9]	Pero saben algo más: cuando **uno** está en Europa se da cuenta de que esto no es Jauja. [0068, 3, 9]	Pero ellos lo saben mejor: cuando **estén** en Europa, les sorprenderá el país de la leche y la miel.

En la traducción humana también prevalece la traducción por la segunda persona del singular (45/50), pero en cinco segmentos presenta variaciones. Consisten en usar el pronombre indefinido *uno*, como en el ejemplo arriba, el pronombre *quien* (*wenn du bist Hackefleische, kommst du in Naias Reiche* > *quien se vuelva carne picada, entrará en el reino de Naia*), subordinadas de infinitivo (*wenn du kühn im Wagen stehst* [...] *das ist Meisterschaft* > *agarrarse fuertemente a la cuadriga* [...] *¡En esto consiste ser un maestro!*) y construcciones con *se* (*Was du schwarz auf weiß besitzt* > *lo que se tiene en negro sobre blanco*). Estas variaciones no se aprecian en las traducciones de DeepL, donde *du* siempre equivale a *tú*, como si se tratara del interlocutor directo en un diálogo.

6. Conclusiones

Tras analizar los resultados obtenidos en los distintos subcorpus, es posible hacer una valoración cuantitativa y observar cómo la calidad de DeepL varía considerablemente dependiendo del tipo de construcción impersonal. De hecho, se distinguen cuatro niveles de calidad:

a) La segunda persona *du*, con un 2 % (1/50) de errores, y *es klopft/es klingelt*, con un 4 % (4/100), son los corpus que alcanzan la calidad más alta. Aunque también hay que tener en cuenta que para traducir estas dos construcciones, DeepL utiliza prácticamente siempre la misma estructura: la segunda persona del singular en el caso de *du*, y *llaman* (*a la puerta*)/*suena* (*el timbre/el teléfono*) como equivalente de *es klopft/es klingelt*.
b) Obtienen resultados satisfactorios las construcciones con *mediales sich*, con un 6 % de errores (3/50), *sein/bleiben* + *zu* + infinitivo, con un 6,3 % (7/90), y la pasiva impersonal, con un 9,9 % (8/81). Los errores se producen en aquellos segmentos en los que DeepL no identifica adecuadamente la impersonalidad semántica ni el significado modal del enunciado y traduce la construcción de forma literal. Los enunciados resultantes casi siempre son agramaticales o estilísticamente deficientes, por lo que se podrían subsanar fácilmente durante el proceso de posedición.
c) Los adjetivos en *-bar/-lich* presentan un 13 % (13/100) de errores. En aquellos segmentos en los que el adjetivo alemán no tiene un equivalente exacto en español, aparecen problemas léxicos que derivan en falsos sentidos o en un TM poco idiomático.
d) El grupo con el índice de errores más alto está formado por el pronombre indefinido *man* (25 %, 25/100) y la construcción *gehören* + participio II (42 %, 21/50). Se trata de estructuras para las que la traducción humana propone una gran variedad de construcciones impersonales y emplea frecuentemente técnicas de traducción oblicua. DeepL, por el contrario, se inclina por traducir *man* por la segunda persona del singular y *gehören* + participio II por el verbo *pertenecer*. Esto es una fuente de errores, aparte de que DeepL infringe reglas gramaticales y forma, por ejemplo, la pasiva refleja con verbos pronominales o sin complemento directo.

En definitiva, DeepL acierta en aquellas construcciones en las que el calco de la sintaxis da un buen resultado o en aquellos casos en los que se trata de colocaciones recurrentes (*was ist zu tun* > *qué hay que hacer; es wurde getanzt* > *hubo baile*). Sin embargo, comete errores a la hora de identificar estructuras poco usuales en alemán, como *gehören* + participio II, o de manejar correctamente toda la gama de impersonales semánticas en español.

Bibliografía

Brommer, S. (2018). *Sprachliche Muster. Eine induktive korpuslinguistische Analyse Wissenschaftlicher Texte*. Berlin, Boston: de Gruyter.

Cartagena, N. y Gauger, H.-M. (1989). *Vergleichende Grammatik Spanisch – Deutsch*. (Vol. 1 y 2). Mannheim: Dudenverlag.

Castell, A. (1997): *Gramática de la Lengua Alemana*. Barcelona: Idiomas.

Ciapuscio, G. E. (1992). Impersonalidad y desagentivación en la divulgación científica. *Lingüística Española Actual*, XIV, 2, 183–205.

Contreras Fernández, J. (2018). La impersonalidad como estrategia de atenuación en la novela *El lector de Julio Verne* de Almudena Grandes: un análisis contrastivo alemán / español. *RILCE*, 34(3), 1243–1258.

Contreras Fernández, J. (2021). Estrategias de atenuación impersonales en artículos académicos españoles y alemanes. *Revista de lenguas para fines específicos*, 27(2), 173–184. <https://doi.org/10.20420/rlfe.2021.443>

Doval, I. y Sánchez Nieto, M. T. (2022). Das Deutsch-Spanische Parallelkorpus PaGes: Aufbau und Nutzungsmöglichkeiten. En B. de la Fuente Marina e I. Holl (Eds.), *La traducción y sus meandros* (pp. 319–341). Salamanca: Universidad de Salamanca. <https://doi.org/10.14201/0AQ0320319341>

Duden = Dudenredaktion (2016). *Die Grammatik. Unentbehrlich für richtiges Deutsch. Band 4* (9., vollständig überarbeitete und aktualisierte Auflage). Berlin: Dudenverlag.

ELH = Sánchez López, C. (2016). Pasividad e impersonalidad. En J. Gutiérrez-Rexach (Ed.), *Enciclopedia de Lingüística Hispánica* (Vol. 1, pp. 773–785). London: Routledge.

Fernández, F. (2009). Das unpersönliche Berichten über Vorgänge im Deutschen und Spanischen: Ergebnisse einer Korpusgestützten und kontrastiv binnendifferenzierten Textsortenanalyse. *Lebende Sprachen*, 54(3), 131–137. <https://doi.org/10.1515/les.2009.031>

Fludernik, M. (1995). Erzähltexte mit unüblichem Personalpronominagebrauch: engl. *one* und *it*, frz. *on*, *dt. man*. En D. Kullmann (Ed.), *Erlebte Rede und impressionistischer Stil. Europäische Erzählprosa im Vergleich mit ihren deutschen Übersetzungen* (pp. 283–308). Göttingen: Wallstein.

Freitag, M. *et alii* (2021). Experts, errors, and context: a large-scale study of human evaluation for machine translation. *Transactions of the Association for Computational Linguistics*, 9, 1460–1474. <https://doi.org/10.1162/tacl_a_00437>

García Negroni, M. (2008). Subjetividad y discurso científico-académico: Acerca de algunas manifestaciones de la subjetividad en el artículo de investigación en español. *Revista Signos*, 41(66), 9–31.

GDLE = Bosque, I. y Demonte, V. (Eds.) (1999). *Gramática descriptiva de la lengua española*. Madrid: Espasa-Calpe.

Gelabert-Desnoyer, J. (2008). Not so impersonal: Intentionality in the use of pronoun *uno* in contemporary Spanish political discourse. *Pragmatics*, 18(3), 407–425.

Gómez Torrego (1998). *La impersonalidda gramatical: descripción y norma*. Madrid: Arco Libros.

Helbig, G. (1997): *Man*-Konstruktionen und/oder Passiv. *Deutsch als Fremdsprache*, 34/2, 82–85.

Pittner, K. y Berman, J. (2004). *Deutsche Syntax*. Tübingen: Gunter Narr.

RAE = Real Academia Española & Asociación de Academias de la Lengua Española (2009). Nueva Gramática de la lengua española. Madrid: Espasa.

Sánchez-Nieto, M. T. (2017). Wiedergabe der Rezipientenperspektive: Entsprechungen des bekommen-Passivs im Spanischen. *Lebende Sprachen*, 62, 1, 187–208.

Schwanzer, V. (1981). Syntaktisch-stilistische Universalia in den wissenschaftlichen Fachsprachen. En T. Bungarten (Coord.), *Wissenschaftssprache. Beiträge zur Methodologie, theoretischen Fundierung und Deskription* (pp. 213–230). München: Wilhem Fink Verlag.

Siewierska, A. (1984). *The Passive: A Contrastive Linguistic Analysis*. London: Croom Helm.

Topf Monge, G. (2020). *Traducir el género*. Berlin: Peter Lang.

Topf Monge, G. (2022). Das Pronomen *man* und seine Entsprechungen im Spanischen. En F. Robles y K. Siebold (Eds.), *El español y el alemán en contraste y sus implicaciones didácticas* (pp. 161–175). Tübingen: Gunter Narr. Disponible en: <https://doi.org/10.24053/9783823395935>

Topf Monge, G. (en prensa). ¿Podemos fiarnos de DeepL? La traducción automática de construcciones impersonales con man (alemán-español). En B. Lozano, F. Robles y E. Sánchez (Eds.), *Nuevas perspectivas de la investigación en lingüística: La traducción del y al alemán*. Berlin: Frank & Timme.

Truan, N. (2018). Generisch, Unpersönlich, Indefinit? Die Pronomina *man, on, one* und generisches *you* im politischen Diskurs. En L. Gautier, P.-Y. Modicom y H. Vinckel-Roisin (Eds.), *Diskursive Verfestigungen: Schnittstellen zwischen Morphosyntax, Phraseologie und Pragmatik im Deutschen und im Sprachvergleich* (pp. 347–364). Berlin & Boston: De Gruyter, <https://doi.org/10.1515/9783110585292-022>

Weinrich, H. (1993). *Textgrammatik der deutschen Sprache*. Mannheim, Leipzig, Wien & Zürich: Dudenverlag.

Zifonun, G. (2000). "Man lebt nur einmal." Morphosyntax und Semantik des Pronomens *man*. *Deutsche Sprache*, 28(3), 232–253.

Zifonun, G. (2017). Pronomina. En L. Gunkel *et alii* (Eds.), *Grammatik des Deutschen im europäischen Vergleich* (Vol. 1, pp. 519–799). Berlin & Boston: De Gruyter.

El corpus de trabajo se halla disponible en <https://hdl.handle.net/10433/20155>

Christiane Limbach

(Universidad Pablo de Olavide)

La traducción automática de la voz pasiva del español al alemán: ¿más allá de una traducción literal?

Resumen: En este capítulo se examina en qué medida los traductores automáticos Google Traductor y DeepL son capaces de distanciarse del texto origen y adaptar convenciones textuales de la cultura meta en traducciones realizadas del español al alemán. Nord distingue entre traducciones documentales y traducciones instrumentales reflejando las primeras características sintácticas, léxicas y morfológicas del TO en el TM y adaptándose las instrumentales a las convenciones textuales y las características sintácticas, léxicas y morfológicas de la cultura meta. Nuestro objetivo es analizar mediante el programa Sketch Engine cómo los traductores automáticos han traducido la voz pasiva en noticias de periódico sobre la subida del tipo de interés y si han aplicado la voz pasiva en más ocasiones en alemán que en español. Nuestros resultados demuestran que ambos traductores usan múltiples recursos para traducir la voz pasiva del español al alemán e incluso que han utilizado la pasiva en alemán cuando en español se había utilizado la activa mostrando de esta manera que sí son capaces de distanciarse del TO.

Palabras clave: traducción automática, español-alemán, lingüística de corpus, voz pasiva, DeepL

1. Introducción

Los traductores automáticos elaboran cada vez traducciones más acertadas y de más calidad mediante una combinación de métodos, algoritmos y tecnologías de *deep learning*, con bases de datos cada vez más grandes y, no por último, mediante correcciones propuestas por parte de los usuarios. Cabe preguntarse, por lo tanto, hasta qué punto los traductores automáticos son capaces de distanciarse del texto origen o si en la mayoría de los casos siguen ofreciendo traducciones literales que los receptores del texto meta, es decir, de la traducción automática, fácilmente reconocen como tal.

Perseguimos en el presente capítulo el objetivo de examinar hasta qué punto, los traductores automáticos DeepL y Google Traductor ya son capaces de cumplir con convenciones textuales de los tipos de texto de la cultura meta. En concreto examinaremos el uso de la voz pasiva en español y alemán siendo el español la lengua origen y el alemán la lengua meta.

Nord (1997, 2005, 2016, 2018) distingue entre dos tipos de traducción: la traducción documental (*documentary translation*) y la traducción instrumental (*instrumental translation*). La *traducción documental* tiene como objetivo hacer ver el texto origen (TO) en el texto meta (TM). Así, las características sintácticas, léxicas y morfológicas del TO se reflejan en el TM. Todos los tipos de una traducción literal se pueden categorizar como una traducción documental. Dichas traducciones se emplean siempre y cuando exista un interés en acceder al TO como puede ser, por ejemplo, en el caso de documentos jurídicos o en el ámbito de aprendizaje de una lengua extranjera. Nord define la traducción documental de la siguiente manera:

> [T]he documentary translation type [...] is first and foremost a metatext, being a target-culture text informing about a source-culture text or any of its aspects and dimensions (for example, an interlineal word-for-word translation informs about the lexical and syntactic structures or the source language as used in the text), and as such, its communicative function will be realized in an indirect way: e.g., informing target-culture addressees about a source-culture autor referring to an object of the world (from a source-culture point of view), or informing target-culture readers about somebody from a source culture appealing to their addressees' culture-specific experience of the world (Nord, 1997: 49).

La *traducción instrumental* tiene el objetivo de transmitir un mensaje a la cultura meta. El aspecto comunicativo por lo tanto predomina en este tipo de traducciones y el objetivo es transmitir las ideas del TO al receptor meta sin que se dé cuenta de que está leyendo una traducción. Las traducciones instrumentales respetan por lo tanto las convenciones textuales y las características sintácticas, léxicas y morfológicas de la cultura meta. Según Nord:

> [T]he instrumental translation type [...] is an object-text in its own right, directed at a target-culture readership for whom it can fulfil any of the above-mentioned basic functions and sub-functions like a non-translated text, and modelled according to a pre-existing text borrowed from a source culture (Nord, 1997: 49).

Mientras que un traductor humano es capaz de evaluar un encargo de traducción y de tomar decisiones traductológicas en función de ello, los traductores automáticos (¿aún?) no son capaces de hacer eso. Parecen estar programados para realizar traducciones instrumentales en las que predomina el aspecto comunicativo y para que no sean percibidas por el receptor meta como traducciones. No obstante, cabe preguntarse hasta qué punto, los traductores automáticos ya son capaces de distanciarse del TO y de respetar las convenciones textuales de la cultura meta. Nos centraremos para ello en la voz pasiva, ya que se utiliza mucho más en alemán que en español para ver, por un lado, cómo los traductores automáticos Google Traductor y DeepL la traducen del español al alemán y, por otro, si la utilizan en alemán cuando no se ha utilizado en español para cumplir con las convenciones textuales de la cultura meta, en este caso concreto, la alemana.

2. Voz pasiva en castellano

La voz pasiva indica que el sujeto gramatical sufre o recibe la acción ejecutada por otro. En las oraciones de voz pasiva no es obligatorio indicar el agente que realiza la acción. Existen dos formas pasivas principales en castellano, la perifrástica y la pasiva refleja (o la pronominal).

La voz pasiva perifrástica se forma con el verbo *ser* como auxiliar y el verbo que expresa la acción como participio, que concierta en número y género con el sujeto de la oración.

(1) Las cartas fueron escritas por los propios estudiantes.

La voz pasiva perifrástica (o propia) permite, formar oraciones sin indicar el agente que realiza la acción, por ser desconocido o por no querer indicarlo. Si se quiere indicar el agente como en el ejemplo, se añade este con la preposición *por*. No obstante, en castellano, se prefiere la voz activa o, en el caso de necesitar formar una oración sin indicar el agente que realiza la acción, la pasiva refleja. La voz pasiva, por lo tanto, no se encuentra tan a menudo en los textos redactados en castellano en comparación con los del alemán.

La voz pasiva refleja se forma con la partícula *se* sin valor reflexivo para indicar el sentido pasivo de la oración. La pasiva refleja no permite en principio que se añada un agente mediante la preposición *por* como es el caso en la pasiva perifrástica. Además, el verbo tiene que concertar en persona y número con el sujeto gramatical de la oración.

(2) Se han publicado muchos artículos sobre la pasiva refleja.

Cabe resaltar que no debe confundirse la pasiva refleja con las formas reflejas e impersonales. A contrario de la pasiva refleja, la construcción impersonal con *se* solo se da en la tercera persona singular (y nunca en plural), carece, como es lógico, de un sujeto gramatical y puede llevar complemento directo de persona.

Cuando en castellano se utiliza una forma pasiva, suele recurrirse más frecuentemente a la pasiva refleja que a la pasiva perifrástica.

> En nuestro tiempo la pasiva refleja es con mucho la forma pasiva más frecuente, tanto en la lengua hablada como en el estilo literario (Navarro, Hernández y Rodríguez-Villanueva, 1997: 101).

Si comparamos el uso de la voz pasiva entre el castellano y el alemán, podemos observar que la voz pasiva se utiliza con mucha más frecuencia en alemán que en español (Castell, 2011: 136). Esto hay que tenerlo muy en cuenta a la hora de traducir textos entre estos dos idiomas.

> Tanto en francés como en alemán, pero sobre todo en inglés, se usa la voz pasiva mucho más que en español. El castellano tiende a evitar la pasiva, utilizándola casi exclusivamente cuando razones especiales desaconsejan el uso de la activa. Al traducir al castellano textos de otras lenguas es necesario tener en cuenta esta preferencia de nuestra lengua por la voz activa (Navarro, Hernández y Rodríguez-Villanueva, 1997: 102).

Lo mismo es válido cuando cambiamos de direccionalidad en la traducción, es decir, cuando traducimos del español a otros idiomas en los que se utiliza más la voz pasiva, como es el caso del alemán.

3. La voz pasiva en alemán

En alemán existe la pasiva de proceso (*Vorgangspassiv*) y la pasiva de estado (*Zustandspassiv*) haciendo referencia como indican sus nombres, o bien a un proceso, o bien a un estado. Mientras que la pasiva de proceso se forma con una forma de *werden* + participio de pasado, la pasiva de estado se forma con una forma de *sein* + participio de pasado:

(3) Das Buch wird geschrieben. (Vorgangspassiv)
(4) Das Buch ist geschrieben. (Zustandspassiv)

La pasiva impersonal carece de sujeto gramatical por lo que el auxiliar *werden* siempre aparece en la tercera persona singular. Se utiliza siempre para los verbos intransitivos, pero también es posible formarla con los verbos transitivos que permitan la elisión del complemento acusativo en la oración activa:

(5) Wann wird hier aufgeräumt?

Si la oración solo consta de uno o varios verbos sin complementos, la voz pasiva impersonal se construye siempre con un pronombre expletivo *es*.

(6) Es wurde gelacht und gefeiert.

Es posible utilizar fórmulas alternativas para la pasiva de proceso con las siguientes opciones:

a) Man,

    (7) Man arbeitet hier.

b) Determinadas construcciones pronominales, con las que no es posible la mención del sujeto agente,

(8) Das lässt sich nicht leugnen.

c) Los verbos *bekommen/erhalten/kriegen*,

(9) Ich habe die Bettwäsche zum Geburtstag geschenkt bekommen.

d) El verbo *gehören*,

(10) Die Täter gehören verurteilt.

e) El verbo *sein* y el infinitivo con *zu*

(11) Die Einladungen sind noch zu verschicken.

f) Adjetivos derivados de verbos con los sufijos *-bar* y *-lich*. En este caso no se puede mencionar el agente:

(12) Das ist nicht vergleichbar[1].

Cabe mencionar que las dos pasivas más utilizadas en alemán son la pasiva de estado y la pasiva de proceso y que las otras pasivas son mucho menos frecuentes.

4. Objetivos

Nuestro objetivo es examinar si los traductores automáticos traducen la voz pasiva del español al alemán de forma literal (traducción documental) o si, por lo contrario, son capaces de realizar traducciones utilizando la voz pasiva en alemán con más frecuencia que en español, distanciándose así del TO y respetando las convenciones textuales de la cultura meta (traducción instrumental).

5. Metodología y descripción de corpus

Para nuestros objetivos recopilamos un corpus paralelo y examinamos la voz pasiva de forma contrastiva tanto en español como en alemán mediante el programa Sketch Engine. Nuestro corpus se compone de cinco artículos de periódicos españoles que tratan de la última subida del tipo de interés, la que se llevó a cabo a finales de julio de 2023. Cada uno de los artículos proviene de un periódico o fuente de información españoles distintos, esto es, *El País*, *El Mundo*, *El*

1 Para las explicaciones de la voz pasiva alemán se ha utilizado el manual de Castell (2011).

Diario, RTVE y *El Diario AS*. Tras seleccionar los artículos de prensa, se pasaron tanto por los traductores automáticos DeepL como Google Traductor en la versión gratuita. Mediante el programa de análisis de corpus Sketch Engine se creó un corpus multilingüe paralelo con los textos origen y los textos meta.

Los cinco textos en español contienen 5820 tókenes, 4962 palabras y 175 oraciones. Las cinco traducciones realizadas por DeepL contienen 5607 tókenes, 4604 palabras y 186 oraciones, mientras que las cinco traducciones realizadas por Google Traductor contienen 5535 tókenes, 4544 palabras y 180 oraciones. Nuestro corpus completo contiene, por lo tanto, 15 textos y 16 962 tókenes, 14 110 palabras y 541 oraciones.

Para nuestro análisis buscamos primero los casos en los que se había utilizado una voz pasiva (perifrástica o refleja) en español y examinamos cómo Google Traductor y DeepL la habían traducido al alemán. En un segundo lugar buscamos los casos en los que se había utilizado la voz pasiva en las traducciones automáticas para examinar si en el TO también se había utilizado la voz pasiva.

Categorizamos nuestros resultados y utilizamos tablas para hacerlos visibles recogiendo en la primera columna el TO y en las otras dos columnas las traducciones automáticas. Todos los resultados se pueden consultar en el repositorio RIO de la UPO (<https://rio.upo.es/entities/publication/66ae8711-381a-40ba-b745-eb87093e4952>).

6. Análisis

Hemos categorizado nuestros resultados de los análisis en tres categorías. En primer lugar, trataremos la categoría más fácil de traducir, es decir, los casos en los que se ha traducido una voz pasiva en español mediante una voz pasiva en alemán. En la segunda categoría recogeremos los casos en que una voz pasiva en español se ha traducido mediante una voz activa en alemán. Por último, y en la tercera categoría trataremos los casos en que se ha utilizado una voz pasiva en alemán aunque no se ha utilizado en español.

6.1 Traducción de voz pasiva en español a voz pasiva en alemán

A continuación, agrupamos los casos en que se ha traducido una pasiva en español mediante una pasiva en alemán, son los casos de traducciones literales, las que se supone que resultan más fáciles para los traductores automáticos, ya que no se modifica la categoría gramatical, en nuestro caso, la voz.

6.1.1 *Pasiva refleja en español a voz pasiva en alemán*

Para encontrar las oraciones que contienen una pasiva refleja en español hemos buscado en nuestro corpus en español en primer lugar la forma *se* para luego contrastar estos casos con las traducciones automáticas al alemán. En nuestro corpus aparece *se* 77 veces. No obstante, no todos son casos de una pasiva refleja, en algunos casos se trata de verbos reflexivos. En total hemos encontrado 24 casos de pasiva refleja. A pesar de que en la mayoría de las ocasiones se ha traducido al alemán mediante una pasiva de proceso (*Vorgangspassiv*) no siempre ha sido así, como veremos más adelante.

En el siguiente ejemplo observamos cómo ambos traductores automáticos han traducido dos pasivas reflejas en español mediante una pasiva de proceso. Sería por lo tanto una traducción literal y, por consiguiente, las más fáciles para los traductores automáticos. Google Traductor ha recurrido 15 veces a una pasiva de proceso y 1 vez a una pasiva de estado (de las 24 pasivas reflejas en español), mientras que DeepL ha utilizado 13 veces una pasiva de proceso y ninguna pasiva de estado.

Tabla 1: Traducción de pasiva refleja a pasiva de proceso

Original	Google	DeepL
Además, mientras la agresividad del BCE tiene especial impacto en, donde las familias con hipotecas a tipos de interés variable, que **se actualizan** según el euríbor, alcanzan el 75 % del total, en Alemania la mayoría (un 80 %) de hogares endeudados lo están a tipo fijo, que no **se revisan** anualmente.	Während sich die Aggressivität der EZB insbesondere auf den Hypothekenmarkt in Spanien auswirkt, wo Familien mit Hypotheken zu variablen Zinssätzen, die nach dem Euribor **aktualisiert werden,** 75 % der Gesamtsumme ausmachen, ist in Deutschland die Mehrheit (80 %)[2] der verschuldeten Haushalte sind zu einem festen Zinssatz verschuldet, der nicht jährlich **überprüft wird**.	Während sich die Aggressivität der EZB besonders auf den Hypothekenmarkt in Spanien auswirkt, wo 75 % der Haushalte mit Hypotheken zu variablen Zinssätzen, die entsprechend dem Euribor **aktualisiert werden,** verschuldet sind, hat in Deutschland die Mehrheit (80 %) der verschuldeten Haushalte feste Zinssätze, die nicht jährlich **angepasst werden.**

2 Se reproducen los ejemplos exactamente igual que nos han aparecido en el programa Sketch Engine, por tanto, sin corregir posibles errores que se pueden deber al uso de colores en el TO, entre otros.

No obstante, también hemos detectado casos en que los traductores automáticos han traducido la pasiva refleja con una fórmula alternativa a la pasiva ya sea de proceso o de estado, como por ejemplo mediante una construcción pasiva con *zu*. En concreto, hemos detectado en el caso de Google Traductor las siguientes maneras de traducir la pasiva refleja del español al alemán: 1 pasiva con *zu*, 1 adjetivo derivado con el sufijo *-lich* (*voraussichtlich*). En el caso de DeepL hemos detectado 2 pasivas con *zu* y 1 adjetivo derivado con el sufijo *-lich* (*voraussichtlich*). En las otras ocasiones se ha traducido con voz activa como veremos más adelante.

En el siguiente ejemplo Google Traductor ha traducido *se espera* con *Es ist zu erwarten*. Sin embargo, observamos que DeepL ha optado por traducirla con un adverbio utilizando *voraussichtlich*. Observamos por lo tanto que los traductores automáticos han traducido la pasiva refleja de una manera distinta. Como veremos más adelante, ha sido así en no pocas ocasiones.

Tabla 2: Traducción de pasiva refleja a fórmulas alternativas a la pasiva de proceso

Origen	**Google**	**DeepL**
Hay países donde **se espera** que la inflación siga siendo elevada por más tiempo y por eso debemos mirar [separadamente] las características de cada uno de ellos", respondió Christine Lagarde a preguntas de los periodistas durante la conferencia de prensa de este jueves en Fráncfort.	Es gibt Länder, in denen dies der Fall ist." "**Es ist zu erwarten,** dass die Inflation noch länger hoch bleiben wird, und deshalb müssen wir die Merkmale jedes einzelnen davon [separat] betrachten", antwortete Christine Lagarde auf Fragen von Journalisten während der Pressekonferenz an diesem Donnerstag in Frankfurt.	Es gibt Länder, in denen die Inflation **voraussichtlich** länger hoch bleiben wird, und deshalb müssen wir die Merkmale jedes einzelnen Landes [gesondert] betrachten", antwortete Christine Lagarde auf Fragen von Journalisten während einer Pressekonferenz am Donnerstag in Frankfurt.

Asimismo, hemos encontrado casos en que la pasiva refleja ha sido reformulada: como observamos en la Tabla 3. DeepL ha optado por traducir la frase *se está viendo de verdad una transmisión fuerte a la economía* mediante *dass die neue Geldpolitik bereits sehr stark auf die Wirtschaft übertragen wird*. Observamos aquí que DeepL ha omitido *se está viendo* y ha transformado el sustantivo *transmisión* al correspondiente verbo (*trasmitir*) en voz pasiva, es decir, *übertragen wird*. Google Traductor, sin embargo, ha utilizado una construcción pasiva con *zu*.

Tabla 3: Reformulación de la pasiva refleja a pasiva de proceso

Original	Google	DeepL
Hasta la fecha, lo que sí reconoce el BCE es que ya "**se está viendo** de verdad una transmisión fuerte a la economía" de la nueva política monetaria, en lo que se refiere al desplome de la demanda de crédito por parte de empresas y familias.	Was die EZB bisher anerkennt, ist, dass angesichts des Einbruchs der Kreditnachfrage von Unternehmen und Familien "tatsächlich eine starke Übertragung auf die Wirtschaft" der neuen Geldpolitik **zu beobachten ist**.	Bislang erkennt die EZB an, dass die neue Geldpolitik bereits sehr stark auf die Wirtschaft **übertragen wird**", da die Kreditnachfrage der Unternehmen und Haushalte eingebrochen ist.

6.1.2 Pasiva perifrástica en español a voz pasiva en alemán

Para encontrar los casos en los que se ha utilizado una pasiva perifrástica en español se realizaron búsquedas con los lexemas *ser*, *estar* y *quedar*. En total se detectaron 2 pasivas perifrásticas con *ser*, 6 con *estar* y 1 con *quedar* en nuestro corpus en español. En el caso de Google Traductor se tradujeron solo en 5 casos con una pasiva al alemán (3 pasivas de proceso y 2 pasivas de estado). En el caso de DeepL se tradujeron solo en 4 casos con pasiva al alemán (1 de proceso, 1 con *zu* y 2 pasivas de estado).

En la Tabla 4 se puede observar que Google Traductor ha traducido la pasiva perifrástica *ha sido telegrafiado* mediante la pasiva de proceso *verkündet wurde*, mientras que DeepL ha optado por la construcción pasiva con *zu* (*zu hören war*).

Tabla 4: Traducción de pasiva perifrástica con ser a voz pasiva en alemán

Original	Google	DeepL
Con un mensaje que **ha sido telegrafiado** desde la última reunión del pasado mes de junio, el Banco Central Europeo (BCE) se ha mantenido fiel a su compromiso y acaba de anunciar la novena subida consecutiva de los tipos de interés en la zona euro en el último año, en el que se ha convertido ya en el ciclo de alzas más largo y de mayor potencia desde que existe la institución.	Mit einer Botschaft, die seit der letzten Sitzung im vergangenen Juni immer wieder **verkündet wurde**, ist die Europäische Zentralbank (EZB) ihrer Zusage treu geblieben und hat gerade die neunte Zinserhöhung in Folge in der Eurozone im letzten Jahr angekündigt bereits zum längsten und stärksten Steigerungszyklus seit Bestehen der Institution geworden.	Mit dieser Botschaft, die seit der letzten Sitzung im Juni letzten Jahres **zu hören war**, ist die Europäische Zentralbank (EZB) ihrer Verpflichtung treu geblieben und hat soeben die neunte Zinserhöhung in Folge im Eurogebiet im letzten Jahr angekündigt, was bereits der längste und stärkste Erhöhungszyklus seit Bestehen der Institution ist.

En la Tabla 5 observamos por un lado cómo Google Traductor y DeepL han traducido la pasiva perifrástica *está cuidadosamente elegida* con una pasiva de estado *sorgfältig (aus)gewählt ist*. En la misma también vemos reflejada una pasiva perifrástica con *quedar* que ha sido traducida por ambos traductores automáticos con el verbo reflexivo en presente de voz activa *sich widerspiegeln*.

Tabla 5: Traducción de pasiva perifrástica con estar/quedar a voz pasiva/activa en alemán

Original	**Google**	**DeepL**
Así **queda reflejado** en el comunicado, en el que cada palabra **está** cuidadosamente **elegida** –nada es "irrelevante", ha dicho Lagarde.	Dies **spiegelt sich** in der Erklärung **wider**, in der jedes Wort sorgfältig **ausgewählt ist**–nichts sei "irrelevant", sagte Lagarde.	Das **spiegelt sich** in dem Kommuniqué **wider**, in dem jedes Wort sorgfältig **gewählt ist** - nichts ist "irrelevant", so Lagarde.

6.2 Traducción de voz pasiva en español a voz activa en alemán

Una prueba de que los traductores automáticos son capaces de distanciarse del texto origen y de que no traducen necesariamente de forma literal son los casos encontrados en los que se ha utilizado la voz pasiva en español pero no en alemán. Hemos detectado varios casos diferentes en nuestro corpus, que clasificaremos según su traducción al alemán y que examinaremos a continuación. En español partimos de pasivas reflejas y de pasivas perifrásticas (con *ser*, *estar* y *quedar*).

En el caso de Google Traductor hemos encontrado 9 casos en que una voz pasiva se ha traducido como una voz activa del español al alemán. En concreto se han utilizado 3 construcciones impersonales (1 con *man* y 2 con *es*), 2 construcciones con participios (*Partizipialkonstruktionen*), 1 estilo nominal y 4 voces activas en presente indicativo (1 de ellos con sustantivo *wir*).

En el caso de DeepL hemos detectado 13 casos en que se ha utilizado una voz activa en alemán cuando en el texto origen se utilizó una voz pasiva. En concreto se han utilizado 2 verbos modales en *Konjuktiv II* (*dürfte*), 2 construcciones con participios (*Partizipialkonstruktionen*), 5 veces el presente indicativo, 1 vez el futuro indicativo y en 2 casos se llevaron a cabo reformulaciones (1 con un pronombre relativo, 1 omisión).

6.2.1 Pasiva refleja en español se traduce a adjetivo en alemán

En el siguiente ejemplo encontrado (Tabla 6) se ha traducido una pasiva refleja en español a un adjetivo al alemán, en concreto se ha utilizado la *Partizipialkonstruktion die heute angekündigte Zinserhöhung* por parte de ambos traductores automáticos como correspondencia de la pasiva refleja utilizada en la frase relativa subordinada en español *que se ha anunciado hoy.*

Tabla 6: Traducción de pasiva refleja mediante participio (*Partizipialkonstruktion*) en alemán

Original	**Google**	**DeepL**
Otro halcón que se ha pronunciado estos días es Klass Knot, presidente del Banco Central de Holanda, que si bien considera que la subida de tipos **que se ha anunciado** hoy era "una necesidad", hablar de nuevas alzas en septiembre no sería "de ninguna manera una certeza" sino sencillamente una posibilidad, apuntó en declaraciones a Bloomberg TV la semana pasada.	Ein weiterer Falke, der sich in diesen Tagen zu Wort gemeldet hat, ist Klass Knot, Präsident der niederländischen Zentralbank, der zwar der Meinung ist, dass **die heute angekündigte Zinserhöhung** "eine Notwendigkeit" sei, über neue Erhöhungen im September jedoch "in keiner Weise" sprechen würde "Es ist ganz sicher eine Gewissheit", sondern einfach eine Möglichkeit, wies er letzte Woche in Erklärungen gegenüber Bloomberg TV darauf hin.	Ein weiterer Falke, der sich in den letzten Tagen geäußert hat, ist Klass Knot, der Präsident der niederländischen Zentralbank, der **die heute angekündigte Zinserhöhung** zwar für "notwendig" hält, aber weitere Erhöhungen im September "keineswegs für sicher" hält, sondern lediglich für möglich, wie er letzte Woche gegenüber Bloomberg TV erklärte.

6.2.2 Pasiva en español se traduce a voz activa en alemán manteniendo la forma temporal

Hemos detectado casos en los que se ha traducido una pasiva refleja en español mediante una voz activa en presente en alemán (se fijen > *bleiben*) o incluso una voz activa presente en *Konjunktiv I* (se espera que > *dürfte*). En el siguiente ejemplo (Tabla 7), el presente *se está viendo* del español lo tradujeron al alemán tanto Google Traductor como DeepL con una voz activa añadiendo el sujeto *wir.* Observamos, por lo tanto, que ambos traductores automáticos han sido capaces de encontrar un sujeto que no solo es gramaticalmente correcto, sino que también concuerda con el contexto para traducir una pasiva refleja del español a la voz activa de presente indicativo en alemán.

Tabla 7: Traducción de pasiva refleja a voz activa en presente con sujeto (*wir*) en alemán

Original	**Google**	**DeepL**
La caída de las hipotecas se está acelerando en la Eurozona, pero el BCE dice no estar preocupado por el residencial "donde **se está viendo** una ralentización en la subida de precios pero no una caída", a pesar de la situación que atraviesa Alemania, pero sí mira "con más atención" al inmobiliario vinculado a comercios, cuyos "precios ya habían empezado a caer antes de que comenzara la subida de tipos", apunta el vicepresidente del BCE, Luis de Guindos, a raíz de la crisis de los mall (centros comerciales) que **se originó** en EEUU hace más de cinco años ante la irrupción del comercio por Internet.	Der Rückgang der Hypotheken in der Eurozone beschleunigt sich, aber die EZB sagt, dass sie sich trotz der Situation in Deutschland keine Sorgen um Wohnimmobilien macht, "wo **wir** eine Verlangsamung des Preisanstiegs, aber keinen Rückgang **sehen**", aber sie schaut "genauer" hin. bei mit Geschäften verbundenen Immobilien, deren "Preise bereits vor Beginn der Zinserhöhung zu fallen begonnen hatten", sagt der Vizepräsident der EZB, Luis de Guindos, als Folge der Krise der Einkaufszentren (Einkaufszentren), die ihren Ursprung in der In den USA **kam es** vor mehr als fünf Jahren aufgrund des Einbruchs des Internethandels **zu** einer Krise.	Der Rückgang der Hypotheken beschleunigt sich in der Eurozone, aber die EZB sagt, sie mache sich keine Sorgen um Wohnimmobilien, "wo **wir** eine Verlangsamung des Preisanstiegs, aber keinen Rückgang **sehen**", trotz der Situation in Deutschland, aber sie schaue "genauer" auf Gewerbeimmobilien, Der Vizepräsident der EZB, Luis de Guindos, weist darauf hin, dass die Krise der Einkaufszentren, die vor mehr als fünf Jahren in den USA mit dem Aufkommen des Internethandels **begann**, zu einem Preisverfall geführt hat, "der bereits vor dem Zinsanstieg eingesetzt hat".

En un caso (Tabla 8), DeepL también ha utilizado un verbo reflexivo en futuro simple (*sich richten wird*) siguiendo así la forma temporal del original, mientras que Google Traductor ha optado por una pasiva de proceso (*wird… gerichtet*).

Tabla 8: Traducción de una pasiva perifrástica en futuro I a una voz activa en futuro I en alemán

Original	**Google**	**DeepL**
La reunión mantenida hoy en el seno de la institución en Fráncfort despertaba pocos interrogantes entre los miembros del mercado por lo que toda la atención **estará puesta** sobre el discurso que pronuncie esta tarde su presidenta, Christine Lagarde, para saber si da pistas sobre lo que puede suceder en la próxima cumbre de septiembre tras el parón del verano.	Das heute innerhalb der Institution in Frankfurt abgehaltene Treffen warf bei den Marktteilnehmern nur wenige Fragen auf, daher **wird** die ganze Aufmerksamkeit auf die heute Nachmittag von ihrer Präsidentin Christine Lagarde gehaltene Rede **gerichtet**, um herauszufinden, ob sie Hinweise darauf gibt, was auf dem nächsten Gipfel passieren kann im September nach der Sommerpause.	Die heutige Sitzung innerhalb der Institution in Frankfurt hat bei den Marktteilnehmern nur wenige Fragen aufgeworfen, so dass **sich** die ganze Aufmerksamkeit auf die Rede der Präsidentin Christine Lagarde heute Nachmittag **richten wird**, um zu sehen, ob sie Hinweise auf den nächsten Gipfel im September nach der Sommerpause gibt.

Asimismo, nos encontramos con otro ejemplo (Tabla 9) en el que DeepL ha reformulado de nuevo una pasiva refleja en subjuntivo (*se haga*). Esta vez ha utilizado el pronombre relativo *deren*. La forma temporal del futuro simple se ha mantenido en este caso. En el caso de Google Traductor observamos que se ha utilizado una construcción con participio (*der daraus vorgenommen Bewertung*). Asimismo, Google Traductor ha hecho una traducción literal de *estar en manos de* (*in den Händen liegen*), lo cual consideramos un error de traducción. Por el contrario, DeepL ha podido resolver la expresión correctamente con *abhängig sein*. Otra posibilidad de traducción hubiera sido *ausgeliefert sein*.

Tabla 9: Reformulación en alemán de pasiva refleja

Original	**Google**	**DeepL**
"Estaremos en manos de los datos y en la valoración" que **se haga** de ellos, aseveró Lagarde.	"Wir liegen in den Händen der Daten und **der daraus vorgenommenen Bewertung**", versicherte Lagarde.	Wir werden von den Daten und **deren Bewertung** abhängig sein", sagte Lagarde.

6.2.3 *Pasiva refleja en español se traduce con una frase impersonal con* man *o* es *en alemán*

Son algunos los casos que encontramos en nuestro corpus cuando los traductores automáticos han elegido traducir una pasiva refleja en español mediante una construcción impersonal en alemán. Ya mencionamos en el punto 6.1.2 las construcciones pasivas con *zu* que han utilizado los traductores automáticos en alemán. Caben destacar como traducciones impersonales también las oraciones en voz activa con *es* o *man* que formularon Google Traductor y DeepL. En el ejemplo de la Tabla 10 observamos que Google Traductor ha traducido *se tiene en cuenta* con *man berücksichtigt*. DeepL utiliza para la frase del TO *sobre todo si se tiene en cuenta* la conjunción *zumal* reformulando o mejor omitiendo la frase original.

Tabla 10: Traducción de pasiva refleja a impersonal en alemán

Original	Google	DeepL
"En un contexto en el que las empresas siguen beneficiándose de la capacidad de fijación de precios y en el que el bajo desempleo no sólo apoya la resistencia de la demanda, sino que también alimenta las demandas salariales, no puede descartarse el riesgo de que la inflación subyacente se mantenga en niveles elevados, sobre todo si **se tiene en cuenta** que la combinación de políticas fiscales y monetarias no es suficientemente restrictiva", comentan los expertos de Allianz Global Investors.	"In einem Kontext, in dem Unternehmen weiterhin von der Preissetzungsmacht profitieren und in dem eine niedrige Arbeitslosigkeit nicht nur die Widerstandsfähigkeit der Nachfrage unterstützt, sondern auch die Lohnforderungen anheizt, besteht die Gefahr, dass die Kerninflation hoch bleibt, insbesondere wenn **man** die Mischung aus fiskalischen Faktoren **berücksichtigt**."	"In einem Umfeld, in dem die Unternehmen weiterhin von ihrer Preissetzungsmacht profitieren und in dem die niedrige Arbeitslosigkeit nicht nur die Widerstandsfähigkeit der Nachfrage unterstützt, sondern auch die Lohnforderungen anheizt, kann das Risiko einer weiterhin hohen Kerninflation nicht ausgeschlossen werden, **zumal** der fiskal- und geldpolitische Mix nicht restriktiv genug ist", kommentieren die Experten von Allianz Global Investors.

6.2.4 *Pasiva refleja en español se traduce con un adverbio en alemán*

Ya mencionamos en el apartado 6.1.1 que DeepL había traducido la frase *se espera* con *voraussichtlich* (véase Tabla 2). También Google Traductor ha optado por dicha traducción pero en otro ejemplo diferente: de hecho los dos motores no han coincidido en utilizar *voraussichtlich* al traducir la misma oración del TO.

6.2.5 *Pasiva refleja en español se traduce a un verbo modal en alemán*

Hemos encontrado también casos en los que los traductores automáticos tradujeron la pasiva refleja en español mediante un verbo modal en alemán. En concreto, DeepL traduce la pasiva refleja *se espera* con el *Konjunktiv II* del verbo modal *dürfen* al alemán indicando así una posibilidad en el futuro.

Tabla 11: Traducción de pasiva refleja a un verbo modal en alemán

Original	**Google**	**DeepL**
Y estos mejoran –la inflación ha bajado al 5,5 %–, pero no con el vigor que querría ver. "La inflación continúa disminuyendo, pero aún **se espera** que siga siendo demasiado alta durante demasiado tiempo", ha advertido la jefa del Eurobanco.	Und diese verbessern sich – die Inflation ist auf 5,5 % gesunken –, aber nicht mit der Kraft, die ich gerne sehen würde. "Die Inflation geht weiter zurück, wird aber **voraussichtlich** noch zu lange zu hoch bleiben", warnte der Chef der Eurobank.	Und diese verbessern sich – die Inflation ist auf 5,5 % gesunken – aber nicht mit der Kraft, die sie sich wünscht. Die Inflation geht weiter zurück, **dürfte** aber noch zu lange zu hoch bleiben", warnte der Eurobank-Chef.

6.2.6 *Pasiva perifrástica se traduce a estilo nominal en alemán*

Otra forma de traducir una pasiva perifrástica la hemos observado en el caso de Google Traductor (Tabla 12), que ha optado por una frase nominal (*mit kontrollierter Inflation*) para traducir del español *esté controlada*. No obstante, DeepL ha traducido la pasiva del español con una frase subordinada relativa (*in denen die Inflation unter Kontrolle ist*).

Tabla 12: Traducción de pasiva perifrástica a un estilo nominal en alemán

Original	**Google**	**DeepL**
En cambio, Carlos Martin Urriza, economista y diputado de Sumar, considera que podría anunciar facilidades para refinanciarse a "hipotecados en países donde la inflación **esté controlada**".	Carlos Martin Urriza, Ökonom und Abgeordneter von Sumar, ist hingegen der Ansicht, dass er Erleichterungen zur Refinanzierung von "Hypotheken in Ländern **mit kontrollierter Inflation**" ankündigen könnte.	Carlos Martin Urriza, Wirtschaftswissenschaftler und Abgeordneter von Sumar, ist hingegen der Meinung, dass die Kommission Refinanzierungsmöglichkeiten für "Hypothekenbesitzer in Ländern, **in denen die Inflation unter Kontrolle ist**", ankündigen könnte.

6.3 Se usa la voz pasiva en alemán cuando no hay voz pasiva en español

Otro ejemplo de que los traductores automáticos en cuestión pueden ser perfectamente capaces de distanciarse del texto origen y de adaptarse a las convenciones textuales de la cultura alemana son los casos detectados en los que se ha utilizado una voz pasiva en la traducción, aunque no se ha utilizado ninguna voz pasiva en el texto origen, es decir, en español. En el caso de DeepL, hemos detectado 33 casos en los que se ha utilizado una voz pasiva en alemán. En concreto, se han detectado 28 pasivas de proceso, 2 pasivas de estado y 3 pasivas con *zu*. Aunque en 24 casos se partió de una voz pasiva en español, ya se trate de una refleja o de una perifrástica o bien de un solo participio pasivo, en 11 casos en el TO se había utilizado una voz activa. Se detectaron 3 futuros I, 2 presentes, 1 impersonal con *hay*, 2 gerundios, 2 *al* + infinitivo y 1 *al* + sustantivo.

En las traducciones de Google Traductor se utilizó la voz pasiva en total 35 veces, de ellos 30 veces la pasiva de proceso, 4 veces la pasiva de estado y 1 vez la pasiva con *zu*. De ellos hay 25 que corresponden a una voz pasiva en español (10 pasivas perifrásticas y 15 pasivas reflejas), mientras que en 9 casos el TO presenta el uso de la voz activa: de ellas, 4 en presente (1 de ellas en infinitivo), 2 en futuro simple, 1 en pretérito perfecto, 1 vez *al* + infinitivo, *tras* + infinitivo y *al* + sustantivo respectivamente.

6.3.1 *El presente en español se traduce mediante una pasiva de proceso en alemán*

Hemos detectado casos en que se ha traducido una voz activa en presente de indicativo con una pasiva en alemán. En la Tabla 13 observamos que Google Traductor ha traducido *excluye* mediante una pasiva de proceso con *einbezogen werden* y DeepL mediante otra con *berücksichtigt werden.*

Tabla 13: Traducción de una voz activa de presenta a una pasiva de proceso en alemán

Original	Google	DeepL
Asimismo, ha recalcado su preocupación por la inflación subyacente, que **excluye** de su cálculo los precios de la energía, y que se mantiene en niveles altos.	Ebenso hat sie ihre Besorgnis über die zugrunde liegende Inflation zum Ausdruck gebracht, bei der die Energiepreise nicht in ihre Berechnung **einbezogen werden** und die nach wie vor auf einem hohen Niveau liegt.	Er betonte auch seine Besorgnis über die Kerninflation, bei der die Energiepreise nicht **berücksichtigt werden** und die nach wie vor auf einem hohen Niveau liegt.

Nos parece interesante indicar que, aunque el sujeto se refiere a Christine Lagarde, al no mencionarse de forma explícita en la oración en español, DeepL ha optado por la versión masculina del pronombre personal en 3.ª persona. Google Traductor, sin embargo, ha mantenido la referencia.

6.3.2 *Traducción de infinitivo en español mediante una pasiva de proceso en alemán*

Asimismo, detectamos un caso en el que se ha traducido un infinitivo en español con una pasiva de proceso en alemán (Tabla 14), aunque hay que señalar también que en este caso Google Traductor llevó a cabo una reformulación o traducción más libre. DeepL hizo una traducción más cercana al TO y utilizó un sustantivo como correspondencia del infinitivo en español.

Tabla 14: Traducción de infinitivo a una pasiva de proceso en alemán

Original	Google	DeepL
El objetivo del supervisor no es otro que **conseguir contener** la inflación, que ha alcanzado, un dato alejado del objetivo del 2 %. Como ya avanzó Lagarde a mediados de junio, el BCE irá evaluando los datos "reunión a reunión", pero incrementará los tipos las veces que considere necesarias.	"Zukünftige Entscheidungen des EZB-Rats werden sicherstellen, dass die Leitzinsen der EZB so lange auf einem ausreichend restriktiven Niveau **festgelegt werden**, dass die Inflation bald wieder das mittelfristige Ziel von 2 % erreichen kann", sagte er in einer Mitteilung an die Medien.	Das Ziel der Währungshüter ist nichts anderes als die **Eindämmung** der Inflation, die in der Eurozone 5,5 % erreicht hat und damit weit vom 2 %-Ziel entfernt ist.

6.3.3 *Traducción de pretérito perfecto en español a pasiva de proceso en alemán*

En el caso de la Tabla 15, Google Traductor ha optado por una pasiva de proceso cuando tenía que traducir una voz activa en pretérito perfecto del español (*ha decidido*). Observamos que DeepL se quedó más cerca al TO y lo tradujo con el pasado simple en alemán *beschloss*.

Tabla 15: Traducción de un perfecto a una pasiva de proceso en alemán

Original	Google	DeepL
Así lo **ha decidido** el Consejo de Gobierno del BCE tras la reunión mantenida este jueves, que en la víspera retomó la subida de los tipos y los elevó hasta el 5,5 %, su máximo en 22 años.	Dies **wurde** vom EZB-Rat nach der Sitzung am Donnerstag **beschlossen** und trat damit in die Fußstapfen der US-Notenbank (Fed), die am Vorabend die Zinserhöhungen wieder aufnahm und sie auf 5,5 %, den höchsten Stand seit 22 Jahren, erhöhte.	Dies **beschloss** der EZB-Rat nach seiner Sitzung am Donnerstag und folgte damit der US-Notenbank Federal Reserve (Fed), die am Vortag ihre Zinserhöhungen wieder aufnahm und den Zinssatz auf 5,5 % anhob, den höchsten Wert seit 22 Jahren.

6.3.4 *El futuro I en español se traduce mediante pasiva de proceso en alemán*

También hemos detectado casos en que un futuro simple en español se ha traducido con una pasiva de proceso en alemán. En la Tabla 16 observamos que

DeepL ha traducido *subirán* a *angehoben werden*. No obstante, en este caso, Google Traductor ha mantenido el futuro I en alemán con *werden steigen*.

Tabla 16: Traducción del futuro I a una pasiva de proceso en alemán

Original	Google	DeepL
Para ello, los tipos de interés **subirán** hasta un cuarto de punto, hasta situarse en un históricamente alto 4,25 %.	Dazu **werden** die Zinsen um bis zu einem Viertelpunkt auf den historisch hohen Wert von 4,25 % **steigen**.	Zu diesem Zweck **werden** die Zinssätze um bis zu einem Viertelpunkt auf ein historisch hohes Niveau von 4,25 % **angehoben.**

6.3.5 Construcciones con infinitivo en español se traduce a pasiva de proceso en alemán

También se detectaron 3 casos en los que se ha traducido la preposición *al* + *infinitivo* a una pasiva de proceso, como por ejemplo en el caso de DeepL (*verringert wird*), mientras que Google Traductor ha elegido una activa de presente (*senkt*).

Tabla 17: Traducción de *al* + infinitivo a una pasiva de proceso en alemán

Original	Google	DeepL
Lagarde ha explicado que esta decisión "mejorará la eficiencia de la política monetaria **al reducir** el importe total de intereses que debe pagarse por las reservas a fin de aplicar la orientación adecuada.	Lagarde erklärte, dass diese Entscheidung "die Effizienz der Geldpolitik verbessern wird, indem sie den Gesamtzinsbetrag **senkt**, der für Reserven gezahlt werden muss, um die entsprechenden Leitlinien anzuwenden".	Lagarde erklärte, dass diese Entscheidung "die Effizienz der Geldpolitik verbessern wird, indem der Gesamtbetrag der Zinsen, die auf die Reserven gezahlt werden müssen, **verringert wird**, um eine angemessene Orientierung zu bieten.

De la misma manera hemos detectado un caso en que la construcción *tras* + infinitivo se ha traducido con una pasiva de proceso en el caso de Google Traductor. DeepL, sin embargo, ha optado por una activa.

Tabla 18: Traducción de *tras* + infinitivo a una pasiva de proceso en alemán

Original	Google	DeepL
"La inflación subyacente está mostrando su resistencia a la baja (ya que sigue muy cerca aún del pico del 5,7 % de marzo) y las propias proyecciones del BCE no ven niveles cercanos al 2 % hasta 2025 **tras revisarlas** al alza con fuerza en junio", afirman desde Renta 4.	"Die Kerninflation zeigt ihren Abwärtswiderstand (da sie immer noch sehr nahe am Höchststand von 5,7 % im März liegt) und die eigenen Prognosen der EZB gehen erst im Jahr 2025 von Werten nahe 2 % aus, nachdem sie im Juni stark nach oben **korrigiert wurden** ", bekräftigen sie von Renta 4.	"Die Kerninflation zeigt ihren Abwärtswiderstand (das ie immer noch sehr nahe am Höchststand von 5,7 % im März liegt), und die EZB geht in ihren eigenen Projektionen erst für 2025 von einem Niveau in der Nähe von 2 % aus, nachdem sie diese im Juni stark nach oven **korrigiert hatte**", so Renta 4.

6.3.6 Al + *sustantivo en español se traduce mediante una pasiva en alemán*

Asimismo, DeepL ha utilizado una pasiva de proceso para traducir una construcción de *al* + substantivo (*al despliegue*) como podemos ver en la Tabla 19. Observamos que Google Traductor lo ha traducido de nuevo de una manera más literal empleando una frase nominal con el sustantivo *Einführung*.

Tabla 19: Traducción de al + sustantivo a una pasiva de proceso en alemán

Original	Google	DeepL
Con datos especialmente preocupantes, como la caída hasta mínimos históricos de la demanda de préstamos por parte de las empresas de la eurozona en el segundo trimestre, que adelanta un desplome de la inversión incluso pese **al despliegue** del planes de recuperación, financiados con los fondos europeos 'Next Generation EU'.	Besonders besorgniserregende Daten wie der Rückgang der Kreditnachfrage von Unternehmen in der Eurozone auf Rekordtiefs im zweiten Quartal, der trotz **der Einführung** von Konjunkturplänen, die mit europäischen Fonds "Next Generation EU" finanziert werden, einen Einbruch der Investitionen erwarten lässt.	Besonders besorgniserregend sind Daten wie der Rückgang der Kreditnachfrage von Unternehmen der Eurozone im zweiten Quartal auf einen historischen Tiefstand, der auf einen Einbruch der Investitionen hindeutet, obwohl die aus den EU-Fonds der "nächsten Generation" finanzierten Konjunkturprogramme **umgesetzt werden**.

6.3.7 *Impersonal con* hay *en español se traduce con pasiva de proceso en alemán*

Asimismo, se ha detectado un caso en que una impersonal con *hay* se ha traducido por una pasiva de proceso en el caso de DeepL. Google Traductor ha utilizado una voz activa con el sujeto *wir* y un verbo modal. De esta manera, Google Traductor, de nuevo, ha demostrado que puede encontrar un sujeto gramaticalmente correcto y además coherente cuando este falta en español.

Tabla 20: Traducción de una impersonal con *hay* a una pasiva de proceso en alemán

Original	Google	DeepL
No hay que olvidar que mientras que el BCE está logrando su objetivo de frenar la economía, corren el ri Fuente:	**Wir dürfen nicht vergessen**, dass, während die EZB ihr Ziel, die Wirtschaft zu bremsen, erreicht, die schwächsten Familien mit steigenden Hypothekenzahlungen Gefahr laufen	**Es darf nicht vergessen werden**, dass die EZB zwar ihr Ziel erreicht, die Wirtschaft zu verlangsamen, dass aber die schwächsten Familien, deren Hypothekenzahlungen in die Höhe geschnellt sind, Gefahr laufen, einen höheren Zinssatz zahlen zu müssen.

6.4 Errores de traducción

No queremos dejar de mencionar que a lo largo de nuestro análisis también hemos detectado en nuestro corpus traducciones erróneas. Si estos se encontraban en los ejemplos lo hemos indicado en notas de pie a lo largo del capítulo. No obstante, hemos podido detectar algunos errores más. Sirva de ejemplo el siguiente caso en que Google Traductor no ha sido capaz de ofrecer una traducción correcta de una oración compleja en español. Por el contrario, DeepL sí ha podido traducir el TO correctamente (Tabla 21):

Tabla 21: Error de traducción

Original	Google	DeepL
Analizaremos los datos que arrojarán dos lecturas nuevas de IPC para después del verano y también la institución tendrá un mayor conocimiento de cómo se está transmitiendo la política monetaria a la economía real.	Wir werden die Daten analysieren", was zu zwei neuen VPI-Werten für die Zeit nach dem Sommer führen wird, und die Institution wird auch bessere Kenntnisse über die Geldpolitik **haben wird auf die Realwirtschaft übertragen.**	Wir werden uns die Daten ansehen", die nach dem Sommer zwei neue VPI-Werte liefern werden, und die Institution wird auch ein besseres Verständnis dafür haben, wie die Geldpolitik auf die Realwirtschaft übertragen wird.

7. Conclusión

El objetivo de nuestro trabajo era analizar si los traductores automáticos Google Traductor y DeepL traducen de manera literal la voz pasiva utilizada en español, nuestro texto origen o si, por lo contrario, ya son capaces de distanciarse del texto origen y traducir al alemán teniendo en cuenta las convenciones textuales de la cultura meta y por ende poder traducir de una manera "comunicativa" en el sentido de Nord (1997, 2005, 2016, 2018).

Si comparamos el uso de la voz pasiva en español y en las traducciones automáticas, nuestros resultados demuestran que se ha utilizado la voz pasiva en español 31 veces (24 pasivas reflejas y 9 pasivas perifrásticas), mientras que DeepL ha utilizado 33 pasivas en total (28 pasivas de proceso, 2 pasivas de estado y 3 pasivas con *zu*) y Google Traductor ha utilizado la voz pasiva incluso 35 veces (30 pasivas de proceso, 4 pasivas de estado y 1 pasiva con *zu*). Por lo tanto, parece que se confirma nuestra hipótesis, aunque la diferencia que demuestran los números no es muy abultada: los traductores automáticos analizados han utilizado la voz pasiva más veces en la traducción automática de lo que se había utilizado en el texto origen, de modo que están cumpliendo con las convenciones textuales de la cultura meta.

Mediante nuestro análisis cualitativo también podemos confirmar que en múltiples ocasiones ambos traductores automáticos han sido perfectamente capaces de distanciarse del TO. Hemos detectado casos en los que una voz pasiva en español no se ha traducido mediante una voz pasiva en alemán sino una activa y viceversa, en los que una voz activa en español se ha traducido mediante una voz pasiva en alemán. En el caso de DeepL, solo se tradujeron 23 de las 31 pasivas del TO con otra pasiva o una fórmula alternativa pasiva. Los restantes 8 casos se han traducido con una voz activa. De la misma manera, de las 33 pasivas utilizadas por DeepL solo 22 se han traducido con una pasiva en español. En el caso de Google Traductor se tradujeron solo 20 pasivas del TO con una pasiva en alemán y de las 35 pasivas empleadas en la traducción solo 25 se han traducido con una voz pasiva en el TO.

Hemos podido comprobar que ambos traductores automáticos ya son capaces de traducir de forma libre y diversa cumpliendo con las convenciones textuales de la cultura alemana y con la gramática, produciendo oraciones correctas y aceptables en la cultura alemana que en la mayoría de los casos se adaptan al género textual de noticia de prensa. Los resultados obtenidos son realmente impresionantes y demuestran los grandes avances que está dando la inteligencia artificial. Además, los resultados de nuestro análisis nos permiten observar que en muchas ocasiones los traductores automáticos han ofrecido traducciones diferentes a las que han llegado mediante técnicas distintas. Cabe resaltar, no obstante, que también hemos detectado algunos errores de traducción, aunque fueran pocos. Dichos errores han sido gramaticales, ortotipográficos o de contenido (por ejemplo, el caso en el que se ha elegido el pronombre personal equivocado para referirse a Christine Lagarde).

Es necesario ver los resultados de nuestro pequeño estudio en su contexto: las traducciones de textos periodísticos del ámbito económico tienen una buena calidad de traducción porque tienen a su disposición grandes bases de datos como, sin ir más lejos, la de *Linguee* que se nutre de las traducciones oficiales de la Unión Europea. Esto se debe a que en el ámbito de la Unión Europea se traducen sobre todo documentos oficiales del ámbito jurídico y económico y, gracias a ello, los traductores automáticos consiguen dar en el clavo con sus traducciones cuando se trata de combinaciones lingüísticas dentro de las lenguas oficiales de la Unión Europea. Seguramente los resultados son diferentes en otros ámbitos temáticos como puede ser el ámbito médico. Lo mismo seguramente es cierto cuando se cambia de tipo de texto, por ejemplo, de un texto prioritariamente informativo a un tipo de texto apelativo o incluso literario o textos creativos como pueden ser los anuncios. Nuestras especulaciones nos llevan a señalar posible futuras investigaciones enfocando otros elementos gramaticales o también otros géneros textuales y temáticas para comprobar cómo traducen los traductores automáticos en estos casos.

Bibliografía

Castell, A. (2011). Gramática de la lengua alemana. Madrid: Hueber.

Navarro, F. A., Hernández, F. y Rodríguez-Villanueva, L. (1997). Uso y abuso de la voz pasiva en el lenguaje médico escrito. En F. A. Navarro (Ed.), *Traducción y Lenguaje en Medicina* (pp. 101–106). Barcelona: Ediciones Doyma. Disponible en: <https://www.esteve.org/wp-content/uploads/2018/01/137002.pdf#page=97>

Nord, C. (1997). Defining translation functions. The translation brief as a guideline for the trainee Traductor. *Ilha do Desterro*, 33, 41–55. Disponible en: <https://periodicos.ufsc.br/index.php/desterro/article/view/9208>

Nord, C. (2005). *Text analysis in translation: Theory, methodology, and didactic application of a model for translation-oriented text analysis* (2.ª ed.). Amsterdam: Rodopi.

Nord, C. (2016). Skopos and (Un)certainty: How Functional Translators Deal with Doubt. *Meta*, 61(1), 29–41. Disponible en: <https://www.erudit.org/fr/revues/meta/2016-v61-n1-meta02588/1036981ar.pdf>

Nord, C. (2018). *Translation as a purposeful activity: Functionalist approaches explained* (2ª ed.). Londres: Routledge.

El corpus de trabajo se halla disponible en < https://rio.upo.es/ entities/publication/66ae8711-381a-40ba-b745-eb87093e4952>

Juan Cuartero Otal

(Universidad Pablo de Olavide)

Traducciones alemán-español con verbos en pasado: las dificultades para los programas de traducción automática

Resumen: Las enormes diferencias que se observan en las reglas que describen el empleo de tiempos verbales de pasado en alemán y en español provocan, como es de esperar, que a menudo en las traducciones se den diversos errores gramaticales y estilísticos. La dirección evidentemente más compleja es del alemán hacia el español, tanto más si las traducciones están realizadas por motores de traducción automática. Con el presente trabajo se ha tratado de determinar a partir de un pequeño corpus realizado *ad hoc* con 300 traducciones automáticas realizadas por DeepL, Google Traductor y Chat GPT de fragmentos que contienen formas verbales de pasado cuáles son los casos en los que se presentan dificultades y errores con más reiteración.

Palabras clave: Traducción automática, gramática contrastiva, tiempos de pasado, español, alemán.

1. ¿En qué consiste el problema?

Nunca está de más subrayar que los conocimientos contrastivos textuales y gramaticales son esenciales para el traductor y, por tanto, una pieza fundamental en la formación de su competencia tanto para la comprensión como para la producción de textos (Elena 2008: 177) y, como es cada vez más evidente de un tiempo a esta parte, también para sus habilidades como poseditor…

Como hemos visto, los programas de traducción automática (en adelante, TA) encuentran especiales dificultades en aquellos ámbitos de la gramática donde se dan anisomorfismos entre ambas lenguas y reglas relativamente complejas para su descripción. En ese sentido, las diferencias que se dan en el empleo de los tiempos de pasado entre el alemán y el español son un terreno especialmente interesante para el contraste gramatical y especialmente complejo para la traducción:

- Por un lado, la conjugación verbal en las lenguas germánicas es relativamente sencilla sobre todo en contraste con las románicas, ya que no hay tantos tiempos verbales de pasado: tres en indicativo y tres en *Konjunktiv* (I + II). En contraste con ello, se da una morfología léxica más compleja, que incluye procedimientos de derivación mediante afijos que resultan más frecuentes y productivos que en español.

- Por otro lado, la conjugación verbal es más compleja en las lenguas románicas y, por lo que respecta a los tiempos verbales de pasado, hay cinco en indicativo y tres en subjuntivo. El efecto colateral es evidentemente que las relaciones temporales que se pueden describir en las lenguas románicas son bastante más complejas y, sobre todo, están llenas de casuística y de matices.

Aquí se observa, para empezar, el anisomorfismo que se da entre las formas de pasado en una y otra lengua. Por cuestiones de tiempo y espacio, el presente trabajo se va a centrar solo en las posibilidades y dificultades de las formas de pasado en indicativo, dejando de lado las cuestiones relativas al modo.

La siguiente dificultad viene dada por el peculiar desajuste que se observa en las reglas gramaticales de distribución del uso de las formas verbales en las dos lenguas objeto de esta investigación:

- No hay grandes matices de información temporal en el empleo de los pasados en alemán: básicamente se establece una diferenciación entre los tiempos que expresan anterioridad con respecto a un punto de referencia presente (el *Perfekt* y el *Präteritum*) y con respecto a un punto de referencia pasado (el *Plusquamperfkt*). A su vez, el uso del *Perfekt* y del *Präteritum* no se relaciona con una distinción meramente de carácter temporal, pues el primero es de uso preferente en contextos orales e informales (o estilo dialogal), mientras que el segundo es de uso preferente en contextos escritos y formales.
- En cambio, hay muchos matices de información temporal en el empleo de los pasados en español, que someramente son los siguientes: el pretérito perfecto compuesto presenta una situación pasada en relación con un periodo de tiempo actual (además no se emplea en todas las variedades hispánicas); el pretérito perfecto simple muestra una situación del pasado cerrada y sin relación con un periodo de tiempo actual; el pretérito imperfecto describe una situación del pasado durante su transcurso; finalmente, el pretérito pluscuamperfecto y el pretérito anterior indican una relación de anterioridad con respecto a otras situaciones del pasado.
- En cierto modo, la diferencia en español entre el pretérito pluscuamperfecto y el pretérito anterior es asimismo estilística: el primero es de uso más general, mientras que el segundo, mucho más infrecuente, se restringe principalmente al lenguaje literario y formal.

Esas diferencias que se observan en los usos en español conllevan una serie de dificultades y peculiaridades para el análisis y la descripción que, asimismo, dificultan las posibilidades de los motores de TA a la hora de emplearlos en las traducciones de una lengua germánica en este caso al español.

Este trabajo se va a centrar en las cuestiones problemáticas relacionadas con los tres tiempos verbales de pasado de uso más frecuente en español: el pretérito imperfecto, el pretérito perfecto simple, el pretérito perfecto compuesto, puesto que los empleos de los pluscuamperfectos en ambas lenguas muestran claras equivalencias.

2. Los significados aportados por las formas verbales de pasado

2.1 Los pasados en español

En relación con esta cuestión, resulta importante aclarar que el uso de una u otra formas de pasado en español no depende tanto de cómo es la situación que se está describiendo como de cuáles son los matices de significado que se tratan de hacer resaltar. Se puede comenzar planteando un par de dicotomías por su interés caracterizador:

- El pretérito perfecto compuesto refiere una situación pasada poniéndola en relación con un periodo de tiempo actual (en un *presente ampliado*, como lo llama Gutiérrez Araus 1995: 26), mientras que el simple no conlleva esa interpretación (*Antón ha llegado a Zaragoza* implica necesariamente que el sujeto está en ese lugar frente a *Antón llegó a Zaragoza*, que no lo hace). El pretérito imperfecto no entra en esa dicotomía y presenta ambas posibilidades (*Esta mañana estaba en Zaragoza – El año pasado estaba en Zaragoza*).
- El pretérito perfecto simple refiere una situación pasada que ha alcanzado un límite temporal implícito, mientras que el imperfecto la refiere en su transcurso, sin haber llegado a ese límite temporal implícito (*Elio escribió una redacción* frente a *Elio escribía una redacción*). El pretérito perfecto compuesto no entra en esa dicotomía y presenta ambas posibilidades (*Ya he visto la exposición – Ya he visto a mi hermana* con el sentido de 'estoy viéndola ahora mismo').

Esta distinción es justamente la que hace al perfecto simple el tiempo verbal característico de las narraciones, pues permite el encadenamiento sucesivo de situaciones y al imperfecto característico de las descripciones, pues permite interpretar la simultaneidad de las situaciones (en Gutiérrez Araus 1995: 31–33).

En palabras de Pilar Elena:

> Como regla general, el *pretérito perfecto simple* en español es la base de las secuencias narrativas, mientras que el *imperfecto* lo es de las descriptivas, esta dualidad temporal

> se podría considerar como marca de la temporalidad de una u otra secuencia. Ambos tiempos se van combinando en un juego temporal que obedece a unas determinadas reglas entre las que se cuentan la pertenencia a una determinada secuencia textual (Elena, 2010: 61).

En este punto se debe hacer referencia a los tres tipos de aspecto gramatical que se distinguen en español en relación con estas tres formas verbales, ya que permiten aclarar y distinguir estas aportaciones de significado. En principio, el aspecto gramatical se ha definido como las "different ways of viewing the internal temporal constituency of a situation" (Comrie 1976: 3). El autor se refiere a las diferentes perspectivas desde las que el hablante puede "mostrar" a su interlocutor el desarrollo temporal de una situación que refiere. Así, como acabamos de decir, una situación se puede mostrar focalizando su desarrollo (que correspondería *grosso modo* con el llamado aspecto imperfectivo, que a su vez aporta el pretérito imperfecto: *En esa casa vivían mis padres*), ya completada (aspecto perfectivo, del pretérito perfecto simple: *En esa casa vivieron mis padres* y a veces también del compuesto, *En esa casa han vivido mis padres*) o bien en sus resultados (aspecto perfecto, aportado por el pretérito perfecto compuesto: *A esa casa se han mudado mis padres*), sin que ahí se agoten necesariamente las posibilidades, como se muestra en García Fernández (1998: 12–13).

Por otro lado, como se describe de forma muy clara en el trabajo de García Fernández (1998) para el español se pueden distinguir diversas variedades dentro de cada uno de los tres tipos de aspecto gramatical indicados:

- El aspecto imperfectivo (García Fernández 1998: 20) muestra tres lecturas:
  1) La lectura progresiva, que focaliza una acción en su desarrollo y por lo general es parafraseable mediante una perífrasis progresiva: *Cuando llegué, hacía los deberes* (= 'estaba haciendo los deberes'). Otros casos: *Salía de casa cuando lo vi, Veíamos un programa en la tele, Llevaba un sombrero muy extraño*[1], etc.
  2) La lectura continua focaliza una acción en su desarrollo, pero en relación con un periodo de tiempo: *Durante la cena no dejaba de mirar la tele.* O también: *Durante toda la película ni pestañeaba, Cuando me lo contó, aún no conocía el problema* etc.

---

1 A menudo, cuando se trata de estados o de lecturas estativas de verbos activos (vid. Cuartero Otal y Horno Chéliz 2011) no es posible una paráfrasis mediante *estar* + gerundio (**Estaba llevando un sombrero muy extraño*).

3) La lectura habitual corresponde a predicados que "expresan situaciones cuya repetición caracteriza a un sujeto" (García Fernández 1998: 20) y que se pueden parafrasear mediante el verbo *soler*: *Antón tocaba el cello por la mañana* (= 'solía tocar por la mañana'). Más ejemplos: *Salía a correr si tenía tiempo, Volvía cansado del trabajo, Leía un rato antes de dormir*, etc.

- El aspecto perfectivo (García Fernández 1998: 21) tiene por su parte dos lecturas:

1) La lectura terminativa es la que se da por defecto y focaliza, evidentemente, la situación con su final: *Llegó a las once de la mañana*. Ejemplos del mismo tipo son los siguientes: *Estuvo muy nervioso toda la mañana, Cenó con desgana y se acostó, Volvió a cometer el mismo error*, etc.
2) La lectura ingresiva, que focaliza justamente el inicio de la situación en relación con un punto temporal explícito o no: *Al verme, corrió hacia su padre* (= 'echó a correr'). O asimismo: *Nos habló con voz muy cansada, Entendió inmediatamente lo que había pasado*, etc.

Al describir los usos del imperfecto en español, Gutiérrez Araus (1995: 46–56) describe diversos valores no meramente temporales (*imperfecto con valor de futuro, de acción inminente frustrada, de sorpresa, de cortesía y modestia, con valor lúdico* y *narrativo de acción principal*), que están muy marcados y que, dado que no dan lugar a dificultades en las traducciones al español, no se van a considerar aquí.

- El aspecto perfecto (García Fernández 1998: 50–51) finalmente da lugar a dos lecturas:

1) La lectura resultativa, con la que "hablamos del resultado de un único evento": *Antón ya ha llegado al instituto* (= 'está en el instituto'). Otros ejemplos son *Ya he sacado la basura, Ya hemos cenado, Esta tarde hemos ido a comprar*, etc.
2) La lectura experiencial, que "supone estar en posesión de un cierto tipo de experiencia en el sentido más amplio del término" (García Fernández 1998: 51): *Antón ya ha leído* Solaris (= 'conoce el contenido de la novela *Solaris*'). Son ejemplos del mismo tipo: *Ya ha estado en París, Ha aprendido francés, Ya he visto esa exposición*, etc.

Gutiérrez Araus (1995: 38–40) introduce una serie de valores que ella denomina secundarios del pretérito perfecto compuesto (*perfecto con valor de futuro, con valor de presente, como antepresente psicológico y como presente en la ficción*), que por su valor primordialmente estilístico tampoco dan lugar a dificultades al traducir en esta dirección y, por lo tanto, no se van a considerar en este análisis.

En resumen, los tiempos de pasado del español contienen una serie de matices acerca de las situaciones que, por un lado, hacen más detallada la descripción de los estados de cosas en el pasado, y por otro, complican relativamente su uso de modo que pueden dar lugar a enunciados erróneos si no se tienen en cuenta sus peculiaridades.

2.2 Los pasados en alemán

En alemán, como se ha indicado, el uso de las formas verbales está marcado por el contexto en el que aparecen, solo unos pocos de los valores que acabamos de señalar para los tiempos de pasado en español son claramente perceptibles en el alemán.

- Si se trata de situaciones claramente relacionadas con el pasado ("unabhängig vom Tempus", se indica en DUDEN 2009: 513), ya sea mediante alguna indicación temporal, ya sea mediante elementos contextuales, el *Präteritum* y el *Perfekt* suelen presentarse en variación libre ("ohne dass der Hörer (oder Leser) einen größen Informationsunterschied bemerkt" DUDEN 2009: 513), sin grandes variaciones desde el punto de vista del aspecto gramatical. En ese mismo fragmento se proponen estos dos pares de ejemplos que son equivalentes: *Wir blieben im Sommer hier / Wir sind im Sommer hier geblieben – Kolumbus hat Amerika entdeckt / Kolumbus entdeckte Amerika.*
- Sin embargo, no se considera *adecuado* el empleo del *Präteritum* cuando su uso se considera determinado por indicar anterioridad con respecto al momento de la enunciación, lo que se relaciona directamente con la relevancia de la situación o sus consecuencias con respecto a este ("Das gilt auch, wenn der Kontext das Geschehen oder dessen Folgen als relevant im Sprechzeitpunkt ausweist" DUDEN 2009: 513).
- Se insiste asimismo en que en contextos de comunicación oral (y escrita si reproduce la oralidad) se prefiere ampliamente el uso del *Perfekt* (DUDEN 2009: 514).
- Finalmente, se prefiere el uso incluso en contextos orales del *Präteritum* de algunos verbos muy frecuentes como *sein, haben, wissen*, la forma *es gibt* o los modales.

De acuerdo con ello, los usos relativamente marcados desde el punto de vista gramatical, es decir, aquellos en los que la variación libre suena extraña, se corresponden a los empleos del aspecto gramatical perfecto, tanto resultativo como experiencial. En ese sentido hay que tener en cuenta las preferencias de uso del *Präteritum* de algunos verbos incluso con lecturas resultativas (*Ich war schon in Paris – Ya he estado en París, Ich hatte soeben ein kleines Problem – He tenido un pequeño problema*). Por otro lado, las lecturas habituales suelen aparecer marcadas mediante procedimientos léxicos: mediante el verbo *pflegen zu* o mediante formas adverbiales como *immer, oft. immer wieder, gewöhnlich*, etc.

El resto de los matices temporales que se expresan en español quedan sujetos a la interpretación del receptor y del traductor. Para un estudio muy exhaustivo y detallado de las equivalencias concretas entre los tiempos de pasado en alemán y en español, se debe recurrir a la excelente monografía de Sánchez Prieto (2004) que se centra exclusivamente en esta cuestión.

3. El método de trabajo

Este trabajo no pretende ser un análisis exhaustivo sino simplemente demostrar a partir del estudio de algunos ejemplos algunas tendencias previsibles en los resultados de los motores de TA, en este caso, relacionadas con las diferencias que se dan en el empleo de los tiempos de pasado en el par de lenguas alemán-español. Evidentemente la dirección más problemática, como se ha justificado, es la traducción al español por sus complejas reglas de uso.

El procedimiento para obtener los datos para el presente trabajo consistió en trabajar con algunos fragmentos de una novela en alemán, *Freunde um Bernhard* (1931) de la autora suiza Annemarie Schwarzenbach: se escogieron varios párrafos que contenían un total de 100 formas verbales en pasado que correspondían a diferentes usos (descripción, narración, situaciones relacionadas con el presente de la narración) y se llevaron a cabo traducciones automáticas de ellos mediante los dos motores de TA de uso más frecuente y efectivo en la actualidad, DeepL y Google Traductor por un lado, así como con el chat de inteligencia artificial ChatGPT, que está igualmente capacitado para hacer traducciones automáticas, e incluso para hablar de ellas. Resultaba importante para el análisis que se tratara de párrafos completos y no de enunciados sueltos, dado que se trataba de comprobar también la capacidad de dar coherencia interna a los usos correlativos de los tiempos verbales. La elección de la obra obedece a dos motivos: por un lado, era la novela que el autor de este trabajo estaba traduciendo en el momento de concebir este tema de investigación y, por otro lado, en ese texto se emplean de modo superpuesto la narración en presente y en pasado, de modo que encuentran matices de equivalencia temporal más interesantes que en una obra que solo estuviera escrita en pasado.

Todos aquellos problemas de traducción que no se corresponden estrictamente con usos de tiempos verbales de pasado, pese a ser muchas veces especialmente llamativos, se han obviado en este trabajo: se podrán detectar problemas de elección de persona gramatical, de mala elección de equivalentes léxicos, de falsos sentidos, etc., pero ninguno de ellos se ha considerado en el análisis. Sirvan, no obstante, como buenos ejemplos de las numerosas dificultades que los programas de TA se pueden encontrar en todos los niveles de análisis.

Se trabajó por lo tanto a partir de un corpus de 300 casos de equivalencias automáticas de verbos contenidos en enunciados referidos a situaciones del pasado. Dado que para el análisis se disponía de tres diferentes versiones traducidas del mismo texto, se recurría a enfrentarlas en columnas paralelas y, si se daba el caso, a marcar aquella que era la minoritaria, para considerar si era la menos adecuada. El corpus al completo está disponible en el repositorio RIO de la UPO (<http://hdl.handle.net/10433/16733>).

Del contraste entre las tres versiones y la traducción humana propuesta por el autor es posible llegar a algunas conclusiones de interés que se van a presentar en los siguientes apartados.

4. Las dificultades que se han encontrado los motores de TA

Creo que es verdaderamente acertada la opinión de Gil y Banús (1988: 145) cuando afirman que, al traducir un texto del alemán al español, solo los muy expertos son capaces de escoger intuitivamente los tiempos del pasado de forma muy correcta. Si los errores no son en absoluto descartables entre traductores humanos, es evidente que también en esta cuestión se producen enormes dificultades para los motores de TA. De hecho, desde el punto de vista de la pura estadística, de los 300 casos recogidos y estudiados para este trabajo hay un total de 56, es decir, aproximadamente el 19 %, que, por uno u otro motivo, no representan una equivalencia adecuada por lo que respecta a los usos de tiempos de pasado del español.

La mayoría de los casos problemáticos son, como veremos, usos en los que se ha dado preferencia al pretérito perfecto simple, como forma menos marcada, en detrimento de un imperfecto o de un perfecto compuesto. Por otro lado, han sido verdaderamente infrecuentes aquellos casos en los que el TA empleaba preferentemente un pretérito imperfecto en lugar de alguno de los otros tiempos o el perfecto compuesto en lugar del simple.

Pero evidentemente, también una parte destacada de este análisis debe mostrar cuáles han sido los casos en los que no se han detectado dificultades ni errores y tratar de justificar que se observan algunas regularidades en ellos que los hacen predecibles y esperables.

4.1 No siempre hay problemas

A veces, dependiendo del enfoque que el emisor prefiera dar, es posible describir una situación con cualesquiera de las tres formas de pasado (Tabla 1):

Tabla 1: Ejemplos de traducción con cualquiera de los tres tiempos de pasado

Original	Trad humana 1	Trad humana 2	Trad humana 3
»Sie sind ja nicht unbegabt«, sagt Christina mit veränderter Stimme. »Die Zeichnungen, die Sie von unserem Knaben Bernhard **gemacht haben**, sind schön, ich **habe** Ihnen das schon **gesagt**. Aber seien Sie doch ein wenig mutiger, vor was haben Sie Angst?«	-Tiene usted talento -dice Christina con la voz cambiada-: los dibujos que **ha hecho** de nuestro amigo Bernhard son estupendos, ya se lo **he dicho**. Pero sea un poco más valiente, ¿de qué tiene miedo?	-Tiene usted talento -dice Christina con la voz cambiada-: los dibujos que **hacía** de nuestro amigo Bernhard son estupendos, ya se lo **decía** yo. Pero sea un poco más valiente, ¿de qué tiene miedo?	-Tiene usted talento -dice Christina con la voz cambiada-: los dibujos que **hizo** de nuestro amigo Bernhard son estupendos, ya se lo **dije**. Pero sea un poco más valiente, ¿de qué tiene miedo?

Por lo tanto, aun sin ser especialmente frecuentes, hay ciertos casos en los que los motores de TA no pueden equivocarse en sus equivalencias, dado que cualquiera de los tiempos, y en el caso que aquí se presenta incluso de sus combinaciones, dan lugar a resultados adecuados (Tabla 2):

Tabla 2: Ejemplos de traducción automática con cualquiera de los tres tiempos de pasado

Original	**DeepL**	**Google**	**ChatGPT**
»Sie sind ja nicht unbegabt«, sagt Christina mit veränderter Stimme. »Die Zeichnungen, die Sie von unserem Knaben Bernhard **gemacht haben**, sind schön, ich **habe** Ihnen das schon **gesagt**. Aber seien Sie doch ein wenig mutiger, vor was haben Sie Angst?«	"No careces de talento", dice Christina con voz cambiada. "Los dibujos que **has hecho** de nuestro niño Bernhard son preciosos, ya te lo **he dicho**. Pero sé un poco más valiente, ¿de qué tienes miedo?".	"No tienes talento", dice Christina con una voz cambiada. "Los dibujos que **hiciste** de nuestro chico Bernhard son hermosos, ya te lo **dije**. Pero sé un poco más valiente, ¿a qué le tienes miedo?"	"Usted no carece de talento", dice Christina con una voz diferente. "Los dibujos que **hizo** de nuestro hijo Bernhard son hermosos, ya se lo **he dicho**. Pero sea un poco más valiente, ¿de qué tiene miedo?"

Sí es cierto que lo más natural en el caso presentado sería el empleo del perfecto compuesto, que focaliza la relación de las situaciones previas con el presente de la narración, pero, dado que no hay indicaciones temporales y que marcar ese posible matiz es en este contexto claramente potestativo, cualquiera de las otras soluciones resulta perfectamente aceptable.

4.2 Los casos que la TA parece solucionar bien

Un primer criterio para un primer acercamiento a los casos menos problemáticos para los motores de TA es observar aquellos casos que los tres han solucionado de manera adecuada con el empleo de los mismos tiempos verbales pero no necesariamente de los mismos lexemas verbales. A modo de simple impresión inicial, de los 30 fragmentos escogidos (de extensión relativamente distinta y con un número bastante variable de verbos) hubo 14 que fueron adecuadamente traducidos por los tres programas - al menos en lo que respecta al uso de tiempos verbales. A continuación, vamos a ver una somera reflexión acerca de los casos menos complicados.

No se ha hablado apenas de ellos en los apartados correspondientes al marco teórico de este trabajo, pero los ejemplos traducidos con pluscuamperfecto no han dado ninguna dificultad a los motores de TA, ni siquiera cuando no hubo una correspondencia con el *Plusquamperkt* alemán (Tabla 3):

Tabla 3: Ejemplos de traducción automática con pluscuamperfectos

Ejs. 86–89	DeepL	Google	ChatGPT
Der Lehrer fragte freundlich, ob Bernhard die Aufgabe denn **verstanden habe,** worauf dieser sich mutig erhob und es unternahm, die Formel an der Wandtafel abzuleiten.	El profesor le preguntó amistosamente si **había entendido** la tarea, y Bernhard se levantó valientemente e intentó deducir la fórmula en la pizarra.	El maestro preguntó amistosamente si Bernhard **había entendido** la tarea, entonces valientemente se levantó y se dispuso a deducir la fórmula en la pizarra.	El maestro, amablemente, preguntó si Bernhard **había comprendido** la tarea, a lo que él se levantó con valentía e intentó derivar la fórmula en la pizarra.

Las oraciones temporales introducidas por *wenn* resultan poco problemáticas para la TA, puesto que la distinción en alemán entre *wenn* y *als* se corresponde a los matices temporales incluidos respectivamente en el uso del imperfecto (situaciones que se repiten en el pasado) frente al del perfecto simple (situaciones que tienen lugar una sola vez en el pasado) (Tabla 4):

Tabla 4: Ejemplos de traducción automática con la conjunción *wenn*

Ejs. 15–19	DeepL	Google	ChatGPT
Wenn man ihr **Vorwürfe machte, hörte** sie mit Ruhe **zu**, aber sie **schien** nichts zu verstehen, sie **nahm** jedenfalls keine Rücksicht auf das, was ihr **gesagt wurde**.	Cuando la **reprendían**, **escuchaba** con calma, pero no **parecía** entender nada, al menos no **prestaba** atención a lo que le **decían**.	Cuando le **reprochaban**, **escuchaba** con calma, pero **parecía** no entender nada, de todos modos no **hacía** caso a lo que le **decían**.	Cuando la **criticaban**, **escuchaba** con calma, pero **parecía** no entender, en cualquier caso, no **tomaba** en cuenta lo que se le **decía**.

En el caso de enunciados marcados por adverbios temporales que indican repetición o habitualidad, los tres motores de TA coinciden correctamente en el empleo de imperfectos. En el caso que hemos hallado en el corpus se trata del adverbio *manchmal* (Tabla 5):

Tabla 5: Ejemplos de traducción automática con adverbio *manchmal*

Ejs. 33–35	**DeepL**	**Google**	**ChatGPT**
Manchmal **sass** sie stundenlang vor einer Figur des grossen Meisters, ohne nachzudenken, das Gesicht in die Hände gestützt und – wie sie **sich ausdrückte** – langsam begreifend, was das Geheimnis echter Kunst **sei**.	A veces **se sentaba** durante horas frente a una de las figuras del gran maestro, sin pensar, apoyando la cara en las manos y -como ella **decía**- comprendiendo poco a poco cuál **era** el secreto del verdadero arte.	A veces **se sentaba** durante horas frente a una figura del gran maestro sin pensar, con el rostro entre las manos y, como ella **decía**, dándose cuenta poco a poco de cuál **era** el secreto del verdadero arte.	A veces **se sentaba** durante horas frente a una figura del gran maestro, sin pensar, con el rostro apoyado en las manos y, como ella misma **expresaba**, comprendiendo lentamente cuál **es** el secreto del verdadero arte.

También con complementos que indican referencias temporales puntuales, en este caso *nach einigen Wochen*, los tres programas han traducido correctamente empleando un pretérito perfecto simple (Tabla 6):

Tabla 6: Ejemplos de traducción automática con indicaciones de duración

Ejs. 25–27	**DeepL**	**Google**	**ChatGPT**
Aber nach einigen Wochen **sahen** sie **ein**, dass Christina nicht verstehen **wollte**, und sie **stellten** sie mehrmals zur Rede.	Pero al cabo de unas semanas se **dieron cuenta** de que Christina no **quería** entender y **se enfrentaron** a ella varias veces.	Pero después de algunas semanas, se **dieron cuenta** de que Christina no **quería** entender y la **confrontaron** varias veces.	Pero después de algunas semanas, se **dieron cuenta** de que Christina no **quería** entender, y la **confrontaron** varias veces.

Lo mismo sucede cuando se indica explícitamente la duración de las situaciones mediante complementos temporales: en este caso, es posible emplear o un pretérito perfecto simple o un perfecto compuesto. ChatGPT ha recurrido al empleo de un perfecto compuesto, lo que resulta inadecuado en este contexto, puesto que no se da ningún tipo de relación con el presente de los hechos narrados y se combina además con imperfectos que indican habitualidad (Tabla 7):

Tabla 7: Ejemplos de traducción automática con indicaciones de habitualidad

Ejs. 31–32	**DeepL**	**Google**	**ChatGPT**
Sie **hat** lange in Paris **gearbeitet**, wo sie beinahe täglich im Musée Rodin zu finden **war**	**Trabajó** durante mucho tiempo en París, donde se la **podía** encontrar casi a diario en el Musée Rodin	**Trabajó** durante mucho tiempo en París, donde se la **podía** encontrar casi todos los días en el Musée Rodin	**Ha trabajado** durante mucho tiempo en París, donde **solía** pasar casi todos los días en el Museo Rodin

Asimismo, los motores de TA parecen reconocer sin gran dificultad las descripciones y caracterizaciones, especialmente cuando las correspondencias en español contienen verbos como *ser, estar, tener, saber, querer*, etc. Los tres motores de traducción han coincidido en todos los casos recurriendo correctamente al empleo de formas verbales en imperfecto (Tablas 8, 9 y 10):

Tabla 8: Ejemplos de traducción automática con verbos usualmente en imperfecto

Ejs. 3–4	**DeepL**	**Google**	**ChatGPT**
Als junges Mädchen **war** sie jedoch schwer und ohne Anmut, ihre Züge **waren** rein, beinahe ebenmässig, aber ausdrucksvoll und von dumpfer Melancholie.	De joven, sin embargo, **era** pesada y sin gracia, sus rasgos **eran** puros, casi uniformes, pero expresivos y de una melancolía apagada.	De joven, sin embargo, **era** pesada y sin gracia, sus rasgos **eran** puros, casi uniformes, pero expresivos y de una melancolía apagada.	Pero cuando **era** joven, **era** pesada y sin gracia, su rostro **era** puro y casi simétrico, pero expresivo y melancólico.

Tabla 9: Ejemplos de traducción automática con verbos usualmente en imperfecto

Ejs. 28–30	**DeepL**	**Google**	**ChatGPT**
Christina, ganz verwundert, **erklärte**, sie werde sich anstrengen, keine Fehler mehr zu machen, sie **wisse** aber nicht, was man eigentlich von ihr **wolle**.	Christina, bastante asombrada, **explicó** que se esforzaría por no cometer más errores, pero no **sabía** qué **querían** realmente de ella.	Christina, muy sorprendida, **explicó** que intentaría no cometer más errores, pero que no **sabía** lo que en realidad **querían** de ella.	Christina, completamente sorprendida, **explicó** que se esforzaría por no cometer errores, pero que no **sabía** qué se **esperaba** de ella.

Tabla 10: Ejemplos de traducción automática con verbos usualmente en imperfecto

Ejs. 45–48	**DeepL**	**Google**	**ChatGPT**
Ihr Bewusstsein **war** in solchen Zeiten vermindert, es **drängte** sich nicht in den Vordergrund, ihr Denken **verlief** unbewusst und **war** nur im Bereich der Formen wach.	Su conciencia **estaba** disminuida en esos momentos, no **pasaba** a primer plano, su pensamiento **era** inconsciente y sólo **estaba** despierto en el reino de las formas.	Su conciencia **disminuía** en esos momentos, no **se impulsaba** a sí misma, su pensamiento **era** inconsciente y solo despierto en el reino de las formas.	Su conciencia **estaba** disminuida en tales momentos, no se **destacaba** en primer plano, su pensamiento se **desarrollaba** de manera inconsciente y solo **estaba** despierto en el ámbito de las formas.

Hay que reiterar en este punto que en el caso que nos ocupa, los motores de TA tradujeron de manera adecuada o aceptable un encomiable 81 % de los verbos que han sido objeto de estudio. Se trata, sin embargo, solo de una muestra representativa y, como se va a mostrar, había algunas dificultades sistematizables.

4.3 ¿Dónde suelen darse problemas?

No entra entre los objetivos de este trabajo evaluar la calidad de cada uno de los motores de traducción y, de hecho, con los datos disponibles sería una conclusión precipitada, pero sí es posible indicar con respecto a la traducción de tiempos de pasado que el que más propuestas inadecuadas ofreció fue Google Traductor, con un total de 33, mientras que los resultados parciales de los otros dos ofrecieron datos significativamente mejores: ChatGPT hizo 15 propuestas que puedan considerarse inadecuadas y DeepL solamente 10, que, en casi todos los casos, son errores en los que han incurrido los tres motores de TA.

4.3 1 Combinaciones de presentes y pasados

Uno de los problemas recurrentes en el empleo de tiempos de pasado está originado por las dificultades que tienen los tres programas para detectar si las situaciones descritas en el pasado se presentan con aspecto perfecto, ya sea con una lectura resultativa (vid. Tabla 11) como experiencial (vid. Tabla 13) relacionada con el tiempo presente de la narración:

Tabla 11: Ejemplos de traducción automática con verbos en presente y en pasado

Ejs. 58–62	**DeepL**	**Google**	**ChatGPT**
Bernhard hört nicht. Man **hat** ihn **gezwungen**, ein halbes Glas Bier zu trinken, es **schmeckte** säuerlich und **sah** abstossend **aus**, aber Gert und Ferdinand **hielten** ihn fest, und da **musste** er es tun. Jetzt liegt er schläfrig auf Gerts Bett [...].	Bernhard no oye. Le **obligaron** a beber medio vaso de cerveza, **sabía** agria y **tenía** un aspecto repulsivo, pero Gert y Ferdinand le **sujetaron** y **tuvo** que hacerlo. Ahora está tumbado soñoliento en la cama de Gert [...].	Bernardo no escucha. Lo **obligaron** a beber medio vaso de cerveza, **sabía** agria y se **veía** repulsiva, pero Gert y Ferdinand lo **sujetaron** y **tuvo** que hacerlo. Ahora está dormido en la cama de Gert [...].	Bernhard no escucha. Lo **obligaron** a beber medio vaso de cerveza, que **tenía** un sabor agrio y aspecto desagradable, pero Gert y Ferdinand lo **sujetaron** y **tuvo** que hacerlo. Ahora está somnoliento en la cama de Gert [...].

Resulta llamativo que ninguno de los tres motores reconozca una marca formal tan evidente como es la mezcla de presentes y de pasados para descartar los usos del perfecto simple. Es más, parece extraño que ninguno de los tres encontrara dificultades con los verbos en imperfecto que describen la apariencia y el sabor de la cerveza, pero no fuera capaz de solucionar adecuadamente las lecturas resultativas que se relacionan con las oraciones anterior y posterior, que están en presente.

No obstante, este fragmento resulta difícil traducir por lo que respecta al desarrollo temporal de los hechos (vid. Tabla 12): el empleo de un perfecto compuesto con el verbo *sujetar* (Trad. humana 1) podría interpretarse como una lectura resultativa algo inadecuada. En ese sentido podría buscarse una solución escogiendo otro lexema (por ejemplo, *agarrar* en Trad. humana 2) e intercambiando el orden de *ha tenido* y *lo han obligado*. La tercera de las versiones es la más libre de todas con respecto al empleo de verbos y de formas en pasado: cambia el punto de vista temporal mediante un pluscuamperfecto y un perfecto simple. Se presenta como ejemplo de cómo es posible mantener el sentido del original sin imitar la estructura ni el orden de elementos.

Tabla 12: Ejemplos de traducción humana con verbos en presente y en pasado

	Trad. humana 1	Trad. humana 2	Trad. humana 3
Bernhard hört nicht. Man **hat** ihn **gezwungen**, ein halbes Glas Bier zu trinken, es **schmeckte** säuerlich und **sah** abstossend **aus**, aber Gert und Ferdinand **hielten** ihn fest, und da **musste** er es tun. Jetzt liegt er schläfrig auf Gerts Bett [...].	Bernhard no oye. Le **han obligado** a beberse medio vaso de cerveza. **Tenía** un sabor agrio y un aspecto repulsivo, pero Gert y Ferdinand le **han sujetado** y **ha tenido** que hacerlo. Ahora está medio dormido sobre la cama de Gert [...].	Bernhard no oye. **Ha tenido** que beberse medio vaso de cerveza. **Sabía** agria y **parecía** repulsiva, pero Gert y Ferdinand lo **han agarrado** y lo **han obligado** a hacerlo. Ahora está dormido en la cama de Gert [...].	Bernhard no los puede oír. Le **han hecho** beberse medio vaso de cerveza. **Sabía** un poco a vinagre y **tenía** un aspecto repugnante, pero Gert y Ferdinand lo **habían sujetado** y no le **quedó** más remedio.

Igualmente se producen dificultades en los resultados de los tres motores en un fragmento con lectura esta vez de tipo experiencial, que formalmente mezcla otra vez verbos en presente y en pasado:

Tabla 13: Ejemplos de traducción automática con verbos en presente y en pasado

Ejs. 54–57	DeepL	Google	ChatGPT
Wir **haben** eine schöne Fahrt **gemacht**, vorzüglich sitzt man in Ihrem Wagen, beinahe **hätten** wir einen Ochsen **überfahren**, und an der letzten Ecke **drohte** ein fürchterlicher Zusammenstoss. Keine Ursache zu Angst, bitte, Ihr Wagen steht unversehrt vor der Tür!	**Tuvimos** un bonito paseo, te sientas excelentemente en tu carruaje, casi **atropellamos** a un buey, y en la última curva **amenazaba** una terrible colisión. No hay necesidad de tener miedo, por favor, ¡tu coche está en la puerta ileso!	**Tuvimos** un buen viaje, es maravilloso sentarse en su automóvil, casi **atropellamos** a un buey y en la última esquina **amenazaba** con una terrible colisión. ¡No se preocupe, por favor, su automóvil está justo afuera de la puerta!	**Hicimos** un viaje agradable, su coche es excelente para sentarse, casi **atropellamos** a un buey y en la última curva **hubo** una terrible colisión. ¡No hay motivo para temer, por favor, su coche está ileso frente a la puerta!

En las tres traducciones se recurre al empleo del perfecto simple, pero mezclado (un tanto inexplicablemente) con el presente. Sorprende asimismo que si se emplea el verbo *amenazar* (como hacen DeepL y Google Traductor) con sujeto inanimado, se recurra al imperfecto al margen de los otros tiempos verbales del mismo periodo. Dado que un personaje está contándole a otro la experiencia que ha tenido al salir a pasear con su coche justo al regresar a casa, resultaría difícilmente aceptable el empleo de cualquier otra forma temporal que no sea el pretérito perfecto compuesto en diferentes versiones. De nuevo, la tercera es la más libre de las tres y la que corresponde a la traducción que se ha publicado (Tabla 14):

Tabla 14: Ejemplos de traducción humana con verbos en presente y en pasado

	Trad. humana 1	Trad. humana 2	Trad. humana 3
Wir **haben** eine schöne Fahrt **gemacht**, vorzüglich sitzt man in Ihrem Wagen, beinahe **hätten** wir einen Ochsen **überfahren**, und an der letzten Ecke **drohte** ein fürchterlicher Zusammenstoss. Keine Ursache zu Angst, bitte, Ihr Wagen steht unversehrt vor der Tür!	**Hemos tenido** un paseo muy agradable, es un coche comodísimo, pero casi **hemos atropellado** a un buey, y en la última curva casi nos **hemos chocado** terriblemente. No se asuste, por favor, ¡su coche está delante la puerta sin un solo arañazo!	**Hemos hecho** un hermoso viaje, es estupendo ir sentado en ese automóvil, aunque casi **hemos atropellado** a un buey y en la esquina de esta calle nos **ha faltado** poco para chocar con otro coche. ¡No se preocupe, por favor, su automóvil está impoluto ahí afuera!	**Hemos dado** un paseo muy bonito, tu coche tiene unos excelentes asientos, pero eso sí, por poco no **hemos atropellado** a un buey, y en una esquina **hemos estado a punto de chocar** con otro coche. No pongas esa expresión de miedo, por favor, ¡tu coche está perfectamente, delante de la puerta!

Hay que señalar aquí que 9 de los 10 errores que se le pueden atribuir a DeepL han consistido exactamente en no reconocer el vínculo que tiene una situación con el presente y emplear de modo inadecuado formas de verbos en indefinido. No solo eso, pues como se desprende de los ejemplos de la Tabla 11, ninguno de los tres programas ha sido capaz de solucionar de modo plausible esta combinación de presentes y pasados, que de hecho representa un poco más de la mitad de los errores localizados en el corpus de trabajo: 29 de los 56 errores se corresponden a empleos de pretérito perfecto simple con aspecto terminativo donde se esperaría que apareciera un perfecto compuesto con lectura terminativa o experiencial.

4.3.2 Matices que señalan narración y descripción

Como ya se ha indicado, los verbos en imperfecto muestran situaciones que, en principio, suceden simultáneamente, ya que no hacen referencia a su finalización, mientras que los verbos en perfecto simple muestran situaciones sucesivas, ya que se hace referencia a la finalización de cada una de ellas. Los primeros son pues característicos de las descripciones y los últimos de las narraciones. Las reglas que entran en juego pueden ser, de todos modos, variables: en el fragmento que se presenta se puede estar contando cómo fueron los primeros años de Christina o bien qué sucedió durante ese periodo.

Tabla 15: Ejemplos de traducción automática con verbos en pasado

Ejs. 5–8	DeepL	Google	ChatGPT
Sie **wurde** früher nicht sonderlich **beachtet**, in der Schule **lernte** sie schlecht und **wurde** deshalb, achtzehnjährig, in ein Pensionat in der französischen Schweiz **geschickt**, doch **gab** sie sich auch dort keine Mühe, ihre Lehrer zu befriedigen.	En sus primeros años **pasó** desapercibida, no **estudió** bien en la escuela y por eso la **enviaron**, a los dieciocho años, a un internado en la Suiza francesa, pero ni siquiera allí se **esforzó** por satisfacer a sus profesores.	Antes no **recibió** mucha atención, **aprendió** mal en la escuela y, por lo tanto, la **enviaron** a un internado en la Suiza francófona a la edad de dieciocho años, pero tampoco **hizo** ningún esfuerzo por complacer a sus maestros allí.	No **era** muy notada en su juventud, no **aprendía** bien en la escuela y, a los 18 años, **fue enviada** a un internado en Suiza francesa, pero incluso allí no se **esforzó** por complacer a sus maestros.

De la Tabla 15, solo la forma *enviaron* exige un perfecto simple para ser adecuada: los otros tres verbos podrían aparecer en imperfecto o en perfecto simple. Lo interesante es que los motores de TA han tendido a preferir el uso de perfecto simple, con la excepción de ChatGPT.

Es bastante similar lo que se observa en los ejemplos de la Tabla 16, salvo por el hecho de que es DeepL el que presenta una solución más rica en matices: propone incluso una perífrasis continuativa (*seguir resultando*) como equivalente de un estado (*blieb ihm ganz unverständlich*). DeepL prefiere recurrir a verbos en imperfecto excepto en el caso de *hasta que apareció*, que exige el perfecto simple. Ello destaca por el contraste con lo que proponen los otros dos programas, que recurren al empleo de perfecto simple.

Tabla 16: Ejemplos de traducción automática con verbos en pasado

Ejs. 66–69	DeepL	Google	ChatGPT
Allerdings hängt seine Neigung nicht wenig von den Lehrern ab, besonders ist das von der Mathematik zu sagen, die anfänglich Ursache manchen Kummers **war** und ihm ganz unverständlich **blieb**, bis endlich ein neuer Lehrer **auftauchte**, ein klar denkender junger Mann, dessen angenehmer Stimme man gern und mühelos **zuhörte**.	Sin embargo, su inclinación depende no poco de los profesores, sobre todo en matemáticas, que al principio le **causaban** mucha angustia y le **seguían resultando** completamente incomprensibles hasta que por fin **apareció** un nuevo profesor, un joven de ideas claras cuya agradable voz **se escuchaba** con gusto y sin esfuerzo.	Es cierto que sus inclinaciones dependían no poco de los profesores, especialmente de las matemáticas, que al principio le **causaron** muchas penas y le **resultaron** bastante incomprensibles, hasta que por fin **apareció** un nuevo maestro, un joven lúcido cuya voz agradable **era** fácil de escuchar con placer.	Sin embargo, su inclinación depende en gran medida de los profesores, especialmente en el caso de las matemáticas, que al principio **fueron** la causa de muchas preocupaciones y le **resultaron** completamente incomprensibles, hasta que finalmente **apareció** un nuevo maestro, un joven de pensamiento claro, cuya agradable voz se **escuchaba** con gusto y facilidad.

La conclusión a la que se puede llegar en este apartado es que, en los casos en los que la variación libre es (más o menos) posible, las elecciones de la TA tienden en la mayoría de los casos al empleo del perfecto simple. Dicho de otra manera: resulta más infrecuente encontrar los matices de expresión que ofrecen los imperfectos que la referencia al pasado con menos matices que conlleva el perfecto simple.

4.3.3 Los casos de habitualidad

Los verbos en imperfecto pueden inducir una lectura de habitualidad que siempre contrasta muy fuertemente con la terminativa que caracteriza a los perfectos simples, como se puede apreciar en estos ejemplos:

Tabla 17: Ejemplos de traducción automática con verbos que indican habitualidad

Ejs. 36–41	**DeepL**	**Google**	**ChatGPT**
Sie **hatte** keinen Lehrer, auch **arbeitete** sie in keinem Atelier. »Wer soll mich sehen lehren«, **sagte** sie, »und auf das Sehen allein kommt es an.« Sie **arbeitete** unregelmässig; Tage und Wochen **verbrachte** sie untätig, planlos umhergehend […].	No **tenía** maestro, ni **trabajaba** en un estudio. "Quién me va a enseñar a ver", **decía**, "y sólo ver es lo que importa". **Trabajaba** de forma irregular; **pasaba** días y semanas ociosa, vagando al azar […].	No **tuvo** maestro, ni **trabajó** en un estudio. "Quién me enseñará a ver", **dijo**, "y solo ver es lo que cuenta". **Trabajaba** irregularmente; **Pasó** días y semanas sin hacer nada, caminando sin rumbo fijo […].	No **tuvo** ningún maestro y tampoco **trabajó** en ningún taller. "¿Quién me enseñará a ver?", **decía**, "y solo se trata de ver". Ella **trabajaba** de manera irregular; **pasaba** días y semanas inactiva, vagando sin rumbo […].

El fragmento de la Tabla 17 describe la rutina diaria de Christina: aquello que solía hacer durante los días que pasó en París. A falta de otras marcas temporales, esa es una información que debe proporcionar el aspecto verbal imperfectivo. Solo DeepL lo ha logrado solventar de manera adecuada con todos los verbos del pasaje escogido. Por otro lado, solo una de las formas de pasado del texto alemán ha sido solucionada de manera adecuada por los tres motores: *trabajaba irregularmente*. En las propuestas de los otros dos traductores se ha producido una mezcla llamativa de tiempos verbales que resulta siempre muy poco adecuada.

No obstante, si, como se ve en los ejemplos de la Tabla 18, hay elementos léxicos (*manchmal* en este caso) que dan pistas acerca de la interpretación habitual del enunciado, no se observan grandes dificultades en las propuestas de equivalencias e incluso todos los resultados de los tres motores son bastante homogéneos:

Tabla 18: Ejemplos de traducción automática con verbos que indican habitualidad

Ejs. 33–35	**DeepL**	**Google**	**ChatGPT**
Manchmal **sass** sie stundenlang vor einer Figur des grossen Meisters, ohne nachzudenken, das Gesicht in die Hände gestützt und – wie sie **sich ausdrückte** – langsam begreifend, was das Geheimnis echter Kunst **sei**	A veces **se sentaba** durante horas frente a una de las figuras del gran maestro, sin pensar, apoyando la cara en las manos y -como ella **decía**- comprendiendo poco a poco cuál **era** el secreto del verdadero arte	A veces **se sentaba** durante horas frente a una figura del gran maestro sin pensar, con el rostro entre las manos y, como ella **decía**, dándose cuenta poco a poco de cuál **era** el secreto del verdadero arte	A veces **se sentaba** durante horas frente a una figura del gran maestro, sin pensar, con el rostro apoyado en las manos y, como ella misma **expresaba**, comprendiendo lentamente cuál **es** el secreto del verdadero arte

1.3.4 La correlación en los usos temporales

El siguiente problema sobre el que se pretende llamar la atención resulta un fenómeno relativamente frecuente: los TA logran ajustar el uso de tiempos verbales y dan lugar a traducciones relativamente adecuadas de un fragmento pero no siempre lo hacen de manera consecuente, de modo que, al traducir frases correlativas, cambian de tiempo verbal sin poder tener en cuenta el cotexto previo que acaban de traducir. Presento a continuación este ejemplo:

Tabla 19: Ejemplos de traducción automática con correlaciones temporales

Ejs. 15–20	**DeepL**	**Google**	**ChatGPT**
Wenn man ihr **Vorwürfe machte, hörte** sie mit Ruhe **zu**, aber sie schien nichts zu verstehen, sie **nahm** jedenfalls keine Rücksicht auf das, was ihr **gesagt wurde**.	Cuando la **reprendían**, **escuchaba** con calma, pero no **parecía** entender nada, al menos no **prestaba** atención a lo que le **decían**.	Cuando le **reprochaban**, **escuchaba** con calma, pero **parecía** no entender nada, de todos modos no **hacía** caso a lo que le **decían**.	Cuando la **criticaban**, **escuchaba** con calma, pero **parecía** no entender, en cualquier caso, no **tomaba** en cuenta lo que se le **decía**.
Auf diese Weise **brachte** sie ihre Lehrerinnen beinahe zur Verzweiflung.	De este modo, casi **desesperaba** a sus profesores.	De esta manera, casi **llevó** a sus maestros a la desesperación.	De esta manera, **hizo desesperar** a sus maestras.

Como ya se ha indicado previamente, parece que los TA no encuentran grandes dificultades para traducir una oración temporal introducida por *wenn* y prefieren adecuadamente emplear verbos en imperfecto (vid. Tabla 19). Lo que ya resulta ser un salto más complejo es captar la relación que se establece con la siguiente oración, que, pese a ir introducida por un marcador consecutivo, en dos de los tres casos se ha traducido mediante un perfecto simple.

Exactamente la misma situación se percibe con los ejemplos de la Tabla 20: hay una marca explícita de habitualidad (*manchmal*) que favorece la elección de un pretérito imperfecto y, sin embargo, de nuevo en dos de los tres casos, en la siguiente oración se recurre a usar otra vez el perfecto simple, la forma por defecto de los pasados:

Tabla 20: Ejemplos de traducción automática con verbos con correlaciones temporales

Ejs. 33–37	DeepL	Google	ChatGPT
Manchmal **sass** sie stundenlang vor einer Figur des grossen Meisters, ohne nachzudenken, das Gesicht in die Hände gestützt und – wie sie **sich ausdrückte** – langsam begreifend, was das Geheimnis echter Kunst **sei**	A veces **se sentaba** durante horas frente a una de las figuras del gran maestro, sin pensar, apoyando la cara en las manos y -como ella **decía**- comprendiendo poco a poco cuál **era** el secreto del verdadero arte	A veces **se sentaba** durante horas frente a una figura del gran maestro sin pensar, con el rostro entre las manos y, como ella **decía**, dándose cuenta poco a poco de cuál **era** el secreto del verdadero arte	A veces **se sentaba** durante horas frente a una figura del gran maestro, sin pensar, con el rostro apoyado en las manos y, como ella misma **expresaba**, comprendiendo lentamente cuál **es** el secreto del verdadero arte
Sie **hatte** keinen Lehrer, auch **arbeitete** sie in keinem Atelier	No **tenía** maestro, ni **trabajaba** en un estudio	No **tuvo** maestro, ni **trabajó** en un estudio	No **tuvo** ningún maestro y tampoco **trabajó** en ningún taller

Es un problema que de acuerdo con los datos observados parece darse en los TA de Google Traductor y de ChatGPT y que, al menos en los ejemplos analizados, solo DeepL parece solucionar sin mayor dificultad.

5. En conclusión: ¿dónde están las claves?

Como se ha indicado al principio, el objetivo de este trabajo en ningún caso ha sido ni evaluar ni contrastar la calidad final de las traducciones de los distintos programas de TA para recomendar uno por su mayor calidad o desaconsejar otro por su mayor porcentaje de error. Se trataba, en realidad, de prevenir a los usuarios y, por supuesto, a los poseditores de que, dado que es prácticamente inevitable que en las traducciones al español se produzcan algunos errores en el empleo de formas verbales de pasado, dónde y por qué se van a encontrar con los problemas más frecuentes.

Con este trabajo se pretende ante todo subrayar la importancia que tienen los conocimientos de carácter gramatical y especialmente contrastivo para la formación de traductores y, como parece que va a ser pronto una tendencia, de poseditores... Se ha indicado la enorme dificultad, incluso para los traductores expertos, que supone escoger de forma correcta las combinaciones de tiempos de pasado en español cuando se parte de una lengua germánica, en este caso del alemán. Ello hace sumamente importante de cara a la formación de los futuros traductores (sea cual vaya a ser su modalidad de empleo) una reflexión previa acerca de los problemas más frecuentes y esperables —por parte de un motor de TA, pero también de los traductores humanos— en relación con las posibilidades y dificultades que implica el empleo de las formas verbales de pasado en español (y, dado el caso, en las otras lenguas románicas).

En ese sentido, a lo largo de este trabajo se han revisado las dificultades típicas que presentan los resultados de los tres motores más usuales de TA y también los casos en los que sus resultados suelen ser más ajustados.

Si se encuentran marcas léxicas evidentes en alemán que sean relacionables con habitualidad o repetición (*wenn*, *manchmal*, *oft*, *täglich*, etc.) como también si hay indicaciones claras de la duración de las situaciones (*lange*, *tagelang*, *wochenlang*, etc.) o de anclaje temporal (*nach einigen Wochen*, *nach einer Stunde*, etc.), los resultados suelen ser plausibles en los tres motores, lo que deja claro que se trata de casos más fáciles de sistematizar y resolver.

Frente a ellos, los ejemplos escogidos para el estudio permiten observar que los TA se encuentran con verdaderos problemas a la hora de seleccionar los tiempos verbales cuando se encuentran en relación con presentes y debería emplearse perfecto compuesto (ese ha sido el caso de 29 de los errores detectados en el corpus, el tipo más frecuente) o cuando se trata de situaciones que se producen de modo habitual y debería emplearse el imperfecto (y ese ha sido otro error muy frecuente, que se ha dado 23 veces). Mucho menos frecuentes pero más llamativos han sido los casos en los que el TA empleaba el pretérito imperfecto en lugar del perfecto simple (3) o el pretérito perfecto compuesto en lugar del simple (solamente 1).

La última de las conclusiones se relaciona con la cantidad de problemas observados con respecto a los usos de tiempos de pasado en las traducciones al español: hay aproximadamente un 80 % de casos adecuadamente resueltos, lo que ya de por sí es un enorme logro, pero hay otro aproximadamente 20 % que deberían corregirse. Datos como este demuestran por un lado que la calidad de las traducciones automáticas en la actualidad está lejos de ser óptima, y por otro la importancia y la necesidad de la intervención de los traductores y revisores humanos en estos procesos, eso sí, tras una preparación adecuada…

Bibliografía

Comrie, Bernard (1976): *Aspect: An Introduction to the Study of Verbal Aspect and Related Problems.* Cambridge: Textbooks in Linguistics.

Cuartero Otal, Juan y Horno Chéliz, M.ª Carmen (2011): «Estados, estatividad y perífrasis». En: Cuartero Otal, J., L. García Fernández y C. Sinner (eds.): *Estudios sobre perífrasis y aspecto.* Múnich: peniope, pp. 225–248.

DUDEN (2009): *Die Grammatik.* Mannheim: Dudenverlag.

Elena, Pilar (2008) «Estudio contrastivo de determinadas características secuenciales (alemán-español) como base para la enseñanza de la traducción (literaria)». *Lebende Sprachen* 4/2008, 173–178.

Elena, Pilar (2010) «La interpretación del Präteritum en la traducción al español». *Lebende Sprachen* 1/2010, 54–69.

García Fernández, Luis (1998): *El aspecto gramatical en la conjugación.* Madrid: Arco Libros.

Gil, Alberto y Banús, Enrique (1988): *Kommentierte Übersetzungen Deutsch-Spanisch: Texte, Musterübersetzungen, vergleichende Grammatik.* Bonn: Romanistischer Verlag.

Gutiérrez Araus, M.ª Luz (1995): *Formas temporales de pasado en indicativo.* Madrid: Arco Libros.

Sánchez Prieto, Raúl (2004): *Estudio contrastivo de los tiempos de pasado en indicativo en español y alemán.* Frankfurt, Lang.

El corpus de trabajo se halla disponible en <http://hdl.handle.net/10433/16733>

Studien zur romanischen Sprachwissenschaft und interkulturellen Kommunikation

Herausgegeben von Gerd Wotjak, José Juan Batista Rodríguez und Dolores García-Padrón

Die vollständige Liste der in der Reihe erschienenen Bände finden Sie auf unserer Website https://www.peterlang.com/view/serial/SRSIK

Band 110 Joaquín García Palacios / Goedele De Sterck / Daniel Linder / Nava Maroto / Miguel Sánchez Ibáñez / Jesús Torres del Rey (eds): La neología en las lenguas románicas. Recursos, estrategias y nuevas orientaciones. 2016.

Band 111 André Horak: Le langage fleuri. Histoire et analyse linguistique de l'euphémisme. 2017.

Band 112 María José Domínguez Vázquez / Ulrich Engel / Gemma Paredes Suárez: Neue Wege zur Verbvalenz I. Theoretische und methodologische Grundlagen. 2017.

Band 113 María José Domínguez Vázquez / Ulrich Engel / Gemma Paredes Suárez: Neue Wege zur Verbvalenz II. Deutsch-spanisches Valenzlexikon. 2017.

Band 114 Ana Díaz Galán / Marcial Morera (eds.): Estudios en Memoria de Franz Bopp y Ferdinand de Saussure. 2017.

Band 115 Mª José Domínguez Vázquez / Mª Teresa Sanmarco Bande (ed.): Lexicografía y didáctica. Diccionarios y otros recursos lexicográficos en el aula. 2017.

Band 116 Joan Torruella Casañas: Lingüística de corpus: génesis y bases metodológicas de los corpus (históricos) para la investigación en lingüística. 2017.

Band 117 Pedro Pablo Devís Márquez: Comparativas de desigualdad con la preposición "de" en español. Comparación y pseudocomparación. 2017.

Band 118 María Cecilia Ainciburu (ed.): La adquisición del sistema verbal del español. Datos empíricos del proceso de aprendizaje del español como lengua extranjera. 2017.

Band 119 Cristina Villalba Ibáñez: Actividades de imagen, atenuación e impersonalidad. Un estudio a partir de juicios orales españoles. 2017.

Band 120 Josefa Dorta (ed.): La entonación declarativa e interrogativa en cinco zonas fronterizas del español. Canarias, Cuba, Venezuela, Colombia y San Antonio de Texas. 2017.

Band 121 Celayeta, Nekane / Olza, Inés / Pérez-Salazar, Carmela (eds.): Semántica, léxico y fraseología. 2018.

Band 122 Alberto Domínguez Martínez: Morfología. Procesos Psicológicos y Evaluación. 2018.

Band 123 Lobato Patricio, Julia / Granados Navarro, Adrián: La traducción jurada de certificados de registro civil. Manual para el Traductor-Intérprete Jurado. 2018.

Band 124 Hernández Socas, Elia / Batista Rodríguez, José Juan / Sinner, Carsten (eds.): Clases y categorías lingüísticas en contraste. Español y otras lenguas. 2018.

Band 125 Miguel Ángel García Peinado / Ignacio Ahumada Lara (eds.): Traducción literaria y discursos traductológicos especializados. 2018.

Band 126 Emma García Sanz: El aspecto verbal en el aula de español como lengua extranjera. Hacia una didáctica de las perífrasis verbales. 2018.

Band 127 Miriam Seghiri. La linguística de corpus aplicada al desarrollo de la competencia tecnológica en los estudios de traducción e interpretación y la enseñanza de segundas lenguas. 2020.

Band 128 Pino Valero Cuadra / Analía Cuadrado Rey / Paola Carrión González (eds.): Nuevas tendencias en traducción: Fraseología, Interpretación, TAV y sus didácticas. 2018.

Band 129 María Jesús Barros García: Cortesía valorizadora. Uso en la conversación informal española. 2018.

Band 130 Alexandra Marti / Montserrat Planelles Iváñez / Elena Sandakova (éds.): Langues, cultures et gastronomie : communication interculturelle et contrastes / Lenguas, culturas y gastronomía: comunicación intercultural y contrastes. 2018.

Band 131 Santiago Del Rey Quesada / Florencio del Barrio de la Rosa / Jaime González Gómez (eds.): Lenguas en contacto, ayer y hoy: Traducción y variación desde una perspectiva filológica. 2018.

Band 132 José Juan Batista Rodríguez / Carsten Sinner / Gerd Wotjak (Hrsg.): La Escuela traductológica de Leipzig. Continuación y recepción. 2019.

Band 133 Carlos Alberto Crida Álvarez / Arianna Alessandro (eds.): Innovación en fraseodidáctica. tendencias, enfoques y perspectivas. 2019.

Band 134 Eleni Leontaridi: Plurifuncionalidad modotemporal en español y griego moderno. 2019.

Band 135 Ana Díaz-Galán / Marcial Morera (eds.): Nuevos estudios de lingüística moderna. 2019.

Band 136 Jorge Soto Almela: La traducción de la cultura en el sector turístico. Una cuestión de aceptabilidad. 2019.

Band 137 Xoán Montero Domínguez (ed.): Intérpretes de cine. Análisis del papel mediador en la ficción audiovisual. 2019.

Band 138 María Teresa Ortego Antón: La terminología del sector agroalimentario (español-inglés) en los estudios contrastivos y de traducción especializada basados en corpus: los embutidos. 2019.

Band 139 Sara Quintero Ramírez: Lenguaje creativo en el discurso periodístico deportivo. Estudio contrastivo en español, francés e inglés. 2019.

Band 140 Laura Parrilla Gómez: La interpretación en el contexto sanitario: aspectos metodológicos y análisis de interacción del intérprete con el usuario. 2019.

Band 141 Yeray González Plasencia: Comunicación intercultural en la enseñanza de lenguas extranjeras. 2019.

Band 142 José Yuste Frías / Xoán Manuel Garrido Vilariño (Hrsg.): Traducción & Paratraducción I. Líneas de investigación. 2020.

Band 143 María del Mar Sánchez Ramos: Documentación digital y léxico en la traducción e interpretación en los servicios públicos (TISP): fundamentos teóricos y prácticos. 2020.

Band 144 Florentina Mena Martínez / Carola Strohschen: Teaching and Learning Phraseology in the XXI Century. Phraseologie Lehren und Lernen im 21. Jahrhundert. Challenges for Phraseodidactics and Phraseotranslation. Herausforderungen für Phraseodidaktik und Phraseoübersetzung. 2020.

Band 145 Yuko Morimoto / Rafael García Pérez: De la oración al discurso: estudios en español y estudios contrastivos. 2020.

Band 146 Miguel Ibáñez Rodríguez: ENOTRADULENGUA. Vino, lengua y traducción. 2020.

Band 147 Miguel Ángel García Peinado / José Manuel González Calvo: Estudios de literatura y traducción. 2020.

Band 148 Fernando López García: La involuntariedad en español. 2020.

Band 149 Julián Sancha Vázquez: La injerencia del sexo en el lenguaje. Dos siglos de historia del género gramatical en español. 2020.

Band 150 Joseph García Rodríguez: La fraseología del español y el catalán.Semántica cognitiva, simbolismo y contrastividad. 2020.

Band 151 Melania Cabezas-García: Los términos compuestos desde la Terminología y la Traducción. 2020.

Band 152 Inmaculada Clotilde Santos Díaz: El léxico bilingüe del futuro profesorado. Análisis y pautas para estudios de disponibilidad léxica. 2020.

Band 153 Alfonso Corbacho: Nuevas reflexiones sobre la fraseología del insulto. 2020.

Band 154 Míriam Buendía Castro: Verb Collocations in Dictionaries and Corpus: an Integrated Approach for Translation Purposes. 2020.

Band 155 Guiomar Topf Monge: Traducir el género. Aproximación feminista a las traducciones españolas de obras de Annemarie Schwarzenbach. 2020.

Band 156 Miriam Seghiri / Lorena Arce-Romeral: La traducción de contratos de compraventa inmobiliaria: un estudio basado en corpus aplicado a España e Irlanda. 2021.

Band 157 Emmanuel Bourgoin Vergondy / Ramón Méndez González (eds.): Traducción y paratraducción: líneas de investigación II. 2021.

Band 158 Clara Inés López Rodríguez / Beatriz Sánchez Cárdenas: Theory and Digital Resources for the English-Spanish Medical Translation Industry. 2021.

Band 159 Alicia Mariscal: Categorización de los errores ortográficos en zonas de contacto lingüístico entre inglés y español. 2021.

Band 160 Esther Linares Bernabéu: Gender and Identity in Humorous Discourse / Género e identidad en el discurso humorístico. 2021.

Band 161 Matteo De Beni / Dunia Hourani-Martín (eds.): Corpus y estudio diacrónico del discurso especializado en español. 2021.

Band 162 María Clara von Essen: Identidad y contacto de variedades. La acomodación lingüística de los inmigrantes rioplatenses en Málaga. 2021.

Band 163 Juana Luisa Herrera Santana / Ana Díaz-Galán: Aportaciones al estudio de las lenguas. Perspectivas teóricas y aplicadas. 2021.

Band 164 Juan M. Carrasco González: Dialectología fronteriza de Extremadura. Descripción e historia de las variedades lingüísticas en la frontera extremeña. 2021.

Band 165 Álvaro Molina García: Fundamentos acústico-perceptivos de la escisión prestigiosa de /θ/. Estudio sociofonético en Málaga. 2021.

Band 166 Pau Bertomeu Pi: Peticiones en alemán y español. Un estudio contrastivo a partir de "Gran Hermano". 2022.

Band 167 Teresa Ortego Antón: La investigación en tecnologías de la traducción. Parámetros de la digitalización presente y la posible incidencia en el perfil de los futuros profesionales de la comunicación interlingüística. 2022.

Band 168 Jaime Sánchez Carnicer: Traducción y discapacidad. Un estudio comparado de la terminología inglés-español en la prensa escrita. 2022.

Band 169 Juan Manuel Ribes Lorenzo: Las palabras diacríticas en fraseología histórica. 2022.

Band 170 Patricia Buján Otero / Lara Domínguez Araújo (eds.): Traducción & Paratraducción III. 2022.

Band 171 Juan Cuartero Otal / Montserrat Martínez Vázquez / Regina Gutiérrez Pérez / Juan Pablo Larreta Zulategui (eds.): La interfaz Léxico-Gramática. Contrastes entre el español y las lenguas germánicas. 2022.

Band 172 Miguel Ibáñez Rodríguez: Enotradulengua. Géneros y tipos textuales en el sector del vino. 2022.

Band 173 Sara Quintero Ramírez: Estudio pragmático-textual de marcadores discursivos en crónicas audiovisuales de eventos deportivos. 2022.

Band 174 Yeray González Plasencia / Itziar Molina Sangüesa (eds.): Enfoques actuales en investigación filológica. 2022.

Band 175 Irma Mora Aguiar: De Numidia a Canarias: el viaje de la escritura líbico-bereber. 2022.

Band 176 Ferreiro-Vázquez, Óscar (ed.): Avances en las realidades traductológicas: tecnología, ocio y sociedad a través del texto y del paratexto. 2022.

Band 177 Félix Rodríguez González (ed.): Anglicismos en el español contemporáneo. Una visión panorámica. 2022.

Band 178 María del Mar Sánchez Ramos / Celia Rico Pérez (ed.): La traducción automática en contextos especializados. Una visión panorámica. 2022.

Band 179 Alicia Mariscal: Bilingüismo y contacto lingüístico en la comunidad de Gibraltar a partir del análisis contrastivo y de errores. 2022.

Band 180 María Araceli Losey León / Gloria Corpas Pastor: La terminología del dominio de la seguridad de la navegación marítima en inglés y en español. 2022.

Band 181 María del Mar Sánchez Ramos (ed.): Investigaciones recientes en traducción y accesibilidad digital. 2022.

Band 182 Encarnación Tabares Plasencia: Terminología y fraseología jurídicas en el "Libro de buen amor". 2022.

Band 183 Catalina Iliescu-Gheorghiu: Metodología de análisis traductológico. El modelo Lambert-Van Gorp y su aplicación a una revista de propaganda cultural durante la Guerra Fría. 2022.

Band 184 Amor López Jimeno: Estereotipos y pragmática intercultural en la pantalla. El humor como estrategia de aprendizaje y mediación. 2023.

Band 185 Ricardo Connett: El populismo como discurso en Venezuela y en España (1999-2018). Estudio de textos de Hugo Chávez y Pablo Iglesias. 2023.

Band 186 Elke Cases Berbel: Turismo, flujos migratorios y lengua. 2023.

Band 187 Dunia Hourani-Martín: Fraseología en el discurso jurídico-ambiental. Las construcciones verbonominales desde una perspectiva contrastiva (español-alemán). 2023.

Band 188 María del Carmen Balbuena Torezano: Identidad, territorio y lengua en torno al vino: aproximaciones desde la terminología y la traducción. 2023.

Band 190 Sara Quintero Ramírez / Reynaldo Radillo Enríquez: Rasgos prosódicos en la marcación discursiva. 2023.

Band 191 Nieto García Paola: Contextos de interpretación social en España. 2023.

Band 192 Leticia Santamaría Ciordia: Nuevas tecnologías para la interpretación remota. Progresos y retos para la formación y la profesión. 2023.

Band 193 María José Serrano Montesinos / Miguel Ángel Aijón Oliva: Form and Meaning. Studies of Grammatical Variation and Communicative Choice in Spanish. 2023.

Band 195 Carles Navarro Carrascosa: Lingüística *queer* hispánica. Las formas nominales de tratamiento de la comunidad de habla LGTBI. 2023.

Band 196 Félix Rodríguez González: Enciclopedia del anglicismo (Vol. II). Estudios sobre el anglicismo en el español actual perspectivas lingüísticas. 2023.

Band 197 Celia Rico Pérez: Tecnologías de la traducción en el ámbito de las migraciones. 2023.

Band 198 Rossana Sidoti / Domenico Daniele Lapedota: Nuevas aportaciones a las investigaciones en fraseología, paremiología y traducción. 2023.

Band 199 Francisco Jiménez Calderón : Los verbos ditransitivos y su enseñanza: transferencia, locación y movimiento. 2023.

Band 200 Rafael García Pérez / Ariana Suárez Hernández (eds.): El adverbio: aproximaciones sincrónicas, diacrónicas y variacionales. 2023.

Band 201 Diana González Pastor (ed.): El impacto de la traducción automática en la traducción profesional en España: tendencias, retos y aspectos socioprofesionales. El proyecto DITAPE. 2023.

Band 202 Juana Luisa Herrera Santana / Fermín Domínguez Santana (eds.): Dinámicas actuales en la investigación lingüística. Teoría y aplicación. 2024.

Band 203 Jaime Sánchez Carnicer (ed.): Nuevos avances tecnológicos en teoría y práctica de la traducción e interpretación. 2024.

Band 204 Fernando López García (ed.): Lingüística de la ausencia. 2024.

Band 205 Verónica Cristina Trujillo González: Los indoamericanismos léxicos en la obra lexicográfica de César Oudin (1607, 1616, 1621). 2024.

Band 206 Juan Cuartero Otal (ed.): Problemas de la traducción automática español-alemán-español. 2024.

www.peterlang.com

www.ingramcontent.com/pod-product-compliance
Lightning Source LLC
LaVergne TN
LVHW092009050326
832904LV00002B/25
* 9 7 8 3 6 3 1 9 1 5 1 7 2 *